Introduction to Credit Industry

# 信用产业概论

毛振华 著

中国金融出版社

责任编辑：吕　楠
责任校对：孙　蕊
责任印制：陈晓川


**图书在版编目（CIP）数据**

信用产业概论 / 毛振华著. —北京：中国金融出版社，2022.8
ISBN 978 – 7 – 5220 – 1682 – 5

Ⅰ．①信…　Ⅱ．①毛…　Ⅲ．①信用—产业发展—概论—中国
Ⅳ．① F832.4

中国版本图书馆 CIP 数据核字（2022）第 119115 号


信用产业概论

XINYONG CHANYE GAILUN

出版
发行　中国金融出版社

社址　北京市丰台区益泽路 2 号
市场开发部　　（010）66024766，63805472，63439533（传真）
网 上 书 店　www.cfph.cn
　　　　　　　（010）66024766，63372837（传真）
读者服务部　（010）66070833，62568380
邮编　100071
经销　新华书店
印刷　河北松源印刷有限公司
尺寸　169 毫米 ×239 毫米
印张　19.5
字数　315 千
版次　2022 年 8 月第 1 版
印次　2022 年 8 月第 1 次印刷
定价　88.00 元
ISBN 978 – 7 – 5220 – 1682 – 5
如出现印装错误本社负责调换　联系电话（010）63263947

# 序 言

## 信用业的健康发展是我国金融市场
## 高质量发展的重要基础

　　金融高质量发展是推动中国经济社会高质量发展的重要力量。目前，市场对于普惠金融、科技金融以及绿色金融的需求越来越大，要求也越来越高。金融业的高质量发展离不开信用业的有力支撑，信用水平不佳、信息透明度不高已然无法适应我国经济社会发展和金融市场发展的新要求。

　　征信、评级、信用增进以及信用管理等行业组成的信用体系是甄别信用信息、揭示信用风险、提高信息透明度的重要金融基础设施。英、美等发达国家的信用业发展已有上百年的历史，产生了包括邓白氏在内的数家全球性信用评估公司，以及对全球资本市场具有重大影响力的标普、穆迪以及惠誉三大评级机构。我国的信用业发展仅有数十年的历史，还没有本土企业在相关领域真正成长为具有国际竞争力的品牌。

　　我国信用业发展整体上存在诸多短板与不足，在金融体系中还处于相对边缘的地位。信用业发展的滞后对于我国金融市场高质量发展是不利的。提升我国信用业的发展水平，首先要对我国信用业的分布、发展状况、市场结构有全面的认识。

　　这本《信用产业概论》全面覆盖了信用业的分支行业，运用产业经济学的分析方法对重点行业的发展模式、市场结构、监管政策与技术手段进行了深入浅出的分析，并对国内外同类行业的发展情况进行了对比。通过阅读此书，可以从历史视角与国别视角观测我国信用业发展的全貌，可以从宏观视角与微观视角理解信用与金融的关系，还可以从理论视角与实践视角把握信用业的重要作用。

　　特别推荐信用相关领域的从业人员、研究人员以及信用管理专业的学生阅读本书。本书的作者毛振华教授不仅是我国宏观经济领域的知名学者，也

是我国信用业的开拓者之一。作为"92 派"企业家的代表性人物之一，1992 年毛振华创办中国诚信证券评估有限公司，开中国市场化评级之先河。

本书在全面性和前沿性层面具有自身的特点，但部分章节在理论化和体系化层面仍存在一些不足，尚待在后续研究中不断更新改进。随着我国金融市场从信贷融资功能向财富管理功能的转型，以及金融业态的多元化、金融工具的多样化、金融服务的普惠化和金融服务科技水平的现代化转型，市场对于信用业的需求在增加，对于信用产品和服务的质量要求也在提高。我国的信用业如何行稳致远并持续健康发展是金融发展的重要议题之一。希望从本书开始，能有更多关于信用业的优秀研究成果出现，为我国金融市场的高水平开放与发展打下坚实的基础。

吴晓求

2022 年 8 月

# 自 序

## 信用产业发展植根于市场经济，服务于市场经济

信用产业的产生与发展是市场经济建设的必然结果。市场经济本质上就是信用经济，以征信、评级为代表的信用产业在欧美国家已有百余年的发展历史。当前，其已成为重要的金融基础设施，在信用信息评估、金融工具定价以及信用风险防范等方面发挥主要作用。

相比西方，我国经历了更为漫长的农耕文明阶段，并且在工业化过程中经历了一段特殊的计划经济时期，市场经济的建设起步较晚，现代金融体系的建设更是仅有三十年左右的时间。计划经济体系下的生产与分配是按照指令与配给形式开展的，资本不是主导的生产性要素，企业也不是真正的市场主体，金融市场颇为初级且主要发挥财政功能而非资本功能，因此也就不需要信用中介机构，只有市场经济才能为信用产业的产生与发展提供生存的土壤。

1992 年邓小平南方谈话之后，城市经济体制改革得以推进，我国开始全面向市场经济体制转型。东南沿海的民营经济 GDP 占比开始迅速上升，股票市场虽不规范却在迅速扩容，债券市场虽仍以国债为主但也出现了企业债。同时，银行开始脱离财政职能成为独立的金融实体。20 世纪 90 年代中后期，我国银行业的整体坏账率很高，市场对于评估企业信用情况的需求较高，但囿于缺乏第三方信用中介提供服务，银行机构只能通过"贷款证"等措施对企业信用进行甄别区分。市场经济体系的初步建立对信用产业形成了最初的需求。

1997 年，为更好地建立企业的征信系统，人民银行开始筹建银行信贷登记咨询系统，主要是将企业贷款情况进行归集。商业银行可以通过该系统查

询贷款企业的还贷情况，以降低企业信用违约的概率。信贷登记咨询系统在一定程度上具备了企业征信系统的相关特征，为中国企业征信系统的建立奠定了重要基础。同年12月，中国人民银行发布了《关于中国诚信评估有限公司等机构从事企业债券信用评级业务资格的通知》，明确规定9家机构具备企业债券资信评级资格，其中始建于1992年的中国诚信证券评估有限公司（以下简称"中诚信"）是中国人民银行批准的第一家全国性评级公司。

2003年，国务院赋予中国人民银行"管理信贷征信业，推动建立社会信用体系"职责，中国人民银行征信管理局正式成立，标志着中国征信事业迈出了前进的一大步。同年，上海、北京、广东等地率先启动区域社会征信业发展试点，一批地方性征信机构设立并得到迅速发展。

2004年，债券市场特别是银行间债券市场取得了跨越式发展，央行票据、政策性金融债、美元债以及企业债发行量都有较大增长，商业银行次级债也首次在中国银行间债券市场发行。

2005年，随着中国人民银行推出短期融资券，企业开始增加发行无担保的信用债券，信用债市场迅速扩容，中国资本市场评级终于有了用武之地，中诚信等评级机构的评级业务逐渐能够盈利。同年中诚信征信有限公司成立，此后其成为全国第一家拿到企业征信备案资质的机构。随着信用债市场的发展，商业银行也开始为发行人提供一定的担保业务，从而出现了早期的信用增进体系的雏形。此后一段时间，随着私营经济的发展以及企业交易对手之间的借贷、垫款等现象广泛出现，产生了一些地区性的企业资信调查公司以及商账管理机构。可以说，从2005年开始，我国的信用产业终于"破土而出"。

信用产业的出现与发展又成为促进市场经济建设的重要力量，特别是其对金融基础设施的支撑作用愈加凸显。其中，资本市场评级产品与服务有力地协助了我国债券市场的创新与扩容。2007年中国银行间市场交易商协会成立，并于2008年开始主导银行间市场发行非金融企业债务融资工具。在此后的债券市场扩容期间，仅中诚信一家评级机构就完成了数十项开创性评级业务和技术研发，其中包括我国首单商业住房抵押贷款证券化产品评级、首单银登中心不良资产受益权资产证券化项目评级、首单各类型的房地产资产证券化项目评级、首单欧洲国家主权熊猫债评级以及首单多边开发银行绿色金

融债评级等。相关评级产品对金融工具的信用水平进行区分和衡量，提供了债券定价的基准，提高了资本市场交易的活跃度，是金融市场创新不可缺失的一环。

在征信业务领域，具有中国特色的征信实践体系也逐渐承担起提升社会信用水平的重要功能。在中国人民银行征信中心提供的公共信用信息基础之上，企业征信及资信调查机构为银行信贷投放、交易对手识别、身份验证与欺诈预防、市场营销以及供应链管理等多个领域提供信用产品与信息服务，相关产品与服务不仅成为交易双方建立信任的纽带，也从整体上降低了经济运行的交易成本。中诚信征信早在 2006 年就开始对电商开展征信业务，此后又率先推出互联网金融与供应链金融征信业务。随着大数据、人工智能等信息技术的发展，数据要素对于经济增长的作用逐步提升，个人征信行业也将与创新型社会更加紧密地联系在一起。

与此同时，信用增进、信用保险、融资担保以及信用衍生品等信用服务与信用管理行业也在不断助推资本市场分工的细化以及金融市场的深化。此外，信用产业的发展还服务于我国的社会信用体系建设和市场管理部门的信用监管。

即便我国的信用产业已经取得长足进步，但当前依然存在诸多短板和不足。我国债券市场规模已是全球第二，但我国评级机构的市场规模还无法与三大国际评级机构相比。自 2018 年以来，评级市场不断对外、对内双向开放，评级市场竞争日趋激烈，加之取消强制评级等一系列政策调整，我国评级行业也随之进入调整转型期。目前，在人民银行备案的企业征信机构已经有百余家，但其中多数征信机构所提供的征信产品尚不能真正满足市场对征信产品和服务的多样化需求，市场化的个人征信机构的发展则刚刚起步。征信与评级之外的信用增进、融资担保等信用行业也面临着定价不合理、自有资本较小、产品功能单一以及政策支持力度不足等多方面的问题。

促进我国信用产业发展，持续发挥信用产业作用，仍需不断加大科研力度。希望本书能够为相关研究人员、从业人员及决策人员开展深入研究起到抛砖引玉的作用，同时能够为高校学生学习信用管理等课程提供较好的教学素材。本书对信用产业主要相关行业进行了历史发展回顾、产品形式与运营模式分析、技术与应用场景介绍，还运用产业经济分析的方法对各行业的市

场形态进行了解析说明，从中可以掌握全球信用产业的发展概况，并把握我国信用产业发展的现状、问题以及未来的发展趋势。

由于水平所限，书中难免有不当之处，恳请各位读者不吝赐教，也希望能有更多的研究人员和从业人员关注我国信用产业发展、参与我国信用产业发展、推动我国信用产业发展。

毛振华

2022 年 8 月

# 目　录

# 第一章 导 论

现代经济就是信用经济，经济运行中的信用关系无处不在，信用规模不断扩大，信用结构日趋复杂，信用产业是经济发展特别是金融发展的结果，也是规范与塑造金融市场的重要力量。一个经济体的信用状况和信用秩序，在一定程度上取决于其信用产业的发育状况和市场化程度。本章回顾信用的经济学起源，并对信用产业相关的重要概念和理论进行简单介绍。

# 第一节 信用及信用交易

## 一、信用的经济学起源

信用的历史非常古老。它起源于人们之间的相互信任，当古巴比伦、古埃及、古印度和古中国点燃文明火种伊始，由于单个个体的力量非常有限，氏族部落中的人们最初依靠血缘关系建立彼此之间的合作，并在一同参加劳作过程中产生了相互信任的机制。原始劳作的最小单位是家庭，而家庭天生的直接血缘关系也扩展到了同样有部分血缘关系的亲友之中，人与人之间的信任关系随着经济活动范围的扩大而扩展，相互信任的社会联系对于经济活动的作用也随之被强化。由于相互信任带来的合作关系使人们的生产效率得以提高，财富得以增长，人与人之间的信任关系逐渐演变成一种道德观念，即信守诺言、按照约定或契约行事，并利用道德观念的力量来约束失信或欺诈。由于有了血缘、亲缘基础上的信任关系，以及信用作为道德约束增加了失信的成本，人们之间开始产生了以延迟交易为特征的借贷关系。一些研究表明，在以物易物交易广泛产生之前，氏族部落内部就有借贷行为发生，如出借狩猎工具的成员可以获得借入成员的一部分猎物作为补偿，生产工具的借贷是部落时代日常生活中普遍发生的经济行为。

随着经济生活中物物交换范围的扩大，尤其是货币出现之后，借贷行为的发生更加普遍化，并且围绕借贷行为产生了一定的标准和规则，形成了借贷市场，也形成了关于借贷的法律，从而形成了现代经济意义上的、以借贷关系为基础的信用关系。公元前18世纪，古巴比伦皇帝汉穆拉比编制的全球第一部法典（《汉穆拉比法典》）中规定：贷谷的利息达本金的1/3，贷银达1/5，债务人如无谷物和银子还债，应以其他动产抵债；债权人不得在不通知债务人的情况下取走其谷物抵债。我国有记录的早期借贷行为可以追溯到春秋战国时期，据《管子》记载，春秋时期齐国西部就有谷物借贷的现象。到了西汉时期，民间借贷行为已经非常常见，甚至形成了均衡借贷利率。《史记·货殖列传》中记载，"庶民农工商贾，率亦岁万息二千,百万之家则二十万"，说明贷款生息在汉代经济生活中比较常见，而"子贷金钱千贯……此亦比千乘之家"，这种20%年息的民间借贷，可成为一些富裕家庭的重要

收入来源。

在拉丁语中，信用被写作"credium"，其词源就是指人们在发生借贷关系时的信任，由于借贷涉及延迟支付，因此在交易过程中存在较大的风险与不确定性，且交易中的出借方可能需要承担一定的违约风险。通常交易主体为了实现延迟支付而达成一定的合约安排，在合约中需要约定延迟支付的条件和交割的日期。从经济学意义的起源上看，信用就是延迟支付过程中的履约确定性。

### 二、不确定性、风险与信用信息

如果说信用是履约的确定性，那么风险就是履约过程中的不确定性所带来的预期损失。但是，经济活动却总是充满各种不确定性，有时包含技术进步等因素在内的不确定性带来超额利润，但更多情况下延迟交割过程中的不确定性却会带来严重的损失。按照行为经济学对"远景理论"的研究结果，人们对于预期损失更加谨慎，因此市场更加关注如何降低信用风险，减少信用风险带来的损失。

但是，即便是以国家信用作为担保的政府债务，也可能由于经济环境的变化出现违约的风险。比如法国国王路易十四在英法七年战争期间大量举借外债用于维持战争开支，但由于战争失败而带来债务违约，主权信用一落千丈，国家财政也陷入危机，与之相对，英国的主权信用却得到了加强。由于无法继续向海外国家继续借债融资以及应对千疮百孔的财政状况，路易十五期间任命约翰·劳为财政总督并发行纸币以取代银币，成立了以贸易和商业开发为主业的密西西比公司（法国东印度公司），通过发行股票用于兑换纸币和法国民众手中的国家公债。由于纸币和公债信用较低，密西西比公司的股票价格飞速上涨，并最终形成了历史上有名的"密西西比泡沫"。随着公司股价大跌，法国公众的财富也随之灰飞烟灭，对于国家的信任也一去不复返，有学者认为法国大革命的爆发与法国王室不能正确处理债务问题直接相关。

也就是说，完全消除经济活动中的不确定性是极为不现实的。经济学本身对于不确定性的研究却较晚，远远落后于信用交易的实践本身。1921年，在《风险、不确定性与利润》一书中，弗兰克·奈特首先将不确定性引入经济学分析，并对人们一般意义理解下的不确定性进行了区分，其中将能够用统计经验进行概率描述的环境状态称为风险，而将无法用统计概率描述的环境状态称为不确定性。对于风险而言，奈特认为依靠保险机制，通过支付保

险成本即可以部分或全部地消除其影响，即通过保险锁定价格。但是不确定性才是市场的常态，企业家的真正责任就是承担风险和不确定性的后果，并努力在市场中获得利润。在奈特引入不确定性研究之后，信息经济学逐渐成为经济研究的重要支流，并支撑了博弈论、金融学等其他经济学科的进步与发展。但是，风险本身通常是一种宏观概念，比如某种疾病的发生概率可以通过历史统计得出其分布形态，但是对于某个具体个体来说，何时患病以及患病带来的损失有多大仍然具有巨大的不确定性，特别是保险本身的运行效率依赖信息的完备性。

减少信用交易中的风险与不确定性的影响，依赖对信用信息进行收集、整理和分析的效果，对风险和不确定性进行识别往往需要耗费大量的成本，能否为风险进行定价，以及定价成本的高低，是制约信用交易广度和深度的核心要素。因此，信用产业在服务信用交易完成的过程中，最主要的工作是围绕信用交易相关的信用信息展开，利用信用信息分析研究的结果为信用交易过程中的风险进行定价。

### 三、信用交易的演变发展与信用工具

货币的出现大大促进了商业和经济的发展，信用交易不断扩大，不仅货币与货物之间的延迟支付日益增多，货币借贷也日益频繁，由此产生了专门服务于信用交易的中介机构，进而催生了最初的金融行业。在我国，唐代都城长安的西市形成了中国最早的金融市场[①]，当时，大唐西市各种借贷机构林立，有提供借贷的公廨、有提供抵押借贷的质库，还有收受存款或提供保管便利的柜坊。可以说，如今的借贷形式，在我国的唐朝基本都已经产生了。

随着金融业的产生与发展，资源在时间上的分配成为信用交易的主要驱动力。在金融市场上，信用交易不仅发生在个体之间，还发生在企业之间、企业与金融机构之间，产生了消费信用、商业信用、银行信用、政府信用等不同的信用交易形式。

消费信用是指个人通过信用方式，向银行等金融机构获得自己当前所不具备的预期资本或消费支付能力的经济行为，它使个人不再是仅仅依靠个人

---

① 大唐西市始建于隋（公元581—617年），兴盛于唐（公元618—907年），占地1600亩，建筑面积100多万平方米，有220多个行业。为方便"丝绸之路"上的国际商贸往来，柜坊、质库等借贷机构广泛存在于大唐西市。

积累才能进行生产投资或消费支出，而是可以通过信用方式向银行等金融机构获得预期资金或消费支付能力。个人信用的基本特征是利率较高，风险较大。一般情况下，个人信用的活跃程度同一个国家或地区的金融服务发达状况成正比。

商业信用是企业在资本运营、资金筹集及商品生产流通中所进行的信用活动。企业信用也可称为商业信用，是指工商企业之间在商品交易时，以契约（合同）作为预期的货币资金支付保证的经济行为，故其物质内容可以是商品的赊销，而其核心却是资本运作，是企业间的直接信用。企业信用在商品经济中发挥着润滑生产和流通的作用。企业信用的信用工具形式主要是商业票据。

银行信用是在商业信用基础上发展起来的一种间接信用。银行信用与企业商业信用相比，具有以下差异：作为银行信用载体的货币，在它的来源和运用上没有方向限制，既可以流入，也可以流出；由于金融交易的数量和规模一般都比较大，因此现代银行信用较之企业信用发展更快。银行信用产生以后，在规模、范围、期限上都大大超过企业的商业信用，成为现代市场经济中最基本的占主导地位的信用形式。

在信用经济的链条中，政府信用是极其重要的一环。政府不仅运用信用手段筹集资金，为社会提供公共产品、服务和承担风险较大的投资项目，而且政府信用所创造的金融工具也为中央银行调节货币供应量提供了操作基础。

从达成信用交易的信用工具来看，主要分为资本市场类信用工具和货币市场类信用工具。资本市场信用工具主要包括期限在一年及以上的中长期资本借贷和债券发行及交易。货币市场信用工具包括票据、大额可转让存单、回购协议、银行短期信贷等。除此之外，还包括衍生金融类工具，如金融期货、金融远期、金融期权、金融互换等衍生信用工具。

# 第二节　信用风险及信用产业

## 一、信用产业的需求与供给

信用交易天然地与信用风险联系在一起，对未来的延迟支付进行承诺本身存在着支付时间、支付条件的不确定性，资源在时间上的配置无法避免违

约风险问题。但是，信用风险又是一种为了促成信用交易而主动接受的风险，其关键在于对风险进行定价，而不是将风险完全进行规避。信用风险的大小与受信方的履约意愿、履约能力相关，在进行信用交易之前要对履约的确定性进行评估。这个对信用交易的风险进行评估的需要，构成了对于信用产业的需求，特别是当市场出现大面积违约事件、信用风险集中爆发时，市场对信用产业的需求高涨，并极大地促进了信用产业的发展。

市场需求自发地催生了专业信用服务机构的出现。18世纪末19世纪初，英国工业革命促进了经济发展，富裕起来的阶层开始订制高贵的礼服出席各类正规的社交活动。由于订制衣服的行规是先量身定做礼服，然后在取货时支付费用。然而，当时总会出现部分顾客在订制礼服以后不取衣服的现象，这样就导致裁缝店主出现了较大损失。为防止损失，裁缝店主就联合起来，将违约欠款的客户名字记下来并在同行之间共享。据现有文献记载，1803年伦敦的一批裁缝相聚在咖啡馆里成立伦敦互助交流协会，对客户的信用状况进行分析判断，被视为最早的个人征信组织。随着海外殖民和海外贸易的扩展，早在1850年左右欧洲就出现了一些为外贸双方提供信用信息的商业机构。在美国，1837年的金融危机使当时的商界乃至金融界提高了对生意伙伴信用状况的关注度，其中路易斯·塔班于1841年在美国纽约建立了第一个商人信用评估机构，旨在帮助商人寻找信用状况良好的顾客和商业伙伴。这样，通过信息收集、分享及加工比较，对不同主体的信用能力进行评估，产生了信用产业中的一类基础性行业，即征信行业，当前征信行业已经覆盖到个人主体和企业主体，并产生了邓白氏、艾克飞等全球跨国公司。

与征信行业的产生一样，信用评级行业的出现也起源于市场的需求。19世纪上半叶的美国西进运动如火如荼地进行，为统一美国国内市场、节省西进运费，美国各州为修筑运河发行州债。1837年，金融风暴使得美国各州政府债券违约事件频频发生，债券投资者开始对与债券违约有关的信息收集分析产生强烈需求。1860年，亨利·普尔成立普尔出版公司，约翰·穆迪于1890年创办穆迪投资者服务公司（Moody's Investors Service），并于1909年出版《铁路投资分析手册》，对不同铁路主体的经营、管理和财务状况进行了分析和排序，这是现代意义上的信用评级的产生。当前信用评级也是信用产业的基础产业之一，形成了穆迪、惠誉、标准普尔三大全球性的评级机构，评级机构出具的评级符号是重要的金融基础设施，对资本市场定价起到了重要的参考意义。

## 二、信用产业与信用产业链

在经济学的概念里，产业是指市场上提供互替或互补产品及服务的企业合集，在实际经济统计中，为国民经济提供产品或劳务的各行各业，从生产到流通、服务，再到文化、教育、医疗等，都可称为产业。产业经济学以产业为对象，研究社会经济活动中产业内部企业组织结构、产业之间关系结构、产业地区分布结构的变化规律，以及认识这些规律的方法。产业链是产业经济学中的一个概念，是各个产业部门之间基于一定的技术经济关联，并依据特定的逻辑关系和时空布局关系客观形成的链条式关联关系形态。

信用产业是指通过对信用信息的收集、加工及整理，对信用风险进行分析、评估及管理的相关产业集合，信用产业主要为信用交易提供全面的信息服务。按照我国《国民经济行业分类》（GB/T 4754—2017），信用产业的概念和内涵与行业分类中的信用服务活动相近，特指"专门从事信用信息采集、整理和加工，并提供相关信用产品和信用服务的活动"。从信息收集、信息分析到信用产品、信用管理，围绕信用产品的供给已经形成较为完备的信用产业链（见图 1-1）。

**图 1-1　信用产业链的总体布局**

在信息收集环节，存在许多中小型的资信调查公司，从事企业资信调查、消费者个人资信调查、资产调查、市场调查等数据信息收集的信用服务活动，这些活动属于信用产业的初级行业形态。在公共领域还存在公共信用登记制度，如中国人民银行的征信中心涵盖个体及企业的基础信息，以银行信贷信息为核心进行公共登记，还包括社保、公积金、环保、欠税、民事裁决与执行等公共信息，该中心出具的信用报告已经成为国内企业和个人的"经济身份证"。除此之外，在现代互联网技术下，许多互联网社交、交易平台也积累沉淀了大量的个人与企业信用信息，但在商业应用方面还存在法律和市场上的诸多障碍。

在信息分析环节，存在信息及数据清洗筛选、分析模型开发、信息咨询等专业领域，主要对公开或调研信息进行初步加工，或对数据信息的应用提供模型开发。特别是数据筛查和信用分析模型开发在信用产业中起到了技术支撑的作用，信用产业产品的供给离不开相关的技术支持。

征信与信用评级是信用产业的主导和支撑行业。以个人征信为例，个人信用评分已经成为欧美家庭必不可少的信用产品，银行贷款资产中大部分通过消费信贷、房贷等方式拆借给了个人，而贷款额度和贷款条件取决于个人的信用分高低。信用评级行业已经有 100 多年的发展历史，在资本市场中发挥着重要作用。1929 年美国大萧条期间低信用评级的企业大量破产而高信用评级企业表现坚韧，因此，在大萧条后成立了美国证券交易委员会，颁布了《证券交易法》，明确规定只有获得货币监理署认可的"投资级"评级的债券，才能成为全国性银行的购买标的。自此之后，债券评级已经在世界各地成为衡量各类债券风险的标准动作。

信用产业还在我国的社会信用体系建设中发挥着重要的作用，并形成了专门服务于政务诚信、商务诚信、社会诚信和司法公信建设的社会信用行业，主要向社会与政府提供信用平台网络、特定领域备案、社会信用创新产品与服务、联合奖惩与失信专项治理辅助以及社会信用评分等具有公共性质的信用产品。

有时融资主体为了提高自身的信用等级，也会通过各种方式对信用工具进行信用增进，在金融市场上有金融机构或第三方机构专门从事对其他机构或信用工具的信用增进业务，信用增进作为征信与评级的衍生服务也属于信用产业的重要板块。

此外，信用产业还包括信用管理行业，其大体又可分为信用保险、融资担保、信用衍生品及保付代理四个子行业，这些行业和领域服务于信用产业的下游环节或再加工环节。以保付代理行业为例，销售商将其与买方订立的货物销售（服务）合同所产生的应收账款转让给保理公司，由保理公司为其提供贸易融资、应收账款管理与催收等综合性商贸服务，为销售方提供了信用管理的相关服务。

# 第三节　信用产业的作用与特点

## 一、信用产业的作用

信用产业兼具金融功能、经济功能和社会功能。

从金融功能上看，信用产业是信用交易的守门人，通过信用信息的收集及分析，对信用风险进行识别、评估和管控，资源才能实现在时间上合理配置，信用交易才能顺利达成，金融行业才能得以发展；信用产业是金融行业的重要基础设施，金融业发展的广度和深度依赖数据及信息的可得性和评估准确度，尤其是征信与评级产品及服务，为资本市场定价提供了参照依据；信用产业大大降低了信用风险及其损失，由于信用产业提供了专业的、标准化的信用信息产品，信用风险能够得以显现并加以应对，从而在金融决策中可以有效降低损失。经验研究表明信用产业在降低违约率等方面具有显著作用。

如图 1-2 所示，当银行机构增加信息来源以控制信用风险时，其违约率能够显著降低。

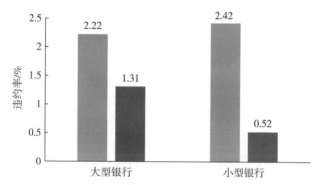

**图 1-2　信息增加显著提高风险控制水平**

从经济功能上看，信用产业在宏观上可以促进经济增长，在微观上可以降低决策成本，同时在监管角度可以提高监管效率。信用产业降低了交易成本，提高了经济增长的潜力。诺贝尔经济学奖获得者科斯及诺斯等人的研究表明，经济增长大部分来源于交易成本的降低，而交易成本的降低往往来源

于制度变革、技术进步和新的产业组织形式。信用产业通过对于数据和信息的市场化，使得原来不能或很难达成的信用交易成为可能，扩大了金融交易的范围，扩展了市场和经济的边界，从而大大促进了经济增长。从微观角度看，信用产业使得授信方减少了人力、物力的损耗，降低了对受信方的调查成本，节约了时间成本，减少了应收账款追收等管理成本和违约成本。同时，信用产业的信息来源广泛且更新及时，能够反映信息主体过去和当前的信用状况，从而也能够为监管者提供监测数据和监管依据，有助于提高监管的有效性和针对性（见表 1-1）。

表 1-1　信用产业对于各方的作用

| 对于授信方 | 对于受信方 | 对于监管者 |
|---|---|---|
| √　降低信息不对称 | √　反映融资需求 | √　获取及时准确的金融市场信息 |
| √　强化贷款责任 | √　传达融资成本 | √　提高金融体系的稳定性 |
| √　降低对于抵押物的要求 | √　扩大授信来源 | √　促进对于欺诈和其他犯罪的监测 |
| √　衡量授信的潜在风险 | √　加强信用管理 | √　易于分级分类管理金融风险 |
| √　降低授信的违约损失 | √　减少担保使用 | √　获取用于统计和其他监管目的信息 |
| √　改善授信组合 | √　扩大融资可得性 | √　降低监管成本 |
| √　帮助细分市场 | √　防止过度负债 | |
| √　加强信用风险管理 | | |
| √　降低授信成本 | | |

从社会功能上看，信用产业对于形成诚实守信的社会规范具有重要作用。信用本身具有社会道德含义，信用产业为守信诚实、履约意愿和能力强的社会主体服务，而揭示虚假、履约意愿和能力弱的社会主体的风险，间接实现对守信的激励和失信的惩罚，使得人们充分认识到信用的价值。

## 二、信用产业的特点

从信用产业的从业机构的市场属性来看，信用产业本身属于信息服务中介的一部分，声誉机制对于信用产业从业机构的市场地位具有决定性的影响。因此，秉持中立、注重声誉既是信用产业的显著特征，也是信用产业得以生存发展的基石。

信用产业同时为授信方、受信方服务，属于经济理论中的双边市场，因此其定价模式、竞争模式及市场结构有自己的特征。从定价模式上来说，信用产业可以同时向授信方或受信方中的任何一方收费，并根据其需求采取歧视性定价。但征信或评级产品，特别是评级产品在金融市场中具有准公共物

品的性质，因此往往仅向一方收费并采取"公平费率"，并不采取垄断或歧视性定价。从竞争模式和市场结构上来说，信用产业自身具有一定的规模效应，应当注意避免恶性竞争、保持有限竞争，并提高头部企业的公信力。由于处在双边市场，信用产业对中立性有特殊要求，偏袒任何一方的信用产品将失去市场的信任，因此声誉机制在信用产业中尤为重要，即信用产业的从业机构本身首先要是中立客观、讲求信用的市场主体。由于在信用交易过程中，授信方往往面临更多的信息不对称的困难，而且往往很难采取手段避免受信方的道德风险问题，因此信用产业大多为信息缺乏的一方服务，即资金和资源的融出方服务，因此信用产业还具有公正性的特征。

综上所述，透明、中立、公平以及严格的声誉机制约束，是信用产业的鲜明特征。

# 第四节　本书的内容安排

包含本章导论在内，本书共包括十章内容。

第二章至第四章围绕信用产业的内涵，即围绕在资本领域与社会领域对信用的直接需求所形成的主要行业加以介绍分析，包括征信、评级与社会信用三大行业类别。第五章与第六章围绕信用产业的外延，即围绕主要信用行业的衍生行业与服务行业展开，包括信用增进与信用管理两大行业类别。上述各章主要从行业起源、发展现状、产品分类、市场结构以及应用场景等方面展开，对信用产业链条的主要节点进行描述、分析与总结。

第七章与第八章分别为信用与金融危机、信用行业监管。其中第七章从更宏观的角度描述了信用产业产生与发展的宏观背景，讨论了信用产业如何成为重要的金融基础设施。第八章则在第七章的基础上，分析了信用产业在发展中仍存在的一些问题，以及在监管层面如何保证信用各行业能够较好地发挥其自身作用。

第九章与第十章分别为信用科技以及信用产业发展趋势。其中第九章对信用产业所涉及的技术手段及技术前沿进行简要介绍，并通过典型案例展示了信用科技的部分应用场景。第十章则在上述各章内容的基础上进行总结与升华，从当前信用产业发展的任务、挑战与机遇等层面进行分析，力图指明信用产业整体的发展方向与趋势。

# 第二章　征　信

征信行业在法律法规允许范围内揭示市场主体的信用状况，是信用产业的主要行业之一。征信有助于缓解市场主体间的信息不对称，扩大信用交易的规模和范围，是信用经济的"润滑剂"。广义的征信行业还包括信用评级行业，征信与评级是金融基础设施的重要组成部分。本章从起源、运营模式、产业经济分析以及征信流程与技术等方面重点对狭义征信行业进行分析和介绍。

# 第一节　征信的起源及发展

征信行业具有悠久的历史，本节主要介绍征信的定义、作用及其发展历程。

## 一、征信的概念与功能

### （一）征信的基本概念

征信是一个古老而又现代的行业。早在两千多年前，中国古代编年体史书《左氏春秋》中，就有"君子之言，信而有征，故怨远于其身"的说法，意思是君子说话有信用，并且可以被验证，因此被人埋怨的事远离其身。这里其实包含了与现代征信类似的含义，即通过验证信用状况来评估信用水平。现代意义上的征信，是指专业化的机构，依法收集、整理、保存、加工自然人、法人及其他组织的信用信息，并对外提供信用报告、信用评估、信用信息咨询等服务，帮助客户判断、控制信用风险，进行信用管理的活动。从本质上看，征信属于信用信息服务。

征信主要源于对诚信交易环境的需求，为社会、经济提供与信用相关的信息服务。按照不同的分类标准，征信可以分为不同的种类。按业务特征，征信可分为企业征信和个人征信。按服务对象，征信可分为信贷征信、商业征信、雇佣征信以及其他征信。按征信范围，征信可分为区域征信、国内征信、跨国征信等[①]。征信目的之一是信用查询，主要用于交易主体了解交易对象的信用情况，是交易主体选择交易对象的重要依据，一般不用于处置经济纠纷、侦查刑事犯罪等方面，更不能用于从事间谍活动或者刺探隐私等非法活动。同时，征信的另一个重要目的是甄选低风险市场个体。信用记录较好的企业或个人能够以更低的交易成本获得更多的市场机会，逐步形成"守信者受益、失信者受罚"的社会环境，促进经济交易的效率。征信的核心目的是建立"守信激励、失信惩戒"的约束机制，规范市场秩序。在一定程度上，征信服务能够较大程度上保障交易安全、防范违约风险。征信的重要特点是"尊重事实，让事实说话"，即信用信息是可验证、有记录的。对于准确性不

---

① 耿得科. 征信体制建设及其对金融的影响 [D]. 浙江大学，2012：1–3.

高的信息，坚决不能采集，因为异议处理将会使征信活动从经济层面看很不划算，并且会影响到征信的公信力。从征信的应用范围来看，传统的征信业务主要服务于融资借贷活动，用于降低交易双方的信息不对称，并抑制信息不对称引致的逆向选择问题。现阶段，征信被广泛用于经济社会各个领域，对经济社会治理发挥了巨大的作用，在拓展市场交易范围、培养社会诚信意识、优化商业环境等多个维度发挥着积极影响。

征信体系是在征信业务的基础上逐渐发展而形成的。现代社会的一个重要特点是综合性不断增强。在一个经济体内部，任何行业的存在和发展都不再是孤立的现象。一般而言，征信体系被定义为涉及征信的法律、机构、市场、业务、标准、管理和科研等多方面的整合而形成的系统。与其他行业相比，征信行业的发展对法律、教育、科研、媒体环境等更为依赖，只有在法律、教育、监管、研发和市场等一系列辅助工具的紧密联系和支持下，征信才能得以持续发展。其中，征信法律是指直接或间接地与征信行为和征信机构有关的法律法规。征信行业标准主要指在信息交换、信息识别和产品格式等方面的标准，一般由行业主管部门或行业协会制定，具有强制执行或建议执行的特点。征信行业监管是由政府部门或政府授权部门对征信机构的运营以及征信市场的秩序进行的监督和管理。

征信机构是征信体系运行的载体，主要经营征信信息收集、出具信用评估报告等征信业务的机构。按照业务分类，可以分为企业征信机构和个人征信机构，产品形式包括信用记录、信用调查、信用评分以及信用报告等。在征信业近两百年的发展历史中，征信机构逐步发展出两种组织类型：一种是主要由政府投资组建，以行政机构形式存在，以金融监管为主要目标，即公共征信机构。另一种是由私人部门投资组建，以企业形式存在，即私人征信机构，它又可分为营利性的商业化征信机构和非营利性的私营征信机构。公共征信机构和私营征信机构在设立目的上存在根本差异，公共征信机构通常出于政策监管的需要采集信用主体的相关信息，私营征信机构则出于盈利目的采集并分析信用主体的相关信息，为了提高盈利空间，私营征信机构的信息征集范围通常比公共征信机构更为广泛。

**（二）征信的功能**

征信伴随市场经济的产生而产生，也伴随经济市场的发展而发展，它是维系经济社会信用关系的纽带。征信的功能主要体现在促进经济发展和完善社会信用体系建设两个方面。

1. 经济功能

一是降低违约风险。征信通过合法途径提供交易双方所需的信用信息，使交易双方的信息不对称得以降低。以信贷交易为例，征信产品和服务可以帮助授信方对融资需求方提供的信息与真实信息进行对比和评估，减少隐瞒以及欺诈等恶劣情况的出现。在一定程度上，征信所提供的信用信息能够帮助交易双方有效识别虚假交易，提前预防信用违约事件的发生，从而降低市场的信用违约风险。

二是降低交易成本。征信环境的改善能够降低经济交易的成本，有利于激励市场各交易主体从事各类商业活动，活跃商业环境。在征信活动中，征信所提供的信用信息能够为金融市场的交易主体提供决策依据。征信能够帮助交易双方通过实现信用信息共享，减少授信方人力、物力的消耗，降低对融资需求方的调查成本，降低应收账款追收等管理成本和信用违约成本。比如征信可以节省授信方处理贷款申请的时间和精简审批的流程等，能够有效提高资金配置的效率。

三是拓展交易范围。企业通过征信产品的使用和传播，使授信方可以识别融资需求方的信用状况和偿债能力，帮助抵押资产不足的需求方降低融资约束，有效解决制约信用交易的限制。征信不仅可以提供交易双方的信用信息，在一定程度上信用状况的情况可以看成是实物抵押、担保之外的一种"信誉资产"。比如，对于融资相对困难的中小企业而言，在具有征信机构出具的良好的信用资质认定的情况下，中小企业的融资障碍明显减少，从商业银行获得贷款的可能性提高。

2. 社会功能

征信是现代社会信用体系的重要组成部分，也是建设社会信用体系的重要手段。成熟的征信体系能够帮助信用水平较高的市场主体积累财富，激励个人和企业形成诚实守信的行为规范。同时，征信通过对市场主体信用活动准确、及时、全面地记录，可以将信用信息进行合理的展示，以约束和激励相关主体的信用活动，进而有效改善社会信用环境。具体体现在以下两个方面：

一是培育社会信用意识。征信为企业和个人搭建了展示信用状况的平台，交易双方通过征信产品的广泛使用，从事经济交易的双方能够互相了解对方的信用状况，履约记录良好的交易对象能够更为顺利地达成交易，从而形成诚实、互信的社会环境氛围。一方面，信用意识能够约束信用状况较差的企

业的行为，引导、规范其相关的违规行为合规化；另一方面，信用意识能够激励信用资质良好的企业或个人保持现有良好的信用状况。

二是创新社会治理模式。征信机构依据各国政府的信息公开法规，可以采集大量有助于判断企业和个人信用状况的相关信息。征信不仅适用于企业和个人，在一定程度上征信也是政府相关部门进行社会治理的重要手段。政府部门可依法查询征信机构的数据库，或要求征信机构予以支持，提供专业化的信用信息服务及信息分析，在一定程度上能够及时地掌控和调整社会信用状况，避免极端、大规模负面事件的爆发。

## 二、国外企业征信的起源与发展

征信行业最早起源于欧洲，世界上第一家征信机构曼彻斯特守护者协会（Manchester Guardian Society）于 1826 年在英国成立，这是一个由英国商人组成的团体，成员对外分享关于未能偿还债务的企业信息，提供的征信服务就是企业类征信服务。

### （一）美国

1841 年，美国第一家企业信用评估机构由路易斯·塔班（Lewis Tappan）在纽约成立。最早的信用评估机构主要应用于贸易领域，通过成立商业公司向贸易双方提供对方的背景和信息调查服务，以减少贸易交易中的不信任和欺诈行为，减少贸易摩擦，促进贸易的顺利进行。此后，在南北战争时期的棉花贸易中，美国还出现了一些专门调查南方、北方棉花贸易商人信用背景的机构，现代征信机构和企业征信初具雏形。1849 年，约翰·布拉斯特瑞特（John M.Bradstreet）在辛辛那提注册信用报告管理公司，是企业邓白氏信息咨询公司（Dun&Bradstreet）的前身，经过多年经营积累逐步成为目前企业征信领域最具影响力的跨国企业，其数据库邓白氏数据库（DUNSRight）为全球综合度最高的数据库①。

美国企业征信早期的快速发展受益于 20 世纪 30 年代经济大萧条的出现，当时大批公司破产，大量债务因为企业的破产而成为坏账。经济泡沫的破灭给经济带来的严重冲击使得政府和投资者认识到征信的重要性，政府相继制定了一系列扶持信用管理机构的政策，促进民间征信机构得以蓬勃发展。截

---

① 户兴磊. 我国企业征信机构发展路径探析——美国邓白氏公司的经验及启示 [J]. 征信，2018，36（11）：62-65.

至 20 世纪 60 年代末，美国征信机构的数量超过 2000 多家，但此后美国的征信机构经历了大规模整合，数量大幅减少，并逐渐出现全国性的征信巨头。60 年代至 80 年代，美国国会先后出台一系列法律法规，明确了金融机构、消费者资信调查、商账追收行业信用信息的公开披露要求，形成了完整的征信监管法律框架体系。受自由经济思想的影响，美国征信业为市场化运作，经营活动主要通过法律体系来规范，因此，美国构建征信体系的过程中也在不断加强相关的法律建设。同时，为保证营造良好的征信环境，美国在推进征信体系建设的同时也强化了信息管理与保护，对于可能涉及危害国家安全、个人隐私及危害经济、公共安全的业务活动制定了相关法律。从 20 世纪 60 年代起，美国陆续颁布实施《信用自由法》《联邦咨询委员会法》《阳光下的联邦政府法》《公平信用报告法》等专门的法律法规，建立起一套系统的信息公开制度，重点处理信息公开与国家机密保护、企业商业秘密保护以及消费者个人隐私保护之间的关系。

**（二）欧洲**

1888 年，格瑞顿公司（Graydon International Co.）成立，是欧洲最著名的征信公司，为世界上超过百个国家和地区的企业提供征信报告。从 20 世纪 90 年代开始，征信机构合并在欧洲如火如荼地进行，其中美国的大型征信机构在欧洲大肆攻城略地，甚至收购了欧洲部分国家的公共征信局，在并购重组的浪潮下，欧洲的征信体系开始具备了部分美国征信体系的特征。

整体上欧洲的征信模式多种多样，有以公共征信机构为主导的模式、以私营征信机构为主导的模式及公共征信机构与私营征信机构并存的模式。其中，欧洲各国的公共征信系统强制性要求被监管的所有金融机构加入该系统，金融机构须定期将所拥有的信用信息数据上报到系统中。这种强制性的征信方式，使公共登记系统几乎能够覆盖一国的全部金融机构。然而，公共征信机构并不收集信用主体的所有贷款信息，而主要是根据监管的要求从某个额度开始收集相关信息。例如，许多欧洲国家规定了金融机构向公共征信机构提供信用数据中的最低贷款数额，低于这个界限的数据则不需要提供，故排除了相当一部分信用信息数据，也促进了民营征信的发展。又如，针对信用信息中的正面数据和负面数据，部分欧洲国家限制正面数据的共享，一定程度上体现出政府对信用主体的信息保护的政策理念。私营征信机构的信息收集较公共征信机构而言范围更大。私营征信机构不仅征集信用主体的负面信息，而且大力收集正面信息，故对数据的需求量更大。在公共征信机构与私

营征信机构并存的模式下，公共征信机构和私营征信机构在功能上相互补充。

### （三）日本

日本是亚洲发展征信行业较早的国家。早在 1892 年，日本就成立了第一家民间信用机构商业兴信所，主要业务是向银行机构提供资信调查服务。1896 年，东京兴信所（东京商工所的前身）成立，以向银行提供信用调查为主要业务。1900 年，帝国数据银行（TDB）的前身"帝国兴信社"成立。1944 年，日本银行以自身为主体，联合有关银行成立了日本信用调查公司，以协助银行开展征信业务。20 世纪 80 年代以后，伴随着日本经济的高速发展及互联网的普及，征信行业快速发展。目前，在日本东京商工所（TSR）和帝国数据银行（TDB）成为占据日本企业征信最主要份额的两大征信机构。

日本的征信机构主要包含两种组织形式：非营利性的会员制征信机构与商业性征信机构。前者主要是指日本个人信用信息中心，负责对消费者个人或企业进行征信，为协会会员提供企业和个人信用信息共享的平台。一方面，协会会员向信息中心义务提供由会员自身掌握的企业和个人的信用信息；另一方面，协会信用信息中心仅限于向协会会员提供信用信息的查询服务。该协会信用信息中心不以盈利为目的，仅收取成本费用。后者则是以盈利为主要目的商业化征信机构，但市场影响力并不及前者。

日本之所以形成会员制的征信体系，主要原因在于日本的行业协会具有巨大的经济影响力，信息的使用仅限于会员，且严禁向非会员提供任何个人信用信息。通过会员制的形式，会员和行业协会构建信息共享的壁垒，将信用信息形成有限的、封闭的共享方式。值得一提的是，日本征信业是信用市场发展过程中自发形成的，政府并未进行过度干预。在法律法规的制度环境层面，日本针对征信领域的规定较少，主要原因在于日本政府认为严格的信息保护立法将过度增加企业负担，进而影响经济发展。也正因为如此，日本征信行业发展经历了由混乱到规范、由散乱到集中的过程。

## 三、国外个人征信的起源与发展

### （一）美国

美国的个人征信主要以信用局为主。第一家信用局于 1860 年在纽约诞生。消费信贷是推动个人征信发展的主要动力。与企业征信相同，美国的个人征信以市场为主导的私人征信模式为主。整体上，美国个人征信机构的运作市场化程度较高，由市场需求决定征信数据库的规模和征信产品的更新迭

代，优胜劣汰是主要的市场规则。美国拥有三个大型的个人征信机构，分别为益博睿（Experian）、艾可飞（Equifax）及全联（Trans Union）[①]。三家机构均各自拥有个人信用数据库，机构自主采集、加工和检验个人信用信息。这三个大型数据库最初由多个征信机构自设的数据库逐步兼并而成，目前基本覆盖美国全体公民的个人信息。现阶段，美国个人征信市场由这三个大型数据库主导，其他征信机构主要依托三大数据库经营征信相关业务。美国征信机构以营利为主要目的，向社会提供包括资信查询、信用评分、商账催收等有偿服务，已形成成熟的市场化运作模式。

**（二）欧洲**

欧洲的个人征信为政府主导的公共征信模式。尽管也不乏部分私营征信机构，但其主要是依托公共征信机构展开相关服务。公共征信机构主要从中央银行获取金融信息，所以欧洲的公共征信系统并未将企业征信和个人征信严格区分开。欧洲国家众多、民族构成复杂，各个国家在发展路径、文化背景和社会信用基础方面均存在明显差异。因此，整体上欧洲各国对个人征信模式的选择可分为三种情况：一是以英国为代表的模式，只有私营征信机构；二是以法国为代表的模式，只有公共征信机构；三是公共征信机构与私营征信机构共同存在，如德国、意大利、西班牙、葡萄牙等国家。公共征信机构设立的功能是给商业银行、中央银行和其他金融监管机构提供有关个人债务状况的信息，以便加强监督、控制与防范风险。在欧洲，公共征信机构之所以能与私营征信机构共同存在，主要原因在于二者存在互补关系，政府部门通常采取一定的调节机制为私营征信机构的发展留出市场空间。

**（三）日本**

日本个人征信业的发展与个人信用消费的发展是同步的。尤其是 20 世纪 50 年代日本消费金融的繁荣加速了对个人征信的需求，征信业快速发展。20 世纪 80 年代后，全国银行消费者信用信息中心（KSC）、株式会社日本信息中心（JIC）和株式会社信用信息中心（CIC）成立，且分别由全国银行协会（JBA）、贷金业协会（JFSA）和消费者信用协会（JCA）管理，形成了目前日本个人征信产业"三足鼎立"的结构形式。其中，银行协会下属的消费者信用信息中心是日本最大的个人征信机构，信息中心的运行费用在会员单位之间结算，提供信息或使用信息均采取收费的方式来维持系统的运行和发展，

---

① 徐启昌. 中美征信市场比较 [J]. 中国金融，2015（21）：54–55.

但整体上不以营利为主要目的。日本的个人征信主要采取会员制，上述三家个人征信机构均采取这一机制，信息的采集和来源均限于会员单位，要求会员定期向各信息中心报送客户信息，信息也仅限于会员单位之间的共享，具有较高的保密限制。当然，在个人征信业发展的同时日本政府也在此过程中颁布了《贷款业规制法》《分期付款销售法》《个人信息保护法》等法律对个人信息的使用进行监管。

### 四、中国征信行业的历史与发展现状

自古以来，诚信就是中国的传统美德，在自身经济发展的过程中征信行业也应需而生。在近代，征信行业的发展主要源于银行业的发展。早在 20 世纪初，北洋政府财政部颁布的《银行公会章程》中规定，银行公会应开办征信机构，为各银行提供信用咨询服务。20 世纪 30 年代，银行联合发起中国兴信社。为落实中国兴信社的目标，创办了一个专职征信机构即中华征信所。该所的成立标志着中国征信业的开始。该所的业务范围、信用调查方式及信用的评定均比较简单，还未十分成熟。

中国改革开放以后，经济快速发展，金融业尤其是银行的呆账和坏账大规模增加，市场对企业信用状况的需求愈发强烈。1992 年，人民银行深圳市分行推出了贷款证制度，用于记录企业的信用状况。然而，贷款证制度下的金融市场仍出现混乱的状态，企业信用建设的重要性日益提升。1997 年，为更好地建立企业的征信系统，人民银行开始筹建银行信贷登记咨询系统，主要是将企业贷款情况录入这个系统，商业银行可以到人民银行系统去查询需要贷款企业的信用状况，以减少企业信用违约的概率。信贷登记咨询系统在一定程度上具备了企业征信系统的相关特征，为中国企业征信系统的建立奠定了重要基础。2003 年，国务院赋予中国人民银行"管理信贷征信业，推动建立社会信用体系"职责，中国人民银行征信管理局正式成立，标志着中国征信事业迈出了前进的一大步。同年，上海、北京、广东等地率先启动区域社会征信业发展试点，一批地方性征信机构设立并得到迅速发展。2008 年 5 月，中国人民银行征信中心在上海正式挂牌成立。2013 年 1 月 21 日，国务院总理温家宝签署国务院令第 631 号，公布《征信业管理条例》，自同年 3 月 15 日起施行，这是我国迄今为止关于征信业管理的最高法规，其意义十分重大。同年 11 月 15 日，中国人民银行令〔2013〕第 1 号发布《征信机构管理办法》，自同年 12 月 20 日起施行。2014 年，根据《征信业管理条例》和《征信

机构管理办法》，中国人民银行各分支机构开展的企业征信机构备案工作正式开始。我国征信史上第一家拿到企业征信备案资质的机构是中诚信征信有限公司（备案号 10001），至此企业征信开始走上规范化发展的道路。截至 2022 年 2 月末，全国共有 136 家机构取得企业征信备案资质。2019 年，党的十九届四中全会提出，要完善诚信建设长效机制，健全覆盖全社会的征信体系，加强失信惩戒。2021 年 8 月 17 日，习近平总书记主持召开中央财经委第十次会议强调，要加强金融法制和基础设施建设，深化信用体系建设，发挥信用在金融风险识别、监测、管理、处置等环节的基础作用。习近平总书记关于建立覆盖全社会征信体系的要求，为我国征信业发展指明了目标方向。2021 年 9 月 27 日，易纲行长签署中国人民银行令〔2021〕第 4 号，公布《征信业务管理办法》，自 2022 年 1 月 1 日起施行。该《办法》从法治上明确了信用信息的定义及征信管理的边界，为资本在征信领域设置了红绿灯，将征信替代数据应用纳入监管，强调从事征信业务需取得合法资质，大量游离在监管之外的从事新兴征信活动的机构纳入了监管，并对征信业务全流程进行更为具体的规范，以满足新时代征信业规范发展的需求。2021 年 12 月 22 日，《国务院办公厅关于印发加强信用信息共享应用促进中小微企业融资实施方案的通知》（国办发〔2021〕52 号）提出构建全国一体化融资信用服务平台，就是要求更好地发挥征信助力构建新发展格局、推动高质量发展的作用。

伴随着我国经济高速发展带来的居民收入水平的提高，个人消费市场不断地发展，对个人征信体系建设的需求也日益强烈。1999 年，中国人民银行批准上海资信有限公司进行个人消费信用联合征信，随后在全国范围内推广开来。2004 年中国人民银行开始组织商业银行建设全国统一的个人征信系统，并于同年 12 月中旬在 15 家全国性商业银行和 8 家城市商业银行于全国 7 个城市联网试运行。2005 年 8 月末完成与全国所有商业银行和部分有条件的农村信用社联网运行，并经过一年的试运行，最终于 2006 年 1 月正式运行。人民银行征信系统填补了我国个人征信行业的空白，至今依然是中国最具权威的个人征信系统。目前，中国人民银行征信中心（Credit Reference Center）成为建立"信用档案"并为各商业银行提供个人信用信息的专门机构。

除人民银行征信中心外，我国的市场化的个人征信机构发展较为缓慢，主要受限于信用信息立法、数据产权立法等相关法律的滞后。截至 2021 年末，我国持牌的个人征信机构仅有百行征信和朴道征信两家。其中，百行征信有限公司是在中国人民银行的监管指导下，由中国互联网金融协会联合芝

麻信用管理有限公司、腾讯征信有限公司、深圳前海征信中心股份有限公司、考拉征信服务有限公司、鹏元征信有限公司、中诚信征信有限公司、中智诚征信有限公司、北京华道征信有限公司8家机构共同发起组建的市场化征信机构。2018年2月，百行征信获得我国第一张个人征信业务牌照，2020年7月，百行征信完成了企业征信业务经营备案，成为国内拥有个人征信和企业征信双业务资质的市场化征信机构。朴道征信是由北京金融控股集团有限公司、京东数字科技控股股份有限公司、北京小米电子软件技术有限公司、北京旷视科技有限公司、北京聚信优享企业管理中心共同发起设立的个人征信机构，4家股东包括国有地方金融控股企业以及民营大型互联网企业，能够在信息安全、数据、场景及技术方面形成优势互补。此外，2021年11月，中国人民银行受理了钱塘征信有限公司（筹）的个人征信业务申请，其中浙江省旅游投资集团有限公司和蚂蚁科技集团股份有限公司，为并列第一的股东，均持股35%。

总体上看，我国征信行业虽然已经取得长足发展，但市场化水平依然有待提高。中国人民银行副行长陈雨露在2022年度总行工作会和全国征信系统工作会上反复强调，要深刻认识建立健全覆盖全社会征信体系的宏大时代背景，百年未有之大变局下的数字经济发展非常迅速，竞争激烈，建设数字时代的金融体系是抢占未来金融发展制高点之大势，征信体系是其中的核心要点之一。我们要进一步提高政治站位，从战略的高度、以宏阔的视野来认识和把握新形势下的征信工作，分析当前征信工作的新形势和新任务。

**（一）征信工作的重要性和紧迫性前所未有**

征信已成为发展数字经济的战略支撑。征信体系作为健全与数字经济相适应的现代金融体系，缓解金融领域信息不对称这一世界性难题，赋能智慧金融、普惠金融、绿色金融、农村金融，创新直达实体经济的金融产品和服务，提升金融服务实体经济质效的重要保障。征信也为化解互联网平台信息垄断、推进平台经济治理、维护数字经济健康发展提供了合法规范的路径。发展征信业、提升征信功能已成为强化经济社会治理的重要举措，对改善市场信用环境和营商环境、保障公平竞争、深化"放管服"改革发挥着日益重要的基础性、制度性保障作用。

**（二）征信内涵外延的发展演变前所未有**

征信体系日趋完善。由人民银行征信中心扩展到市场化征信机构、各地地方征信平台等多类主体，形成了"一体两翼"的发展格局。征信主体和信

用信息内容取得了巨大进步。覆盖主体上，从原来的发生信贷业务主体拓展到所有发生经济活动的自然人和法人。信用需求范围正在不断扩展。不仅从传统的信贷领域延伸到整个金融领域，而且在行政监管、司法办案、人员招录管理中的应用日益广泛，社会关注度空前提高。

**（三）征信信息安全的高压态势前所未有**

征信应用方式发生了技术性变革。互联网、大数据等新技术在征信领域的广泛应用，线上批量查询和实时接口调用更加普及，对监管履职提出了新的理念和技术要求。征信业的专业性、复杂性、敏感性不断提高。

加强征信监管，切实保护信息主体的合法权益。近几年来尤其是新冠肺炎疫情暴发以来，乱办征信、有偿代理征信修复、以征信修复之名行诈骗之实，这样的征信乱象已经严重损害了群众的切身利益，同时也损害了央行征信系统和市场化征信机构的公信力。

根据形势发展的需要和我国征信业发展不足的实际情况，2022 年 3 月 29 日出台的《中共中央办公厅、国务院办公厅印发〈关于推进社会信用体系建设高质量发展　促进形成新发展格局的意见〉》（中办发〔2022〕25 号）第十七条明确提出，要"培育专业信用服务机构""加快征信业市场化改革步伐"，随着相关法律法规完善以及征信监管能力的提高，我国征信市场有望迎来"黄金发展期"。

# 第二节　征信运营模式

当前国际征信体系的运营模式可以分为三类：市场主导型、政府主导型和会员制。总体上看，运营主体市场化程度越高，征信市场规模越大。对不同征信运营模式的梳理可以为我国征信行业的发展提供一定的借鉴和参考。

## 一、市场主导型运营模式

市场主导型运营模式又称私营模式，是指征信机构以营利为目的，收集、加工个人和企业信用信息，为信用信息使用者提供独立的第三方服务。在社会信用体系中，政府的职能是：促进信用管理立法和监督信用管理法律的贯彻执行。

美国征信机构的运营模式是典型的市场主导型模式。无论是个人征信，

还是企业征信，都采用市场化运作模式，政府只负责依法监管。美国征信行业具有较为成熟的征信体系，信用机制渗透到人们生活的每一个角落。

在企业征信方面，征信公司都是由私营部门创立，以盈利为目的，并且直接参与市场竞争。征信机构向信息使用者收取费用，信用服务方面的收入是其盈利的主要渠道。此外，征信机构注重产品的多元化和丰富性，不再局限于服务金融行业。除了向金融行业提供信用报告、信用评分等基础征信服务，还向政府、教育、医疗、保险、电信等其他行业提供市场营销、决策分析、人力资源、商业信息平台等信用增值服务。在个人征信领域，美国利用FICO（费尔艾克公司信用评分模型，Fair Isaac Company credit scoring model）信用评分系统建立了个人信用统一量化标准。

美国征信行业集中度较高，并已建立了成熟完备、专业细分的征信体系，诞生了在全球市场中占据重要地位的巨头公司（见图2-1）。美国征信体系分为企业征信和个人征信。企业征信可细分为资本市场信用和普通企业信用，资本市场占据重点地位的信用机构有标准普尔（Standard and Poor's）、穆迪（Moody's）和惠誉（Fitch），普通企业信用机构有邓白氏。在个人征信行业，益博睿（Experian）、艾可飞（Equifax）和全联（Trans Union）3家征信机构占据龙头地位，三大征信机构之间既相互合作又凭借各自的产品差异形成竞争。益博睿的市场规模较大，覆盖范围最广，并且擅长数据处理和分析。艾可飞的优势为信息来源广泛，产品较为丰富，且可以对无信用消费者进行信用评估。全联的业务主要集中在美国本土，在风险管理上有优势。在1980年前后，个人信用领域的三大个人征信巨头已经完成了美国成年人口的全覆盖。

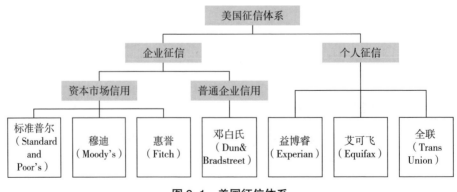

图2-1　美国征信体系

除巨头公司以外，随着互联网技术的发展和征信体系的不断完善，以卡

马信用（Credit Karma）和泽思金融（ZestFinance）两家公司为典型代表的互联网创业公司也逐渐兴起。

Credit Karma 针对消费者希望随时掌握自己的信用记录的需求，与三个主要信用机构中的两个信用机构艾可飞和全联合作，将信用记录免费提供给用户，同时提供免费的个性化理财建议，如办理信用卡、一般贷款等，并通过金融机构的分成来获取利润。该公司在 2009 年至 2014 年 5 年间，实现了 40 倍营业收入增长。同时，其于 2014 年获得由谷歌资本（Google Capital）领投的 C 轮和 D 轮融资。

## 二、政府主导型运营模式

政府主导型运营模式主要以中央银行建立的"中央信贷登记系统"为主体，兼有私营征信机构的社会信用体系。中央信贷登记系统收集的信息数据主要是企业信贷信息和个人信贷信息。该系统是非营利性的，系统信息主要供银行内部使用，由政府出资建立的全国数据库网络系统，直接隶属于中央银行，服务于商业银行防范贷款风险和央行进行金融监管及执行货币政策。

政府主导是欧洲征信模式的主要特征，以德国和法国为代表的欧洲模式和其他欧盟成员国，如意大利、西班牙、奥地利、葡萄牙和比利时等国家均采用以中央银行建立的中央信贷登记系统为主体的社会信用管理模式，主要由政府出资，建立全国数据库，组成全国性的调查网络。在政府主导型的征信体系中，中央银行承担着主要的监管职能。

欧洲征信体系的另一个特点是个人数据保护较为严格。欧洲对于征信的立法最初是源于对数据、个人隐私的保护，因此与其他地区相比，具有较严格的个人数据保护法律。1995 年 10 月，欧洲议会通过了欧盟第一个涉及个人征信的公共法律《个人数据保护纲领》，旨在保护人权和开放数据之间取得平衡。随后于 1997 年 12 月公布了第二个《数据保护指南》。根据欧洲议会通过的法律，欧盟各国对本国的信用管理法律体制进行完善。

政府主导型运营模式以德国和法国为代表。德国征信模式属于政府主导下的公私并行，德国其信用体系包括公共征信系统、私营信用服务系统、行业协会三部分。公共征信系统主要包括德意志联邦银行（德国中央银行）信贷登记中心系统和行政、司法部门的信息系统，其中以德意志联邦银行的信贷登记中心系统为核心。德意志联邦银行信贷登记系统供银行与金融机构内部使用，在使用范围上有明确的限制。而工商登记信息、法院破产记

录和债务人名单均对外公布，并可查询。公共信用信息系统依法向私营信用服务系统提供信息服务，是私营征信机构信息的最主要来源。私营信用服务系统是德国社会信用体系的主体。其中，通用信贷安保集团（SCHUFA，Schutzgemeinschaft für allgemeine Kreditsicherung）、欧洲信用改革联合会（Creditreform）和博格尔信用评估（Buergel）是德国最主要的三家征信调查和评估机构，其中于 1927 年在柏林成立的 SCHUFA 市场占有率最高。

法国的征信系统主要是公共征信系统，征信服务可追溯至 20 世纪 20 年代。法国的信用风险登记系统源于 1946 年，在法兰西银行的组织下，法国政府建立了法国企业信贷登记系统（FIBEN，Le Fichier bancaire des entreprises）数据库，包含了企业信贷和个人信贷两个登记系统。

企业信贷登记系统于 1984 年开始运行，所有的金融机构必须接入企业信贷登记系统，每月向法兰西银行报送企业客户的信用信息，包含正面信息和负面信息。此外，法兰西统计局也会向法兰西银行提供相关的信息。法兰西银行负责将这些信息与从其他公开信息渠道获得的信息进行整合和分析，根据金融机构和企业的需求来提供信用信息的咨询服务。

法国的个人信贷登记系统于 1989 年设立，比较特别的是法国的个人征信系统只收集个人的负面信息，是一个全国性的个人不良信用信息的数据库。银行和金融机构以及企业必须定期向个人征信系统报送消费者个人的不良信用信息。此外，个人征信系统还会通过媒体和法院等公开信息源采集个人负面信息。

### 三、混合制运营模式

混合制运营模式以日本为代表。该模式是由行业协会建立信用信息中心，为协会会员提供个人和企业的信用信息互换平台，通过内部信用信息共享机制实现信用信息的征集和使用。在会员制模式下，会员向协会信息中心义务地提供由会员自身掌握的个人或者企业的信用信息，同时协会信用信息中心也仅限于向协会会员提供信用信息查询服务。

在企业资信调查报告上，日本征信机构的报告一般在内容上更加细腻，更注重使用者阅读的方便，注重信息核实，坚持"现地现物"的原则。在征信业务的操作上，着重实地拜访，文字描述较多，非常重视对财务数据的分析，资料更新快速，时间落差较短。但是也存在一定的缺点，如技术含量与美国的资信调查报告存在一定差距，数学模型技术上的投入较少，预测的精度较低。

第二章 征 信

日本的征信行业分为个人征信和企业征信两个部分，个人征信行业以行业协会为主，建立会员制模式，日本个人征信机构的信用信息服务仅对会员开放，若要广泛获得个人信用信息，必须申请加入某一个人征信机构。一旦成为个人征信机构的会员，须履行向该个人征信机构提供自身所掌握个人信用信息的义务。所以，日本个人征信机构会员单位既是个人信用信息的主要来源，又是个人征信机构的主要客户这种协会信用信息中心不以营利为目的，只收取成本费用。而企业征信则采取市场模式，私营征信机构自主经营、市场化运作。经历了一个多世纪的发展，日本逐渐形成以银行业协会下的银行个人信用信息中心（KSC）、信贷业协会下的个人信用信息中心（JICC）和信用产业协会下的销售信息中心（CIC）三大信用信息中心为主的个人征信，以及帝国数据银行（TDB）和东京商工所（TSR）两家机构垄断的企业征信格局（见图 2-2）。

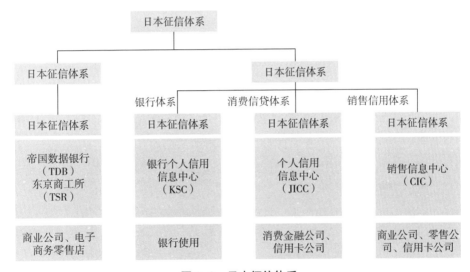

**图 2-2 日本征信体系**

日本的企业征信体系主要包括行业会员制征信机构和商业征信机构两类。银行会员制征信机构不以盈利为目的，会员银行必须如实向征信机构提供客户的信用信息，而征信机构也会为此支付一定的信息采集费用。此外，征信机构负责为会员银行提供各类企业征信服务，而为了维持机构运营也会收取一定费用。商业征信机构在日本的企业征信领域已广泛存在，其中规模最大的为 TDB 拥有亚洲最大的企业资信数据库。

日本的个人征信体系划分为银行体系、消费信贷体系和销售信用体系三

个类别，分别与银行业协会、信贷业协会和信用产业协会三大行业协会相对应。会员单位对个人信用信息征集和查询通过三大行业协会的信用信息服务来实现。在成立之初，三大信息中心的运营都是相对封闭的，个人信用信息仅在各自行业体系内进行共享交换。直至 2010 年，JICC、CIC 组成金融信息网络（Fine, Financial Information Network），实现了日本个人征信机构之间的信用信息共享，对借款人的多重负债和信贷欺诈等问题进行更好的控制和解决。信息共享具有风险控制动机及运营获利动机。风险控制应该是征信机构的原始动机。各类行业协会或联合组织成立个人征信机构，进行信用信息登记，向会员提供消费者信用信息，会员根据消费者的偿还能力，配给适当的信用，防止重复和过度的信贷，目的均在于有效控制信用风险。获利动机是衍生动机。JICC 和 CIC 的利润主要来源包括：会员定期向 JICC 和 CIC 缴纳的信息查询费用，消费者确认个人信用信息缴纳的费用，在个人征信机构之间进行信息交流时的收入等。

## 四、我国的征信市场运营模式

目前我国的征信运营模式是"政府＋市场"双轮驱动的发展模式，构建了一个以公共征信为主导的多层次征信体系。第一层次是拥有大量基础信息的公共信用数据库和个人征信系统数据库的中国人民银行征信中心。第二层次是掌握经济信用信息的政府职能部门、投资金融机构和经济鉴证类中介机构等。第三层次是对信用信息进行收集、调查、加工并提供信用产品的专业征信机构，见图 2-3。

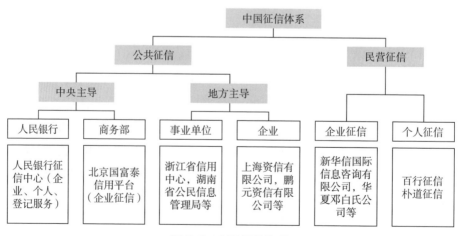

**图 2-3　中国征信体系**

我国目前的个人征信体系格局主要分为公共征信和民营征信。公共征信机构在中央层面是人民银行征信中心，地方层面是上海资信有限公司；民营征信机构主要是人民银行分别于 2018 年和 2020 年批准成立的百行征信和朴道征信。

我国的个人征信体系建设最早是从 1999 年 7 月中国人民银行批准上海自信有限公司试点开始的。2004 年人民银行开始组织商业银行建设全国统一的个人征信系统，并于同年 12 月中旬在 15 家全国性商业银行和 8 家城市商业银行与全国 7 个城市的联网试运行，2005 年 8 月底完成与全国所有商业银行和部分有条件的农村信用社的联网运行，经过 1 年的试运行，于 2006 年 1 月正式运行。人民银行征信系统弥补了我国个人征信行业的空白，至今依然是中国最权威的个人征信系统。2015 年 1 月，中国人民银行印发了《关于做好个人征信业务准备工作的通知》，要求芝麻信用等 8 家机构做好个人征信业务的准备工作，但是 8 家个人征信试点机构无一合格。直至 2018 年 2 月，新筹建的百行征信才获得全国首张个人征信牌照，标志着我国个人征信行业进入新的发展时期。中国人民银行个人征信的覆盖率水平偏低，这为市场化的个人征信机构发展留下了较大的发展空间。

# 第三节 征信市场的产业经济分析

相比之下，我国也在不断推动征信行业发展与市场化，2022 年 3 月 29 日出台的《中共中央办公厅、国务院办公厅印发〈关于推进社会信用体系建设高质量发展 促进形成新发展格局的意见〉》（中办发〔2022〕25 号）明确提出要"培育专业信用服务机构""加快征信业市场化改革步伐"。

## 一、国外征信市场的产业经济分析

### （一）美国征信行业分析

美国征信行业历经 100 多年，经历了机构由分散到集中、服务由基本到多元化、市场由国内走向全球的过程，逐渐形成完整的产业体系和高度发达的市场，拥有全球最大的征信市场规模，成为美国社会信用体系的关键环节，推动社会经济不断发展。

1.市场结构分析

在美国，征信机构提供的信用报告是商品，按照商品交换的原则出售给需求者或委托人。除直接收集信息外，征信机构还从其他独立征信公司购买和整合数据，信息内容也较为全面，不仅征集负面信用信息，也征集正面信息。这些机构面向全社会提供信用信息服务，既相互合作又依靠各自的产品差异形成竞争，共同推动美国征信行业不断发展。

美国征信行业的兴起源于消费的盛行，经历了快速发展期、法律完善期、并购整合期以及成熟拓展期四大发展阶段，逐步壮大并已经形成比较完整的征信体系，在美国的社会经济生活中发挥了重要作用。2000年至今，美国征信市场逐步进入成熟稳定期，于是主要机构开始拓展海外市场，并致力于开发更多的征信应用。征信市场逐渐呈现出专业化和全球化的态势。美国征信市场的特点可以用12个字概括：专业分工、边界清晰、各司其职。美国的整个征信体系分为企业征信和个人征信。

个人征信行业中，益博睿、艾可飞和全联三家征信公司占据70%的份额，其余几百家区域性或专业性的机构都依附上述机构，或向其提供数据。在这三巨头中，以益博睿的营收规模最大，且更加全球化，国内国外的业务平分秋色，而且益博睿和全联都已开始涉及中国业务。三者在经营方面也各有特色，益博睿最擅长的是数据分析，艾可飞产品更加丰富，且能对无信用消费者进行信用评估，而全联在风险管理上具有优势。从图2-4中可以看出，美国征信市场的总体规模约为200亿美元（2020年），其中个人征信规模约为181.2亿美元，企业征信规模约为18.8亿美元。

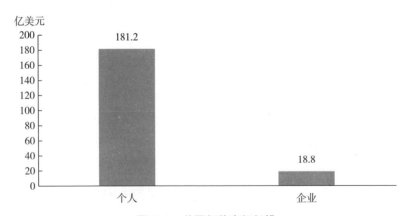

**图2-4 美国征信市场规模**

2.市场行为分析

美国的征信机构在顶峰时多达2200余家，经过几十年的充分竞争，形成

了全联公司、益博睿公司、艾可飞公司三家市场中占主导地位的个人征信公司，以及以邓白氏为主导的企业征信公司。由于美国国内的征信市场较为稳定，一些机构也开始转向拓展海外市场。

除上述巨头公司外，近几年互联网创业公司也如雨后春笋般不断兴起，他们以专业化的定位，逐渐在高度集中化的市场中崭露头角。其中，以在本章第二节中提到的 Credit Karma 和 ZestFinance 两家公司为典型代表。

Credit Karma 成立于 2006 年，通过为"会员"提供包括信用评分、税收准备软件、帮助修复信用报告错误以及以用户名开设的新账户的预警等一系列免费服务而获得飞速发展。在 Credit Karma 发展的 10 年间，传统金融机构也与时俱进，纷纷推出了免费信用分数查询和监控的服务。所有的大型商业银行都会为自己的信用卡客户提供最新信用分。在提供免费信用分成为行业标配的时候，Credit Karma 在 2017 年推出免费报税服务。在美国，几乎所有成年人每年都必须申报个人所得税，很多人要花费几十到上百美元购买报税软件。在推出免费报税的第一年，就有一百万用户使用了 Credit Karma 的服务，使公司仅仅用了六个月的时间，就跻身网上报税软件的前五名。

ZestFinance 成立于 2009 年 9 月，是一家美国金融科技公司，其核心竞争力在于数据挖掘能力和模型开发能力。在其模型中，通常从 3500 个数据项中提取 7 万个变量，利用 10 个预测分析模型，如欺诈模型、身份验证模型、预付能力模型、还款能力模型、还款意愿模型以及稳定性模型，进行集成学习或者多角度学习，并得到最终的消费者信用评分。

3. 市场绩效分析

个人征信领域，益博睿、艾可飞和全联是美国最主要的三家个人征信企业。2020 年，益博睿、全联、艾可飞来自北美地区的营业收入均超过 60%，其他地区的营业收入约占 30% 多。

从营业收入来看，如图 2-5 所示，2016—2020 年益博睿营业收入呈平缓波动上升的态势，2020 年营业收入达到 51.79 亿美元，息税前利润达到 13.87 亿美元。2020 年，艾可飞和全联的营业收入分别为 41.28 亿美元和 27.17 亿美元，低于益博睿 2020 年的营业收入。

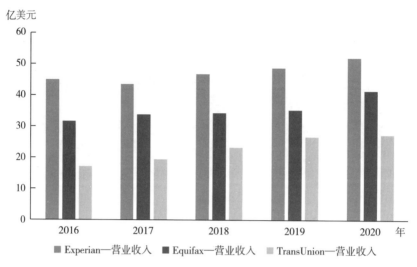

图 2-5　2016—2020 年营业收入

在企业征信领域，邓白氏是全球最大的商业企业征信公司，实际上三大评级机构之一的穆迪也是从邓白氏集团在 2001 年剥离出来的企业之一，有统计认为邓白氏在美国企业征信领域的市场占有率约为 90%。邓白氏公司系列产品的基础是其全球最大的商业信息数据库和广泛的信息收集渠道。其数据库已收录超过 3 万个数据源 2.4 亿家企业的商业信息，覆盖全球 214 个国家和地区、181 种货币的商业信息，日更新量高达 500 万次。信息采集渠道包括电话访谈或实地调查、主动监测收集等。

**（二）德国征信行业分析**

世界上第一家公共征信机构出现在德国，此后的 20 余年间，法国、意大利、智利、土耳其等国家也相继建立了公共征信机构。20 世纪 60 年代以后，公共征信机构的发展逐渐加快，进入了高速发展时期。德国征信体系是政府主导型运营模式社会征信体系的代表，对德国征信行业进行研究具有重要意义。

1. 市场结构分析

德国征信体系主要有以下特点：一是由政府主导，以央行建立的中央信贷登记系统为主体；二是央行负责建立信用信息局并搭建全国数据库；三是所有银行根据统一接口，依法强制向信用信息局提供征信数据。1934 年，德国建立了世界上第一个公共征信系统，该系统是私营信用服务系统的主要信息来源之一。

德国 3 家比较有代表性的私营征信公司中，SCHUFA 处于垄断地位。在

个人业务方面，SCHUFA有自己的信用评分，包含个人身份的基本信息、住址、信贷记录、银行账户信息、保险信息、住房、电话和网络缴费情况、犯罪与个人不良记录等。企业业务方面，主要服务于银行、服务业、电子商务、应收账款管理、工商业、房地产业、租赁、电信、电子商务或邮购业务、保险、能源供应商，业务内容包括企业评级、欺诈防范与合规事项、地址信息服务、决策支持。德国的评级公司Creditreform，占中小企业提供评级市场份额的70%，主要提供资信调查与评估的服务，全球客户超过20万。

如图2-6所示，2019年，德国征信市场的总体规模达到5.45亿美元，其中个人征信规模为2.06亿美元，企业征信规模为3.39亿美元。

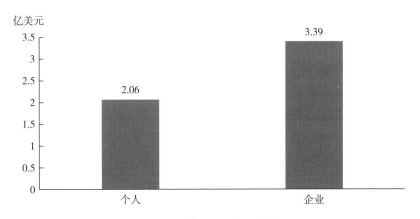

**图2-6　德国征信市场规模**

2. 市场行为分析

德国的征信市场与美国有很大区别，政府主导模式和市场主导模式的主要区别体现在公共数据库和私营数据库对于信息的保有量上。德国的公共征信系统的组成部分较多，其中又以德意志联邦银行的信贷登记中心系统为核心。其次是由各个机关对外公布较为分散的非信贷类数据，如工商信息、法院诉讼、债务、破产等。这两者提供了较为全面的征信信息，可以说市面上80%的征信信息都来源于这个系统。

在私营部分，与美国寡头垄断的竞争行为不同，德国的市场合作行为占主导地位。其中，SCHUFA在私营市场上基本是垄断地位，市场占有率最高。该公司是德国全民信用数据存储与公示的民间机构，占个人信用市场的九成以上，拥有14岁以上德国人的个人信息。与保有如此多个人信息相匹配的是其特殊的股权结构，其中85.3%的股份被银行等各类金融机构持有，其余

14.7% 的股份被贸易 / 邮购和其他公司持有，主要客户基本也都是公司的股东。从数据来源的角度来看，95% 的数据来自合作伙伴，只有 5% 的数据来自法院、邮局等公共机构，所以，SCHUFA 的个人信用业务在一定程度上有会员制的影子。

3. 市场绩效分析

以 SCHUFA 为例，它拥有 7.97 亿服务伙伴的各种原始和实时动态的数据，其中包括 520 万家公司、各种小微企业和自由职业者以及德国 6640 万自然人的信用记录。在基于经济价值和遵守合规政策的前提下，依此评估项目各方的实际支付行为和企业当前的经济状况。

SCHUFA 采取的是企业会员合作式、个人市场需求式的运营模式。SCHUFA 是德国国内借贷主体融资的首选信用信息和服务合作公司，它具有广泛而全面的经济和社会网络系统。它的金融、技术管理团队就是公司的股东，具有决策、运营控制性的投票权。由于坚持用户就是合作股东关系的原则，其所有用户都是长期和稳定的。

SCHUFA 对企业的服务方式有两种：一是具体业务服务，主要是给企业的客户提供金融财务评价、贸易或业务贷款事宜的服务。二是对签约合作的企业进行全面而详尽的分析，跟踪核查和提出全天候的建议、解决方案和咨询。SCHUFA 具有长期行业经验，严肃准确的风格，极强的创新能力，高质量的信息分析和解决方案，安全可靠的信用评级体系，完善先进的公司结构和运行模式。

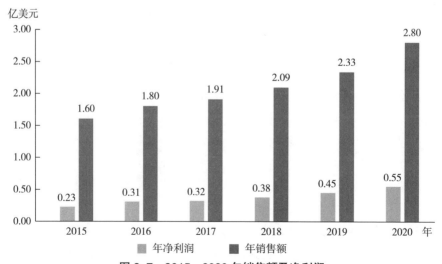

图 2-7　2015—2020 年销售额及净利润

从销售额和净利润来看，2015—2020 年，SCHUFA 年销售额和净利润均呈现平缓上升的态势，2020 年销售额达到 2.80 亿美元，净利润达到 0.55 亿美元，见图 2-7。

从净利润率来看，2015—2020 年 SCHUFA 年净利润率呈现平缓波动上升的态势，2020 年净利润率达到 19.67%，见图 2-8。

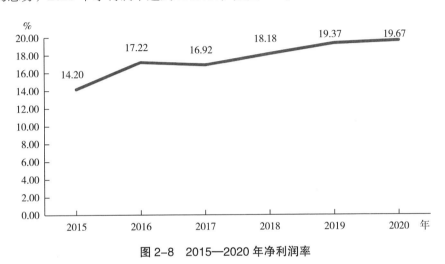

图 2-8　2015—2020 年净利润率

### （三）日本征信行业分析

从总体上看，目前日本企业征信业已经步入成熟发展的轨道，与经济整体的融合度较高，在市场经济中扮演着难以替代的角色。

1. 市场结构分析

日本征信市场同样可以分为个人征信市场和企业征信市场。在个人征信方面，KSC、JICC 和 CIC 三大信息中心的运营在成立之初都是相对封闭的，个人信用信息仅在各自行业体系内进行共享交换。1987 年，在日本银行业协会、消费信贷业协会和日本信用产业协会的联合促进下，日本建立了跨行业的信用信息共享网络——CRIN，此后三家机构可以通过 CRIN 进行状态发生改变的个人信用信息的共享和交换，包括个人逾期贷款的偿还以及债务催收等。之后，JICC 和 CIC 还实现了通过金融信息网络来交换信贷交易余额等信息，从而更好地控制和解决借款人的多重负债和信贷欺诈等问题。

在企业征信方面，TDB 和 TSR 为日本企业征信业中的龙头企业。近年来，TDB、TSR 业绩不断攀升，已经占据日本企业征信市场 90% 以上的份额，其中 TDB 占据近 70% 市场份额，TSR 的市场份额也达到 25%。TDB、

TSR 提供的企业征信产品包括：企业信用报告（含海外企业）、基于行业或地区的市场调查、企业营销战略服务（提供目标客户名单、客户风险分析等）、企业概要、财务和关联信息数据服务、信用咨询服务、企业定点监测、出版物（新闻订阅、杂志）、企业价值评价以及政府决策支持等。

2019 年，日本征信市场的总体规模达到 5.75 亿美元，其中个人征信规模为 1.28 亿美元，企业征信规模为 4.47 亿美元，见图 2-9。

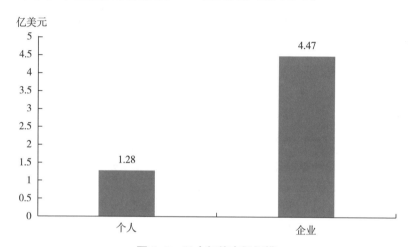

图 2-9    日本征信市场规模

2. 市场行为分析

从个人征信产品看，日本与其他国家征信市场的主要区别体现在信息共享机制的建立。信用信息共享机制包括两个层面，一是会员之间免费共享信用信息。二是信息中心之间有偿共享信用信息。

从企业征信产品看，日本趋于垄断竞争格局。东亚征信所退出日本企业征信市场后，TDB 和 TSR 垄断地位逐步形成，其他小型企业征信机构，如东京信用交换所、日本调查所等，业务量逐年萎缩乃至破产。此外，TDB 还通过与其他企业合作达到企业信用信息的跨境流动。TSR 和美国邓白氏公司以及其他各国的合作伙伴共同组织了 D&B 全球网络。TSR 通过这一网络，与来自世界各地的成员公司开展征信跨境合作，向世界各国客户提供来自全球各地区的企业信用信息服务。

3. 市场绩效分析

日本个人征信业由 3 家个人征信机构主导，由于 KCS 不以盈利为目的，信息的提供和查询只收取成本费用，因此，在官方披露信息中无法找到 KCS

的财报信息。CIC 和 JICC 的市场绩效如图 2-10 和图 2-11 所示。

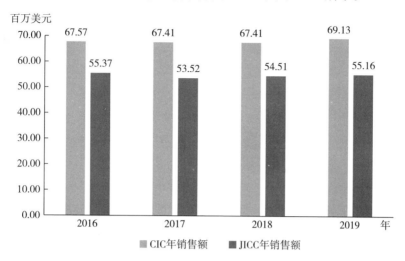

图 2-10  2016—2019 年销售额

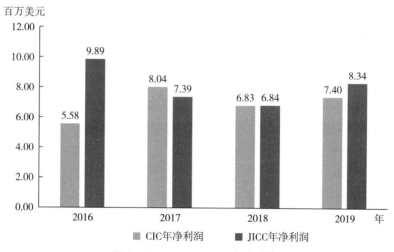

图 2-11  2016—2019 年净利润

个人征信方面，2016—2019 年 CIC 和 JICC 的销售额均呈现相对稳定的态势，CIC 销售额相对较高；从净利润来看，2016 年，JICC 净利润较为领先，2017—2019 年，两者净利润相差较小，且相对稳定。

企业征信方面，TDB 在销售和净利润两方面均领先于 TSR，原因有三：第一，TDB 数据库收录的企业信用信息量大于 TSR 数据库收录的企业信用信息量；第二，TDB 数据库收录的企业信用信息与 TSR 收录的企业信用信息类型结构有别，TDB 数据库的中小企业信用信息明显多于 TSR，而在企业征信

市场上，对这类企业的信用情况的查询需求往往较大；第三，TDB 的调查员人数多于 TSR。

如图 2-12 所示，2016—2019 年 TDB 的销售额呈现相对稳定的态势；从净利润来看，2016—2019 年，虽然相对稳定，但是存在下跌的态势。近些年销售额相对稳定，但是净利润存在下降趋势，说明企业的成本较高，企业征信的净利润率不容乐观。

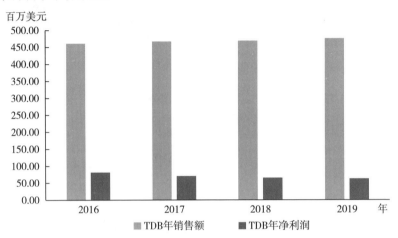

图 2-12　2016—2019 年 TDB 销售额和净利润

## 二、我国征信市场的产业经济分析

现如今无处不在的移动支付，时刻记录着每一笔消费数据，为征信系统的完整建立提供详尽的数据支持。我国征信业从 20 世纪 80 年代起步以来，目前征信市场已初具规模，征信业在经济发展中的作用日益显现。

1. 市场结构分析

我国的征信体系以人民银行征信为中心，核心数据主要来源于商业银行等传统金融机构，相关国家机关和公用事业单位以及市场化征信机构等。截至 2020 年末，人民银行征信系统共收录 11 亿自然人、6092.3 万户企业及其他组织；其中，收录小微企业 3656.1 万户、个体工商户 1167 万户，基本覆盖各类正规放贷机构，但有大概 2/3 的消费者和大量小微企业无法从信贷机构获得贷款，导致人民银行征信机构覆盖的人群和企业十分有限。

个人征信目前仍处于发展初期，竞争性较弱。从供给侧看，其潜在市场规模达千亿元，但是个人征信实行审批制，大多数企业很难获得相关牌照。除已经获得牌照的百行征信和朴道征信外，钱塘征信有限公司（筹）的个人

征信业务申请已经获得央行受理，有望成为第三家获得牌照的个人征信机构。市场化个人征信体系在很长一段时间内仍将处于初级阶段。从需求侧看，根据奥纬咨询的研究，2019 年 15 岁以上的中国人口中 75% 没有信用卡，同时，在覆盖人群数据中，仅有 17% 的数据是非信贷和非信用数据，长尾用户就很难得到信贷数据之外其他维度数据的有效验证，而面对主要以服务长尾用户的互联网金融，其征信需求还未得到有效满足。

企业征信现处于新兴发展阶段，尚未形成成熟清晰的商业模式和服务方向，不断有新主体涌入，竞争格局尚未稳定。从供给侧看，前瞻研究显示，我国企业征信规模占 GDP 的比重仅为美国、日本等发达国家的 44.3%，因此仍有很大的潜力。从需求侧看，2020 年国民经济和社会发展统计公报数据显示，我国新登记市场主体 2502 万户，同比增长 5.2%；年末市场主体总数达1.4 亿户，同比增长 13.8%。我国市场主体数量持续增长，政策不断向中小微企业倾斜，中小企业贷款需求稳健上升。

2019 年，中国征信市场个人征信市场规模达到 44.21 亿美元[①]，企业征信规模为 5.77 亿美元[②]，见图 2–13。

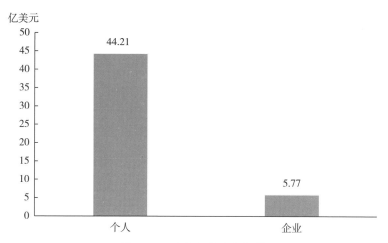

图 2–13　中国征信市场规模

2. 市场行为分析

在个人征信领域，2015 年以前，我国的个人征信体系由人民银行主导

---

① 2021 年中国个人征信行业市场规模与企业市场份额分析. https://ecoapp.qianzhan.com/detials/210602–95d3f46c.html.

② 亓明真. 数字经济下征信产业展望 [J]. 互联网天地，2021（4）：18–21.

建立，可以开展个人征信服务的只有人民银行征信中心及其下属的上海资信公司。2015 年后，百行征信和朴道征信先后获批设立全国性个人征信机构。2021 年 11 月 26 日，人民银行公示钱塘征信有限公司（筹）的个人征信牌照申请，钱塘征信有望成为继百行征信、朴道征信之后，第三家获批的市场化个人征信机构。

在企业征信领域，近年来，企业征信企业数量在 130 家左右波动。由于企业征信业务大多具有一定的区域经营属性，全国性的征信机构很少，企业竞争度相对较小。对于目前的中国征信市场来说，互联网是眼下最强的风口力量，消费金融、共享经济、社交、电商，这些炙手可热的互联网行业都具有征信需求。强烈的需求加极少的供给使企业征信领域虽然存在竞争，但是竞争强度较小。

3. 市场绩效分析

在个人征信领域，以我国第一家成立的百行征信为例进行分析。2021 年 5 月 23 日，百行征信有限公司对外公布成立三周年业绩数据。截至 2021 年 5 月 22 日，百行征信累计拓展法人金融机构 2084 家，基本完成与主要金融机构的渠道搭建，推动 1305 家机构签署接入协议和产品服务协议。产品方面，面向市场推出征信产品 28 款，其中基础征信产品——个人信用报告累计调用量超 3.2 亿笔，增长了 167%；信息核验、反欺诈、特别关注名单等增值征信产品累计调用量超 3.9 亿笔，增长了 636%，日均调用量增长了 700%。所有产品累计调用量突破 7.1 亿笔，增长了 310%。个人征信系统收录信息主体超 2 亿人，相较上年同期增长了 135%。替代数据源渠道数达 30 个，基本实现了个人和企业征信业务中公安、司法、工商、电力、税务、电信运营商、银联、航旅等基础数据源的广泛覆盖。

随着人们住房贷款规模、车贷规模以及个人金融消费规模越来越大，个人征信行业的市场规模也随之增大。但是，截至 2021 年末我国仅有两家获得个人征信牌照的公司。我国个人征信起步较晚，但是规模增速较快，发展空间大。伴随着我国的金融业对外开放，个人征信业的牌照限制必然面临新的挑战。封闭个人征信市场不利于行业的良性竞争，不利于企业做大做强，也不利于我国打造世界级的征信机构的目标，这意味着我国的个人征信领域有很大的发展空间。

在企业征信领域，随着中国借贷融资行业的进一步发展，融资过程中无论是借方还是贷方都将对第三方信用信息服务的需求将持续增长。2020 年，

由于受新冠肺炎疫情的严重影响，我国大型、中型、小微企业的贷款需求都有所上升，由于贷款不良率高，小贷公司企业在近几年发展受限，对于企业征信的需求逐渐增大。征信需求逐步释放，企业征信市场具有巨大的潜力。

# 第四节　征信流程、技术与应用场景

在对征信行业的定义、作用、运营及产业状况进行介绍之后，本节从具体的操作层面对征信流程与征信技术加以重点介绍。

## 一、征信流程

征信活动可以分为两类：一类是征信机构主动去调查被征信人的信用状况；另一类是依靠授信机构或其他机构批量报送被征信人的信用状况。两者最大的区别在于前者往往是一种个体活动，通过接受客户的委托，到一线去收集调查客户的信用状况，后者往往是商业银行等授信机构组织起来，将信息定期报给征信机构，从而建立信息共享机制。两者还有一个区别是前者评价的范围更广，把被征信人的资质情况、诚信度考察、资产状况等都包括在内，而后者由于是批量采集信息，因此灵活性和主观性上不如前者，但规律性和客观性则强于前者。但两类方式在征信的基本流程上是相同的，例如，前一类流程要制订计划，决定采集哪些信息，而后一类流程也同样如此，由征信机构事先确定好需要采集的信息后，与信息拥有方协商，达成协议或其他形式的约定，定期向征信机构批量报送数据，因此，在讨论流程时，可以将两者合并在一起。

1. 制订数据采集计划

能够反映被征信人信用状况的信息范围广泛，为提高效率、节省成本，征信机构应事先制订数据采集计划，做到有的放矢，一份好的计划能够有效减轻后面环节的工作负担。一般来说，数据采集计划包括以下内容：

（1）采集数据项

客户使用征信产品的目的不尽相同，有的希望了解被征信人短期的信用状况，有的则是作为中长期商业决策的参考。客户的不同需求决定了数据采集重点的迥异。征信机构要本着重点突出、不重不漏的原则，从客户的实际需求出发，进而确定所需采集数据的种类。例如，A 银行决定是否对 B 企业

发放一笔短期贷款时，应重点关注该企业的历史信贷记录、资金周转情况，需采集的数据项为企业基本概况、历史信贷记录、财务状况等。

（2）采集方式

确定科学合理的采集方式是采集计划的另一主要内容。不论主动调查还是授信机构或其他机构批量报送数据，征信机构都应制订最经济便捷的采集方式，做好时间、空间等各项准备工作。对于批量报送数据的方式，由于所提供的数据项种类多、信息量大，征信机构应事先制定一个规范的数据报送格式，让授信机构或其他机构按照格式报送数据。

（3）其他事项

在实际征信过程中，如果存在各种特殊情况或发生突发状况，征信机构应在数据采集计划中加以说明，以便顺利地开展下面的工作。

2. 采集数据

数据采集计划完成后，征信机构应依照计划开展采集数据工作。数据一般来源于已公开信息、征信机构内部存档资料、授信机构等专业机构提供的信息、被征信人主动提供的信息、征信机构正面或侧面了解到的信息。出于采集数据真实性和全面性的考虑，征信机构可通过多种途径采集信息。但这并不意味着数据越多越好，还要兼顾数据的可用性和规模，在适度的范围内采集合适的数据。

3. 数据分析

征信机构收集到的原始数据，只有经过一系列的科学分析之后，才能成为具有参考价值的征信数据。

（1）数据查证

数据查证是保证征信产品真实性的关键步骤。一查数据的真实性。对于存疑的数据，征信机构可以通过比较不同采集渠道的数据，来确认数据的真实性。当数据来源唯一时，可通过二次调查或实地调查，进一步确定数据的真实性。二查数据来源的可信度。某些被征信人为达到不正当目的，可能向征信机构提供虚假的信息。如果发现这种情况，征信机构除及时修改数据外，还应记录该被征信人的"不诚信行为"，作为以后业务的参考依据。三查缺失的数据。如果发现采集信息不完整，征信机构可以依据其他信息进行合理推断，从而将缺失部分补充完整。比如利用某企业连续几年的财务报表推算出某几个数据缺失项等。四是被征信人自查，即异议处理程序。当被征信人发现自己的信用信息有误时，可向征信机构提出申请，修正错误的信息或添加

异议声明。特别是批量报送数据时，征信机构无法对数据进行一一查证，一般常用异议处理方式。

（2）信用评分

信用评分是个人征信活动中重要的数据分析手段，它运用先进的数据挖掘技术和统计分析方法，通过对个人的基本概况、信用历史记录、行为记录、交易记录等大量数据进行系统的分析，挖掘数据中蕴含的行为模式和信用特征，捕捉历史信息和未来信息表现之间的关系，以信用评分的形式对个人未来的某种信用表现做出综合评估。信用评分模型有各种类型，能够预测未来不同的信用表现。

（3）其他数据分析方法

在对征信数据进行分析时，还有其他许多方法，主要是借助统计分析方法对征信数据进行全方位分析，并将分析获得的综合信息用于不同的目的，如市场营销、决策支持、宏观分析、行业分析等领域。

4.形成信用报告

征信机构完成数据采集后，根据收集的数据和分析结果，加以综合整理，最终形成信用报告。信用报告是征信机构前期工作的智慧结晶，体现了征信机构的业务水平，同时也是客户了解被征信人信用状况、制定商业决策的重要参考。因此，征信机构在生成信用报告时，务必贯彻客观性、全面性、隐私和商业秘密保护的科学原则。所谓客观性，指的是信用报告的内容完全是真实客观的，没有掺杂征信机构的任何主观判断。基于全面性原则，征信报告应充分披露任何能够体现被征信人信用状况的信息，但这并不等于长篇大论。一份高质量的信用报告言简意赅、重点突出，使客户能够一目了然。征信机构在撰写信用报告过程中，一定要严格遵守隐私和商业秘密保护原则，避免泄露相关信息，致使客户和被征信人权益受到损害。信用报告是征信机构最基本的终端产品，随着征信技术的不断发展，征信机构在信用报告的基础上衍生出越来越多的征信增值产品，如信用评分等。不论形式如何变化，这些基本原则始终不变。

## 二、征信技术

征信技术总体上可分为传统征信技术和互联网征信技术两类。

### （一）传统征信技术

构建信用信息系统，实现信用信息的分享与交换是征信系统的基础和核

心所在。在信用信息系统构建的过程中需要运用相关技术来收取、分析相关的信用数据。在数据采集的过程中，可以运用信用调查技术，如访谈法、观察法、电话调查、邮寄调查等方法对数据信用进行采集。同时，征信机构还与相关的统计性部门建立相关的联系，以进一步完善信息的采集。数据采集后需要对信用数据进行均值、中位数、方差、极值等相关处理，以为后续的信用分析奠定基础。在信用分析及信用等级确定的过程中，不仅仅是简单地对数据的收集和堆砌，而是在数据采集中需要运用到数据的挖掘和数据处理过程中的数据的统计分析，如关联分析、分类分析、预测分析、时间序列分析、神经网络分析。同时，在对个人或企业信用评价的过程中需要运用相关的信用评分模型进行分析和处理，如信用局风险评分、信用局破产评分、征信局收益评分、申请风险评分、交易欺诈评分、申请欺诈评分。

## （二）互联网征信技术

在互联网日渐发达尤其是在金融科技引领的数字化时代下，信用不再是局限在某个封闭体系的单维度指标，而是完全可以量化并且通行于全社会的多维度数据，用户的社交、喜好等行为可以被量化，使用户画像更加完整。传统的征信服务主要是共享债务等信息，看的是历史数据，而依托金融科技可进行实时判断，并可对未来形成预期。数字化催生出的金融科技可以促进征信机构的更新和迭代。与客户相关的新数据将源源不断产生，相关应用需求快速增长。在海量、多样化的数据以更快速度集成的同时，数据处理分析和定制化服务的边界也逐步拓宽。征信机构将更为依赖大数据技术来处理客户征信信息。此外，非传统的结构化和非结构化数据在作为信用评估可替代数据方面的地位也越来越重要。通过大数据技术的跟踪能够获取客户的海量数据，信用信息与客户多维数据深入结合将激发征信业务的创新潜力。在分析和技术上的进步将释放客户数据的价值。随着数据库管理分析软件的发展、数据储存和处理成本的下降，征信机构使用客户多维数据的分析成本随之降低。数字化技术使征信机构拥有快速集成和分析数据的能力，将催生出大量的商业机会[①]。当然，网络空间具有开放性和互动性，金融科技在推动征信体系建设过程中，也可能带来技术、业务、数据的多重叠加风险，而确保安全永远是金融科技发展的生命线。为此，在发展金融科技过程中，还必须做到产品创新与风险防范同步规划、同步实施、同步推进，使金融科技在可管、可控的前提下，更好地助力征信体系规范发展。

① 王便芳，周燕．从数字到数据：征信系统数据化转型研究 [J]．征信，2019，37（8）：21–25.

### 三、征信应用场景

#### （一）公共征信

公共征信系统是指由政府部门出资建设、以金融监管为主要目的的征信机构。大多数国家的公共征信机构都是由中央银行或金融管理部门建立的。公共征信系统主要服务于中央银行或银行监管部门的监管职能需要，为中央银行提供商业银行及其他金融机构的信贷信息。目的是分析商业银行的运行状况，强化政府对商业银行的监管，控制银行系统的风险。对于公共征信系统的会员金融机构，可以通过征信系统了解它们客户的信用状况，防范偿贷能力和意愿不佳的信用申请机构或个人，提高授信的成功率。

#### （二）金融征信

金融征信系统是征信的主要应用场景，且金融征信信息对经济民生各领域都有应用价值。商业银行公司金融、个人金融、银行卡、信贷管理、授信评级、风险管理是当前金融征信的主要应用群体。在近年国家经济新常态大背景下，商业银行各专业都在严控客户信用风险，传统信贷业务条线以外的其他业务条线，对金融征信信息也有旺盛的应用需求，如私人银行、网络融资、电子银行、金融市场、资产服务、投资银行、支付结算等。除商业银行外，证券公司、保险公司、基金公司、信托公司、资产管理公司、融资担保公司、金融租赁公司、汽车金融公司、消费信贷公司、小额贷款公司等金融机构，也有相当数量已接入金融征信系统，开展信息查询应用工作。这些金融机构与商业银行共同组成了金融征信系统的"主力客户群"。

#### （三）商业征信

商业征信在各国往往是以行业协会组织及其会员为主导进行建设，以企业信息分享为主要目标，主要表现为对交易对手信用水平的分析与评估。商业征信的最大特征是市场化，它由独立于政府之外的民营机构构成并按市场方式运作，可以运用于如核心企业的上下游管理、跨国贸易、集团公司管理和投融并购等领域。核心企业可以通过商业征信实现供应商信用管理、经销商信用管理和客户赊销的管理。在跨国贸易方面，可以用于跨国采购、跨国销售和提供进出口的金融方案。在集团公司管理方面，主要应用于集团内部公司经营管理监控和建立集团数据中心，满足统一征信风控需求。投融并购方面，可以用于投前调研和投后经营风险的持续跟踪。

# 第三章　评　级

信用评级是金融市场的"看门人"，在提高金融市场透明度、提升金融交易效率、促进市场规范发展等方面发挥着重要的推动作用。信用评级机构通过信用符号揭示并传递信用风险信息，是金融工具发行人与投资人的连接中心，在促进信用交易方面发挥了重要的协调机制作用。本章从评级的起源发展、评级产品、评级市场、评级流程与评级技术等方面展开介绍。

# 第一节 评级的起源与发展

评级行业的发展与资本市场的发展密不可分，特别是历次债务危机的爆发使得金融市场自发地产生了对于信用评级的需求。本节对评级的产生与发展历程，以及我国的信用评级行业发展脉络加以梳理，并介绍信用评级在金融市场中的重要作用。

## 一、评级的产生与发展阶段

### （一）发轫之初

在 19 世纪末，随着工业技术革命引导的工业化进程的不断深入，美国经济经历了高速的增长时期，由于劳动生产率的提高和产能的不断扩大，特别是由于美国"西进运动"对国内市场的加速统一，快速增长的货运需求带来了交通运输业特别是铁路运输业的爆发式发展，大量新的铁路公司如雨后春笋般涌现。由于铁路建设投资巨大，为筹借巨额资本，美国联邦政府、各州政府和铁路公司开始借助大量发行债券进行融资，国债、州债和铁路公司债券的大量发行扩大了美国的债券市场规模。在这些发行债券的铁路公司中，既有实力雄厚信用良好的公司，也有财务状况不佳的公司，既有项目融资实际需要的发行人，也有完全以欺诈为动机的发行人。在复杂的债券市场环境下，投资者对债券发行人的资产状况、融资意图及履约能力、履约意愿都知之甚少，而这些信息与债务违约密切相关，因此在债券市场上就产生了对债券违约风险的评估需求。

在此背景下，1890 年约翰·穆迪（John Moody）开始编写美国公司财务信息手册，并受到了市场投资者的广泛欢迎。1900 年穆迪创立了穆迪投资服务公司，并首次对美国铁路公司的债券进行违约风险评估。1909 年，《铁路投资的分析》一书由穆迪投资服务公司出版，为铁路债券投资者作为投资指南广泛使用。在书中，穆迪公司第一次使用简明的信用等级符号对不同信用等级的铁路公司债券予以分类。1913 年，穆迪公司开始对公用事业和工业债券进行信用评级，此举奠定了现代信用评级的基本方式。1918 年，穆迪投资服务公司的信用评级业务进一步扩展，开始对外国政府在美国发行的"扬基债券"进行信用评级。在不断扩展信用评级种类及对象的基础上，穆迪投资服

务公司逐步建立了衡量债券违约风险的信用评级体系。

除穆迪投资服务公司外，在美国债券市场的大发展时期，面对投资者对信用评级需求的不断增加，一些其他信用评级机构也相继出现。1867年，亨利·普尔（Henry Poor）成立了普尔铁路指南公司（Poor's Railroad Manual Company），开始向铁路债券投资者提供美国铁路公司的财务状况分析报告。1906年，专门向投资者提供美国公司金融信息服务的标准统计局（Standard Statistics Bureau，1941年与普尔出版公司合并为标准＆普尔公司，简称标普公司）也正式成立。

至20世纪20年代，随着美国资本市场的迅速扩张，在美国金融市场上发行的外国国债——"扬基债券"的规模不断增加，标准统计局也开始针对主权国家进行主权信用评级。到1929年，标准统计局公布的主权信用评级已涉及11个欧洲国家（奥地利、比利时、丹麦、芬兰、法国、德国、希腊、匈牙利、意大利、挪威和英国）、5个南美国家（阿根廷、智利、哥伦比亚、秘鲁和乌拉圭）、2个亚洲国家（中国和日本）、2个北美国家（加拿大和美国）和1个大洋洲国家（澳大利亚），其中获最高评级的是美国的"AAAAA"级，最低评级是希腊的"B"级，大部分欧洲国家都被评为"投资"级，而南美国家除阿根廷外，都得到了"A"级的评级。在这一时期，虽然信用评级已开始被金融机构和企业采纳，但其涉及范围及影响力仍非常有限，仍然处于评级市场发展的萌芽期。

**（二）初步发展**

1929年，美国经济大萧条深刻影响了资本市场对于信用评级的市场需求。经济危机下大量公司的破产倒闭导致公司债券违约事件频发，投资者为此蒙受了巨大损失，不仅如此，除公司债券违约外，主权债务违约也大幅飙升，评级机构不得不相继下调各国主权评级。1935年，标准统计局将智利和秘鲁的主权评级下调至"D"级，德国和日本的主权评级也被下调至"低投机级"。

大萧条所带来的金融市场的剧烈动荡，让投资者更加清楚地意识到对债券违约风险进行评估的重要性，凸显出信用评级机构向投资者提供金融信息和风险提示的作用。除私人投资者外，机构投资者和监管部门也开始意识到债券信用评级对于保护投资者权益以及充当监管工具的重要作用，进而开始将主要信用评级机构的信用评级作为投资决策与实施监管的关键性指标。1930年，为控制银行投资组合的信用风险，信用评级作为风险评估的主要

指标被纽约联邦储备银行所采纳。1931 年，美国货币监理署（Office of the Comptroller of the Currency，OCC）将信用评级作为评估银行债券账户质量的标准。1934 年，美国政府颁布了《证券交易法》并成立证券交易委员会，同时对信用评级机构的评级报告做了标准化规定。1935 年，美国政府对《联邦银行法》进行了修订，明确规定只有获得货币监理署认可的"投资级"评级的债券，才能成为全国性银行的购买标的。次年，货币监理署进一步规定，银行只能购买具有两份以上"认可的评级手册"评级支持的债券，其中"认可的评级手册"是指由穆迪、标准、普尔和惠誉出版的信用评级手册。上述法规的实施，使信用评级成为政府监管债券市场的主要工具，极大地增进了信用评级机构的市场影响力，从政策上为信用评级机构的发展提供了有力支撑。此外，为增强金融市场信息来源的透明性，1933 年颁布的《证券法》和 1934 年颁布的《证券交易法》明确规定了对企业内幕信息交换的限制，此举更进一步强化了信用评级机构在金融市场中作为信息提供者的重要地位。

到 20 世纪 30 年代末，全球金融市场再度动荡，特别是主权信用评级变动尤为剧烈，到 1939 年，除英国为"AA"级评级外，所有欧洲国家的主权信用评级都处于"投机"级。1939 年 10 月，德国的主权信用评级更进一步被下调至"D"级。在整个"二战"期间，除针对美国、加拿大和部分南美国家外，信用评级机构暂停了对其他国家的主权信用评级。在此期间，1941 年，普尔出版公司和标准统计局合并，成立了标准普尔信用评级公司。

**（三）迅速发展阶段**

第二次世界大战结束后的一段时期内，美国金融市场保持了长期的稳定发展，利率始终维持在较低水平，投资者对信用评级的需求并未显著增长，信用评级机构的发展也较为平稳。但随着越南战争的升级，政府为应对巨额开支，开始大量举债，从而推升了市场利率水平，美国经济进入高通货膨胀时期。原本稳定保持在 4%～5% 的高等级公司债券利率，到 20 世纪 70 年代中期已上升至 10% 的水平，债券市场因此出现剧烈动荡。

在此期间，当时美国最大的铁路公司——宾夕法尼亚州中央铁路公司因债务压力申请破产保护，"宾州中央铁路公司破产案"成为美国金融史上最大的债务违约事件，又一次使投资者意识到债券违约风险评估的重要性，市场对债券信用评级服务的需求再次迅速增长。加之在这一时期，商业票据的发展使市场借贷主体逐渐多元化，金融市场的债券发行量显著增长，二级市场

的规模不断扩大，不断增加的市场风险和不确定性也加大了投资者对信用评级的需求。

为规范市场秩序，1975年美国证券交易委员会将经纪商最低资本金标准与信用评级相挂钩，在"净资本规则"中确立了"国家认可的统计评级机构"（Nationally Recognized Statistical Rating Organizations，NRSROs）制度，规定发行获得两家以上NRSROs"投资级"评级债券的承销经纪人或交易商的最低资本金比例可适当降低。最初获得美国证券交易委员会认定的"国家认可的统计评级机构"的信用评级机构只有标准普尔、穆迪和惠誉3家评级公司，此举使三大信用评级机构在信用评级市场上优势地位进一步巩固。同时，在这一时期，信用评级机构业务逐渐从传统的投资人付费模式转变到发行人付费模式。

此后，借助美国在全球金融市场的巨大影响力，信用评级体系成为各国金融市场建设不可或缺的一部分，三大评级机构也成为跨国公司。与此同时，一些小型的、专业的评级机构也开始进入评级市场。如在美国本土，1995年成立了以投资人付费为业务收费模式的伊根—琼斯公司，并于2007年12月21日获得美国证券交易委员会颁发的NRSROs资格，业务范围主要集中于美国的高收益债市场。再如AM Best评级在1974年开始广泛开展保险公司的评级业务，当前已经是保险机构评级细分领域中的跨国公司。

### （四）调整与优化阶段

2008年美国次贷危机的爆发再次带给人们对宏观经济以及金融市场运行的反思，特别是次贷危机之后，随着三大评级机构对欧洲主权债务评级的调整，在某种程度上加速了欧债危机的爆发，各国对现有信用评级业存在的问题加强了监管。

在对经济危机的反思中，信用评级机构对次级贷款打包形成的金融衍生品的评级活动被认为是导致次贷危机爆发的原因之一。信用评级机构对这些结构化产品优先级的高评级使这些产品被机构投资者大量持有，而在危机爆发时评级机构突然调降级别加剧流动性问题并造成市场恐慌。国际证券事务监察委员会组织（OICU-IOSCO）在危机后专门成立了"次贷危机分析工作组"（Subprime Task Force），对造成次贷危机的各种原因进行了深入分析，其中，对信用评级部分的总结分析如下：由于资产证券化产品投资者过度依赖信用评级，信用评级机构对市场上金融衍生产品的估值以及流动性影响巨

大①。另外，欧盟地区最初一直沿用新自由主义思想，认为可依靠市场力量对评级行业进行自我约束，实施监管干预可能会提高行业准入，不利于创新和竞争，但随着信用评级机构在金融危机中的影响越来越凸显，尤其是次贷危机和欧债危机的爆发使欧盟国家意识到三大评级机构的垄断力量对欧洲资本市场的影响或许过于巨大，因此在防范垄断层面也对评级机构特别是三大评级机构加强监管。

各国纷纷在法律和经济层面上展开对信用评级机构的相关规制改革，意在通过引入竞争打破寡头垄断的市场格局，并借助规范信用评级机构的行为解决利益冲突和相关问题，信用评级机构因此迎来一个新的发展时期。

在监管方面，美国证券交易委员会（SEC）在 2009 年对 NRSROs 认证下的评级机构加强了监管，提升 NRSROs 评级方法的透明度；加强了评级业绩表现的披露；禁止 NRSROs 从事某些不公平的、强制性和滥用行为；加强了 NRSROs 的记录保存。2010 年 7 月，美国出台《多德—弗兰克华尔街改革和消费者保护法案》，该法案要求在 SEC 下成立信用评级办公室（Office of Credit Rating，OCR），于 2012 年 6 月成立的 OCR 负责对注册成为 NRSROs 的信用评级机构进行监管至少每年对 NRSROs 进行一次检查。此外，该法案还降低了其他金融监管活动对于评级结果的引用和依赖。欧盟则分别在 2009 年和 2011 年通过了《信用评级机构第 1060/2009 号监管法规》（简称"第 1060/2009 号法规"）及其修正法规，构建了以"欧盟证券与市场管理局（European Securities and Markets Authority，ESMA）为主、以成员国主管机构为辅"的欧盟信用评级监管架构。其中，ESMA 负责信用评级机构的注册、认证、日常监管及处罚；成员国相应主管机构负责监管各类金融机构出于监管目的的使用外部信用评级的行为，并配合 ESMA 对信用评级机构实施监管。此外，欧盟加强了对本土评级机构的培育，2010—2019 年，共有 22 家欧盟本土的信用评级机构在 ESMA 注册。

随着监管加强以及市场竞争力度的加大，各家评级机构也加大力度拓展非评级业务，并在金融科技等领域加大投入。除评级业务之外，三大评级机构还将咨询、增信设计、风险建议等附加业务有机整合到发债主体服务中，并越来越受到市场的青睐。从这个意义上讲，服务水平提升为主导的市场开拓能力将构成评级机构竞争的软实力。比如惠誉 2008 年成立惠誉方案（Fitch

---

① 黄良波. 次贷危机对我国信用评级机构规范与发展的启示 [J]. 中国金融，2009（2）: 2.

Solutions）以提供固定收益市场信息以及宏观环境的综合情报服务。标普逐渐通过集团公司的形式加强范围经济优势，评级业务（Standard & Poor's Ratings Services）只是标普 Global Inc. 的其中一个子公司，标普 Global Inc. 收入主要来源于四个部分：评级、市场财智、普氏能源资讯、指数。金融危机之后，穆迪也逐渐形成了评级和金融分析两大业务板块，分别由穆迪投资者服务（Moody's Investors Service，MIS）和穆迪分析（Moody's Analytics，MA）承担。

### 二、我国评级行业发展概况

我国信用评级行业始于 20 世纪 80 年代，但当时的信用类债券仅有企业债券单一品种，因此，国内信用评级行业的产生最初是为了规范企业债券发展。1987 年 3 月 27 日国务院发布《企业债券管理暂行条例》（国发〔1987〕21 号）后，中国人民银行和国家计划委员会（1998 年 3 月更名为国家发展计划委员会，2003 年 3 月联合国务院经济体制改革办一起改组为国家发展改革委）便牵头组建我国第一家信用评级机构，即吉林省资信评估公司。随后陆续成立了 9 家资信评级机构，并授权它们开展企业债券评级业务。

20 世纪 80 年代末期，我国经济金融乱象开始频发，国家开始对各类公司进行清理整顿，证券公司、信托公司与评级公司等均在其中。在 1988 年 10 月 3 日中共中央、国务院联合发布《关于清理整顿公司的决定》的基础上，1989 年 9 月 19 日中国人民银行发布了《关于撤销人民银行设立的证券公司、信誉评级公司的通知》（银发〔1989〕272 号），明确：（1）人民银行分行出资设立的证券公司和信誉评级公司一律撤销；（2）各地专业银行设立的信誉评级公司也一律撤销，信誉评级公司撤销后，信誉评级业务交由信誉评级委员会办理。1990 年 8 月 11 日中国人民银行随即发布《关于设立信誉评级委员会有关问题的通知》（银发〔1990〕211 号）。

1990—2005 年，债券市场和对应的资信评估机构一直处于裹足不前的境地，直到 2005 年银行间债券市场扩容以及 2007 年 9 月中国银行间市场交易商协会组建后，信用评级行业才真正迈入了发展快车道，但这一时期的信用评级行业门槛却是存在的。需要特别提到的是，1993 年 8 月 2 日国务院总理李鹏签发国务院令第 121 号《企业债券管理条例》，要求加强对于企业债券的管理，引导资金的合理流向，保护投资者的合法权益，1987 年 3 月 27 日国务院颁布的《企业债券管理暂行条例》同时废止。

1997 年 12 月中国人民银行发布的《关于中国诚信评估有限公司等机构从事企业债券信用评级业务资格的通知》明确规定，"中诚信证券评估、大公国际资信评估、深圳市资信评估、云南资信评估、长城资信评估、上海远东资信评估、上海新世纪投资服务、辽宁省资信评估、福建省资信评级委员会"等 9 家机构具备企业债券资信评级资格，其中中诚信证券还是中国人民银行批准的第一家全国性评级公司。

2003 年中国保险监督管理委员会发布的《保险公司投资企业债券管理暂行办法》明确"目前中国保监会认可的信用评级机构为中诚信国际信用评级、大公国际资信评估，其他评级公司须另行认可"。2004 年 6 月，国家发展改革委发布的《关于进一步改进和加强企业债券管理工作的通知》规定，"发行人应当聘请有资格的信用评级机构对其发行的企业债券进行评级，其中至少有一家信用评级机构承担过 2000 年以后下达企业债券发行规模的企业债券评级业务"。2005 年中国人民银行发布的《短期融资券管理办法》也要求短期融资券的发行均须获得央行资质认证评级机构的信用评级。

其后，2006 年 5 月中国人民银行发布的《信用评级管理指导意见》（银发〔2006〕95 号）、2006 年 11 月发布的《信贷市场和银行间债券市场信用评级规范》（银发〔2006〕404 号）和 2007 年 8 月证监会发布的《证券市场资信评级业务管理暂行办法》（证监会第 50 号令）基本奠定了资信评估行业的政策监管框架。也正是这一时期，我国信用评级行业开始出现较高质量发展，并主动加重与国际评级机构的合作，如 2005 年 10 月联合资信评估与惠誉开展合作、2006 年穆迪认购中诚信 49% 的股权、2007 年惠誉评级持有联合资信 49% 的股份等。随着我国金融市场及债券市场的不断发展，2006 年之后的十年间我国评级机构的市场空间稳步扩大，并在相关政策监管框架下逐步稳定发展，但相比海外三大机构的绝对市场份额优势，我们的评级市场上具有一定市场份额的机构数量较多，竞争也日趋激烈。

2015 年以来，国内信用债违约案例不断发生，债券市场的隐形刚性兑付正在被打破，信用评级的作用更为凸显，同时开放程度进一步提高。2017 年 5 月 12 日，国务院新闻办公室举办《中美经济合作百日计划早期收获》吹风会，财政部副部长朱光耀在会上明确将在 2017 年 7 月 16 日前允许在华外资全资金融服务公司提供信用评级服务，并开始申请征信许可程序。2017 年 7 月 1 日，人民银行推动符合条件的境内外信用评级机构在银行间债券市场开展信用评级业务。2019 年 1 月 28 日，中国人民银行营业管理部发布公告，

对美国标普全球（标普 Global）在北京设立的全资子公司——标普信用评级（中国）有限公司予以备案。

　　与引进国际评级机构相比，国内评级机构"走出去"稍显缓慢。目前中诚信国际、联合、中证鹏元等相继在中国香港特区开设分支机构，并积极参与国际合作，但在国际市场中的影响力仍显不足。在市场对外开放方面，与引进外资相比，政策在推动评级机构"走出去"层面目前还有所欠缺。国内评级行业经过三十多年的发展，已经初具规模。从对外开放来看，国际三大评级机构已通过合资或独资方式进入中国市场展业；从对内开放来看，目前本土评级机构的数量也处于全球各国前列，且境内评级机构的股权结构较为多元化，既有国资控股，也有民间资本控股，既有产业资本，也有金融资本。在这种情况下，国内评级机构之间的竞争压力较大，各自的市场规模也无法与国际三大评级机构匹敌。

　　为了引导评级机构在内外开放的市场压力下有序竞争，2019 年 11 月 26日，中国人民银行、国家发展改革委、财政部、中国证监会联合出台了《信用评级业管理暂行办法》（中国人民银行　国家发展改革委　财政部　中国证监会令〔2019〕第 5 号），该《办法》标志着我国信用评级市场进入统一监管时代，并且对进一步提高信用评级机构的公信力做出了明确要求。

　　另外，随着我国债券市场的持续扩容以及宏观杠杆率的不断攀升，债券市场的信用风险释放在 2019 年前后也有所加速。为了进一步夯实信用评级作为风险"看门人"的职能，2021 年 8 月 6 日，中国人民银行、国家发展改革委、财政部、银保监会、证监会五部门联合出台了《关于促进债券市场信用评级行业健康发展的通知》（银发〔2021〕206 号），从提升评级质量和区分度、完善评级公司内部控制和评级独立性、加强信息披露、加大对违规行为惩戒力度等方面对评级行业的发展提出了具体要求。该《通知》实际上推动了我国评级市场进入了新的转型阶段，即评级机构的业务规模后续将不再依赖"监管需求"，而是依赖评级机构自身的声誉和能力。

　　"声誉机制"的驱动将推动我国评级行业回归本源，构建基于评级质量竞争的市场新秩序，也将有利于提高我国本土评级机构的国际化水平。2022 年3 月 29 日，《中共中央办公厅、国务院办公厅印发〈关于推进社会信用体系建设高质量发展　促进形成新发展格局的意见〉》（中办发〔2022〕25 号）出台，其中第五部分"以有效的信用监管和信用服务提升全社会诚信水平"第十七条提出"培育具有国际竞争力的信用评级机构"的发展目标，为我国信

用评级行业的发展提出了较高要求，本土信用评级机构也将在立足国内市场的基础上放眼全球，努力在全球信用评级市场上发出"中国声音"。

### 三、信用评级的作用

信用评级是金融市场重要的基础设施，发挥着降低信息不对称、揭示信用风险、债券风险定价等功能和作用。

#### （一）降低信息不对称

在金融市场中，投资人和发行人分别是资金的供给方和融入方，二者面临信息不对称问题：一方面，投资者收集信息活动的收益是边际递减的，而且投资者的信息分析能力相对有限；另一方面，发行人为提升债券发行成功率、降低债务融资成本，可能隐瞒或者虚报自身信息。在信息不对称情况下，投资者对公司债信用风险的判断产生偏差，有可能在对投资标的的选择上出现逆选择问题。发行人在获得投资后也可能会出现道德风险问题，即发行人有可能为了自身利益最大化而损害投资人的利益。

信用评级机构是信息中介机构，具有专业的信息收集、分析能力，能够大量收集并分析债券发行人的信用资料，并对信用风险进行持续动态监测。同时，高信用评级表明被评主体有良好的信用质量，有利于提高被评主体的市场形象，因此被评主体愿意将自身信息提供给评级机构，并给予评级机构进驻企业开展尽职调查的便利，以期望获得正面的评级结论。评级机构通过向市场参与者揭示信息盲区、提供信用风险观点，大大降低了投资者信息情报搜寻成本。债券发行人也因信用评级而在发行定价中得到公平对待，并能在拓展融资渠道、稳定融资来源、提高债券发行效率和树立良好信用形象等方面收获多重好处。因此，信用评级可以在很大程度上降低金融市场中借贷双方信息不对称的问题，从而提高市场的透明度和效率。

#### （二）揭示信用风险

在债券市场中，在宏观、行业、区域环境以及自身经营等各项因素影响下，债务偿还能力的改变具有不确定性。评级机构作为信息中介机构，通过专业化的信息收集和信息分析技术，在发行前对发行主体和债务工具的信用风险进行评估，在发行后定期跟踪或不定期跟踪信用风险的变化，及时而清晰地向市场传递债券及主体的信用资质变化情况，能够使投资者较早警惕相关债券违约风险。信用评级能够提供可用于比较债券市场发行人之间信用风险大小的手段，评级机构将评级结论用简单的评级符号表示，从而实现信用

评级的风险排序功能，实现评级的可比性，为投资者选择投资工具提供了重要参考依据。

**（三）为债券风险定价提供参考**

债券定价的基本要素是无风险利率、信用风险溢价和流动性风险溢价。信用评级能有效缓解投资者和发行人之间的信息不对称，向市场提供关于债券违约风险的增量信息并最终反映到债券的定价当中。因此，信用评级通过风险揭示可为债券定价提供重要参考。从2018年以来的债券发行利差来看，基本上呈现出等级越高，信用利差越低的特征。投资者可以在进行债券投资时，参考外部评级信息来进行风险定价或调整自身的投资组合；而发行人也通过信用评级在债券市场融资中获得公平定价。

# 第二节　信用评级产品

相对于一般的产品与服务，信用评级产品具有一定的特殊性，信用评级产品主要依靠一套评级符号表达对于信用状况的评估结果，实质上是一种信息传达，且这种信用信息构成了资本市场的重要基础设施，对于资本市场的运行具有较大影响，因此对于信用评级的质量检验就变得尤为重要。

## 一、信用评级符号、展望与行动

### （一）信用评级的符号体系

从信用评级的定义来看，信用评级产品主要以一套符号标识的方式，对评级对象定义等级序列，并通过简洁的字母或数字的不同符号组合，分别代表对应的信用风险评估结果。为了适应投资者对不同风险领域和产品的评级需求，现有评级公司发展出越来越多的评级符号系统，例如穆迪目前共有近30种评级体系，而标普因为还要进行股票评级，其评级符号体系更为复杂。总体而言，基本的评级符号系统分为长期信用评级和短期信用评级。

在长期信用评级符号体系方面，以穆迪和标普两家评级公司为例，长期信用评级反映的是1年及以上债务的相对信用风险。表3-1是穆迪与标普对长期债务的信用评级符号，以及对相关评级符号的解释。两者都是以字母为序来表示发行人相对信用风险的大小，但在同一级别中为了进一步区分信用差异：穆迪通过后缀"1""2""3"来表明债务人在同一评级大类的相对位

置，如果后缀为"1"则表明发行人在该级别相对信用风险最低，而后缀为"3"则表明发行人在该级别相对信用风险最高；标普则利用后缀"+""–"表示债务人在同一评级大类相对位置，如果后缀为"+"则表明发行人在该级别相对信用风险最低，而后缀为"–"则表明发行人在该级别相对信用风险最高。

表 3–1　穆迪与标普的长期信用评级符号

| 穆迪 | | 标普 | |
|---|---|---|---|
| 符号 | 符号含义 | 符号 | 符号含义 |
| Aaa | 该项评级下的债务具有最高的信用质量和最低的信用风险 | AAA | 相关债务人对债务有极强的偿还能力 |
| Aa | 高的信用质量和非常低的信用风险 | AA | 债务人的偿还能力很强 |
| A | 中上等的信用质量，信用风险较低 | A | 债务人的偿还能力较好，但更容易受环境和经济周期的影响 |
| Baa | 中等信用风险，具备某些投机级债券的特征 | BBB | 对债务有足够的保护特征，但不利的经济环境会弱化债务人对债务的保护能力 |
| Ba | 具有相当程度的潜在信用风险，具备投机性 | BB | 具有投机性，业务、财务和经济上的重大和不确定可能危及债务人的偿付能力 |
| B | 投机性债务，面临高的信用风险 | B | 业务、财务和经济环境的变动会危及债务人的偿付能力 |
| Caa | 债务情况较差，高度的投机性 | CCC | 已经濒临难以偿还的边缘，严重依赖有利的业务、财务和经济环境 |
| Ca | 接近或者已经违约，但投资者有一定可能清收本金 | CC | 具备很高的不能偿还的可能性 |
| C | 已经违约，投资者很难清收本金 | C | 一般是债务人已经被请求破产或类似情况，但债务偿还仍在持续 |
| | | D | 违约实际发生 |

　　信用风险一般指债务人违约带来损失的不确定性，如果损失的预期值和波动性越高，则信用风险就越大。而预期损失率（Expected Loss Ratio）又可以分为两部分：违约率（Probability of Default）和违约后损失率（Loss Give Default）。违约率指特定债项在一定时间段内违约的可能性；违约后损失率指债项违约后相对于债项的本金和利息，投资者可能遭受损失的比例。两者的乘积就是预期损失率。违约率和违约后损失率是信用风险的两个主要组成部分，这两者的影响因素并不相同，例如违约率主要和企业的财务稳健性、流

动性等因素有关，而违约后损失率则和债项的优先级、抵押担保等情况密切相关；但这两者同时又受宏观经济波动和行业风险变化的影响，因此很难把这两者截然分开。

如果比较穆迪和标普的评级定义与评级符号含义，会发现评级结果所度量的侧重点并不完全相同，这是评级历史和理念的不同造成的。穆迪认为其长期信用评级表示的是不同债务可能给投资者带来信用损失的相对大小，因此其评级度量的是不同债项之间预期损失率的相对大小，也即同时考虑了债务违约的可能性和在违约后可能损失的大小。标普则在比较债务相对风险的同时，更侧重债务人的偿还能力，认为其长期评级主要衡量的是违约率。因此，对于同一个企业，如果穆迪和标普的评级不同，并不一定反映两家公司对该公司信用风险的看法有很大的差距，而可能是两家公司侧重点并不完全一样，理解这一点对于投资者正确使用评级结果非常重要。

在短期信用评级符号体系方面，短期国际信用评级是对发行人或债务的短期信用质量评估，该类信用评级更强调评级对象偿付债务的短期流动性压力。短期信用评级一般是指对债务期限不足一年的信用工具进行评级，但穆迪、惠誉等评级机构将短期信用评级定义为对 13 个月以内到期的短期债券进行的评级。

由于长期债务与短期债务的信用风险不同，短期投资者所需要的信用信息也与长期投资者存在差异，短期评级符号明显不同于长期评级符号。同时，发行人或者债项短期违约风险之间的差距并没有长期违约风险之间的差距那么大，所以短期信用的评级符号少于长期信用的评级符号，三大评级机构的短期信用符号如表 3-2 所示。

表 3-2　三大评级机构的短期信用符号

| 穆迪 | | 标普 | | 惠誉 | | |
|---|---|---|---|---|---|---|
| 符号 | 等级含义 | 符号 | 等级含义 | 符号 | 等级含义 | |
| P-1 | 偿付能力最强 | A-1 | 偿付能力较强 | F1 | 及时偿付的最高能力 | 投资级 |
| P-2 | 偿付能力较强 | A-2 | 偿付能力令人满意，但相比之下易受外在环境的不利影响 | F2 | 及时偿付的良好能力 | |
| P-3 | 偿付能力尚可 | A-3 | 有足够能力偿还债务，但外在条件恶化时，偿债能力可能较弱 | F3 | 及时偿付能力足够，但信用质量一般 | |
| | | B | 投机性较高。仍有能力偿债，但存在的不稳定因素使得偿债能力受损 | B | 投机性。容易受近期金融经济环境的负面影响 | 投机级 |

续表

| 穆迪 | | 标普 | | 惠誉 | |
|---|---|---|---|---|---|
| 符号 | 等级含义 | 符号 | 等级含义 | 符号 | 等级含义 |
| | | C | 有可能违约，偿债需要较好的商业、金融或经济条件 | C | 高的违约风险 |
| | | D | 违约，正在申请破产或已做出类似行动以致债务偿付受阻 | D | 已经违约 | 违约 |

不管是标普还是穆迪都认为，短期评级也是对发行人信用基本面的考察，而且是基于长期评级基础上的短期评价。虽然某些短期的因素，例如因意外因素带来的流动性改善会降低债务人短期内违约的风险，但是如果债务人在长期基本面不具备较强而且稳定的盈利能力，可能再多的现金都会被损耗，同时流动性也会因为大规模的资本支出或者兼并与收购而快速消失，因此长期评级对短期评级有对应和限制关系，表3-3与表3-4分别体现了穆迪及标普短期与长期评级符号的对应关系。

表3-3 穆迪短期与长期评级符号的对应关系

| 长期评级符号 | 短期评级符号 |
|---|---|
| Aaa Aa1 Aa2 Aa3 A1 A2 A3 | P－1 |
| A3 Baa1 Baa2 | P－2 |
| Baa2 Baa3 | P－3 |
| Ba1 Ba2 Ba3 B1 B2 B3 Caa1 Caa2 Caa3 Ca C | NP |

表3-4 标普短期与长期评级符号的对应关系

| 长期评级符号 | 短期评级符号 |
|---|---|
| AAA AA+ AA AA－ A+ | A－1+ |
| A+ A A－ | A－1 |
| A A－ BBB+ BBB BBB－ | A－2 |
| BBB BBB－ BB+ | A－3 |

在我国，按照中国人民银行金融标准化委员会发布的金融行业标准，中国的主体和长期债券评级的信用等级分为三等九级，短期债券评级的信用等级分为四等六级，具体见表3-5。其中，中长期债券除AAA级、CCC级及以下等级外，每一个信用等级都可以用"+"或"－"进行微调。

表 3-5　我国信用评级符号体系

| 中长期债券评级等级 | 短期债券评级等级 | 主体信用评级等级 |
|---|---|---|
| AAA | A-1 | AAA |
| AA | A-2 | AA |
| A | A-3 | A |
| BBB | B | BBB |
| BB | C | BB |
| B | D | B |
| CCC | | CCC |
| CC | | CC |
| C | | C |

　　按照上述信用评级符号体系，我国本土评级机构对于评级主体和中长期债项评级机构的等级划分及其含义基本上是类似的，并且与国际三大评级机构的等级含义趋同。以中诚信国际信用评级有限公司为例，三等九级评级符号的具体含义可见表 3-6。

表 3-6　中诚信国际信用评级符号含义

| 评级等级符号 | 主体等级含义 | 中长期债项等级含义 |
|---|---|---|
| AAA | 受评对象偿还债务的能力极强，基本不受不利经济环境的影响，违约风险极低 | 债券安全性极强，基本不受不利经济环境的影响，违约风险极低 |
| AA | 受评对象偿还债务的能力很强，受不利经济环境的影响较小，违约风险很低 | 债券安全性很强，受不利经济环境的影响较小，违约风险很低 |
| A | 受评对象偿还债务的能力较强，较易受不利经济环境的影响，违约风险较低 | 债券安全性较强，较易受不利经济环境的影响，违约风险较低 |
| BBB | 受评对象偿还债务的能力一般，受不利经济环境影响较大，违约风险一般 | 债券安全性一般，受不利经济环境影响较大，违约风险一般 |
| BB | 受评对象偿还债务的能力较弱，受不利经济环境影响很大，有较高违约风险 | 债券安全性较弱，受不利经济环境影响很大，有较高违约风险 |
| B | 受评对象偿还债务的能力较大地依赖良好的经济环境，违约风险很高 | 债券安全性较大地依赖良好的经济环境，违约风险很高 |
| CCC | 受评对象偿还债务的能力极度依赖良好的经济环境，违约风险极高 | 债券安全性极度依赖良好的经济环境，违约风险极高 |
| CC | 受评对象在破产或重组时可获得保护较小，基本不能保证偿还债务 | 基本不能保证偿还债券 |
| C | 受评对象不能偿还债务 | 不能偿还债券 |

**（二）评级展望与评级观察**

随着信用评级市场的发展，为了反映受评对象在中期内信用等级发生变化的可能性与可能调整的方向，评级机构增加了"评级展望"，作为受评对象信用评级的有效补充。评级展望一般可分为四类：正面、负面、稳定和待定。"正面"表示受评对象的信用等级未来有上升趋势，"负面"则代表信用等级的下降趋势，"稳定"表示信用等级未来保持不变，"待定"代表由于信息缺失等问题暂时无法判断。在评级发布后，评级机构还会根据短期内宏观经济形势、行业前景、区域经济变化以及受评对象自身经营变化，对已公布的信用等级进行修正，因此增加了"评级观察"。

1. 评级展望

三大评级机构的评级展望在展望期和展望分类上略有不同，但功能大体相似，均是对信用评级在中长期可能变动方向的预判，主要关注的是可能引起信用等级变化的风险因素，如宏观经济趋势、企业经营状况变化等。这些因素尚不能完全明确地评估，不足以推动信用等级调整。因此，在确定评级展望时，要根据这些因素对企业未来信用状况产生的影响，对企业信用等级的变化进行预判。

三大评级机构的评级展望期在6个月至2年区间，评级展望分类包括正面：表示信用评级可能提升；负面：表示信用评级可能降低；稳定：表示信用等级变化可能性较低；待定：表示信用等级可能提升或降低，正在考察过程中；无意义：表示因信息缺失等原因无法出具意见，见表3-7。

表3-7 三大评级机构评级展望期和评级展望分类

| 评级机构 | 评级展望期 | 评级展望分类 |
| --- | --- | --- |
| 惠普 | 1~2年 | 正面、负面、稳定、待定 |
| 标普 | 投资级：6个月至2年；投机级：6个月至1年 | 正面、负面、稳定、待定、无意义 |
| 穆迪 | 6~18个月 | 正面、负面、待定 |

2. 评级观察

评级观察一般是指所评主体或债项的信用等级在3个月内可能的变化或发展方向。评级观察通常由某一事件触发，比如企业兼并、重组、行业内新监管政策等，因此主体或债项的评级观察期相对较短。评级观察的触发事件可以是已发生事件或是预期发生事件，评级观察期通常是用来收集更多的信息或是对信息进行进一步的分析。评级观察也用于当触发事件已经发生，且

信用等级的变动已经很明确的情况下对信用质量发生的可能变化进行描述。

惠普的评级观察表示信用等级在某事件触发下具有较大的某一方向的变动可能。标普在以下三种情况下将进行评级观察：一是当某事件与预期方向发生偏离或预期将要发生时，对于信用等级的影响需要收集、分析更多的信息和资料；二是当发行人或债项发生重大变化，但该变化对信用等级的影响还没有完全确定；三是当所采用的评价标准变化，标普认为有必要对主体的多个评价环节进行重新评估，且该主体或债项的信用等级可能会在短期内发生变化。穆迪在两种情况下会将其列入评级观察名单：一是近期内信用评级可能会有所变动，但等级变化的影响因素以及影响大小还需要进一步进行资料收集和分析；二是在短期内评级对象的信用质量变化情况与支持现有信用等级的假定或数据不符。通常，三大评级机构会在三个月内公布评级观察结果。

惠誉和标普的评级观察都包括三种：正面，表示信用评级有调升可能；负面，表示信用评级有调降可能；发展中，表明信用等级变化可能调升、调降或不变。穆迪的评级观察分为上调、下调和不确定三种。

## （三）评级行动

在债券存续期和企业信用等级有效期内，评级机构对可能影响受评对象信用风险的重要因素持续关注与分析，并给出跟踪评级结果。在跟踪评级过程中，对于发行人信用品质发生重大变化的，信用评级公司将会采取评级行动。

评级行动，可根据信用质量变化程度和是否会有下一步评级行动，分为操作性评级行动和结论性评级行动。其中，操作性评级行动包括：（1）关注。评级机构在受评对象经营环境发生重大变化，或受评对象发生重大事件时采取的一种评级行动。通常信用评级机构关注的事件在短期内不会影响受评对象的等级，但事件的超预期发展可能使受评对象的等级受到冲击。关注也可视为信用评级对市场的风险提示。（2）列入评级观察名单。如前所述，评级公司运用评级观察说明正在审查中的评级短期内是否有可能发生变动，并有待进一步向市场提供详细评级信息的评级行动，能够反映可能对已公布的信用评级的修正情况。（3）延迟披露公告。由于客观原因无法按时依照监管机构要求披露跟踪评级报告时，评级机构将按照监管要求及时发布延迟披露公告。（4）暂停信用评级。在评级结果已有较大变化、具体评级信息获取尚需时间、短期内不能给出明确的评级时，为了保证评级结果的客观公正，评级

机构采取暂停信用评级的评级行动，待可以确定时再及时公布。（5）启动不定期跟踪。当企业发生重大事故或经营策略发生重大变化，评级公司主动地启动不定期跟踪，及时进行风险揭示。

结论性评级行动包括：（1）直接调整等级。对于重大事件，如果显著影响到发行人的信用质量且这种影响可以确定，则评级机构可以不经过观察而直接升级或降级。（2）调整评级展望。评级机构通过调整评级展望表示对评级在中期内变化方向的判断。（3）维持信用等级。是对援用评级结果的重申和确认。除定期跟踪的级别维持外，维持评级多用于回应市场或监管部门对评级结果的质询或异议。（4）终止信用评级。当出现受评对象拒绝提供或确认信息，或提供（确认）的评级信息存在虚假记录、误导性陈述或重大遗漏，或当委托人不按照约定支付评级费，或受评对象、债项不再存续等情况时，评级机构未取消原信用评级，但不再进行评级的更新维护。

## 二、信用评级产品分类

### （一）非金融企业评级

非金融企业评级反映的是一般工商企业作为发债主体时还本付息的能力和意愿，以及各类债务如约还本付息的可能性或预期损失。依据受评对象不同，可区分为主体评级和债项评级。评级机构依据发行主体所在行业的不同采用不同的评级方法。非金融企业评级的行业分类通常包括房地产、钢铁、医药制造、装备、港口、批发贸易等数十个种类。

1. 主体评级方法概述

非金融机构主体信用评级是对债务发行主体偿债意愿和能力的评价，主要包括自身信用状况和外部支持两方面分析。非金融企业的自身信用分析主要从宏观、中观与微观三个层面来考察。宏观层面，主要考察宏观环境或区域环境对发行人所处行业及发行人自身信用品质的影响；中观层面，主要考察发行人所处行业的特点，主要包括行业周期性、行业监管环境及政策、行业竞争程度、行业供求趋势、行业进入壁垒等因素；微观层面，主要考察发行人自身的素质，主要包括竞争地位、战略与管理、运营模式、会计政策、规模与分散化、盈利能力、资本结构、财务实力、流动性等方面的因素。

在评估工商企业个体信用状况的基础上，还要对外部支持的可能性和支持力度进行分析。地方政府、企业股东和集团都是一般工商企业外部支持的重要来源。如果主体获得外部支持，且支持提供方的信用质量优于受评主体，

那么这将提升受评主体的信用。在大部分情况下，由于集团或政府拥有更强大的资金来源，信用状况也通常优于受评主体，因此受评主体获得外部支持的正面影响概率更高。在某些情形下，受评主体除了可能获得集团支持外，还可能获得来自政府的支持，此时评级机构通常会分别评估两者对主体信用状况的影响，并选取较优的结果。

2. 债项评级方法概述

债项等级一般基于主体信用评级确定，并且一般不高于主体信用评级。标普和惠誉的长期债项评级方法类似，主要是根据债项的回收率情况，在主体评级基础上进行调整而得出的。穆迪的债项评级采用预期损失模型，以主体评级为基础分析债项的预期损失率，从而获得债项评级。

对于不同级别的主体，债项评级的调整幅度会有差异：投资级主体发生违约的概率较小，对应债项级别进行调整的幅度也较小；投机级主体发行的债项进行级别调整的幅度较大。在分析债项时，通常会考虑债项的特征和条款等因素对于评级的影响。

**（二）金融机构评级**

1. 金融机构评级概述

金融机构信用评级是指专业评级机构对金融机构整体资产质量，以及所承担各种债务如约还本付息的能力和意愿的评估，是对债务偿还风险的综合评价。受评的金融机构一般包括商业银行、融资租赁公司、保险公司、证券公司、担保机构，以及其他所有从事金融牌照业务或类金融业务的金融企业。金融机构评级结果也包括发行人评级和债项评级两大类。金融机构主体评级反映的是一家金融机构按时兑现承诺的总体能力和意愿。在金融机构发行人评级和自身信用评估的基础上，对不同期限、优先级的债务进行分析和级别调整，从而可以获得债项评级。

金融机构信用评级是债权人对金融机构信用状况分析的重要参考信息，以此判定是否购买金融机构发行的债券；金融机构评级也可以给监管部门等市场其他参与主体提供金融机构的信用风险信息，供这些市场主体参考。

2. 金融机构评级方法概述

金融机构评级方法大体分为两个部分，即自身的信用状况和外部支持分析。自身信用状况是在没有外部支持的情况下，分析金融机构违约的可能性。金融机构的自身信用状况包含宏观和微观两类分析要素。其中，宏观要素有国家经济状况、行业情况等。经济、行业等宏观经济要素是金融机构经营运

行的外部环境，对其信用状况有重要的影响。平稳向上的宏观经济发展有助于资本市场业务的发展，促进投融资的实施。如果经济出现衰退，发生政治波动或其他动荡，那么金融机构运营也会受到影响。行业情况的宏观要素包括金融市场发展、法律制度、监管环境等。不同行业的金融机构的行业分析维度各不相同，如保险公司的行业环境分析中除行业竞争度外，保险密度和保险深度也是重要的分析维度，银行业则重点关注市场份额和市场地位，金融投资企业则侧重分析竞争格局。微观要素是指金融机构自身的特定因素，包括经营情况、管理和战略情况、财务情况、风险情况等。在宏观分析基础上，评级机构对金融机构特定要素进行分析，确定自身信用评估级别。由于商业银行的复杂性，具有不同于其他机构的微观要素，其在资金方面的定量指标非常丰富。在监管要求方面，金融机构一般要满足《巴塞尔协议Ⅲ》对资本充足率、流动性以及风险管理等方面的要求，结合这些要求评级机构也在分析中形成具体的分析指标。

金融机构的外部支持使金融机构在业务经营和发展、财务安全等方面可以获得额外的保障，如果支持方实力足够强，金融机构发生危机时也容易依靠外部支持渡过难关，对金融机构的外部支持分析主要考虑受评企业获得来自股东和政府的支持。

**（三）结构化金融产品评级**

1.结构化金融产品及其评级概述

结构化金融产品是分层证券化的金融产品，包括狭义资产证券化工具（ABS）、抵押支持证券（MBS）和债务担保凭证（CDO）等。结构化金融产品构建过程的参与人包括发行人、特别目的载体（SPV）、投资者、信用评级机构，还可能包括信用增进机构、承销商等中介服务机构。结构化金融产品设计的基本流程如下：首先发起人（一般是金融机构）将一系列贷款或债券组合形成资产池；然后发起人将资产池转让给特别目的载体；特别目的载体以该资产池产生的现金流为保障，向投资者发行不同等级的债券，这种形式也被称为债券分层或债券组别，债券分层级别一般包括优先级、中间级和股权级。特别目的载体利用债券发行获得的收入向发起人提供购买资产池的资金；特别目的载体以资产池为限向投资者承担支付债券的义务，即通过购买资产池获取资产池的现金流（本金和利息收入），进而履行对投资者的本金和利息的支付义务。通过发行由不同底层资产作担保、具有不同权利、不同层级的债券，发起人将以较高的债券评级和较低的成本实现融资，相对于传统

公司债券具有较大的优势。

由于资产池和分层设计以及其他第三方机构的参与，导致结构化金融产品具有复杂性，也使信用评级机构在结构化金融产品的构造中发挥了重要的作用：一方面，给特别目的载体或发起人提供产品设计的咨询服务。在信用评级机构参与设计下，结构化产品的一个主要特征是无论底层资产池的最初类型如何，都有相当一部分分层债券被评为 AAA 级以及其他高级别。为了达到期望的债券级别，在正式开展评级前，评级机构往往参与对结构化金融产品的设计。另一方面，面向投资人提供分层债券的信用评级结果，投资人据此购买不同级别的债券。投资者对 CDO 和 MBS 等复杂的结构化金融产品进行投资时，也更依赖信用评级来确定投资对象和投资价格；对许多投资者来说，信用评级成为对结构化产品估值的重要参数。

2. 结构化金融产品评级方法概述

结构化金融产品创建和最终销售的一个重要步骤是对分层债券进行信用评级，通过评级对资产池产生的现金流能否充分偿还债务进行评估。结构化金融产品评级一般由发起人或特别目的载体发起，并向评级机构提供组成资产池的贷款或债券的信息，以及期望的资本结构和增信水平。

与普通债券信用评级不同，结构化金融产品的信用评级不仅要考虑资产池的违约风险，还要考虑非违约风险。非违约风险与资产池违约不直接相关，是由交易结构引起的并影响分层的信用风险，如法律风险、资产管理人资质等结构风险。非违约风险分析的核心是对现金流分配进行分析。通过现金流分析，测算资产池产生的现金流能够满足债券本金和利息支付要求的概率，或测算不同情景下债券的损失情况，进而确定债券的预期损失率。减少非违约风险的规则也常常进一步提高了结构化金融产品的复杂性。因此，结构化金融产品评级主要包括以下步骤：

第一，信用风险分析。对资产池的信用水平进行分析，运用分析模型评估资产组合的信用风险。在资产证券化交易中，一般会先分析基础资产的信用状况，评估所需的增信水平。在信用风险分析建模过程中，评级机构需要考虑三大因素：一是资产池中单个债务的违约概率和变化情况；二是回收率；三是资产池各资产间的违约相关性，这决定了多个违约是否有互相连带发生的可能。结构化产品以资产池的信用为基础，因此结构化产品评级不但要考虑资产池中每个债务的违约概率，也要考虑资产池的违约相关性，从而评估总体资产池的信用质量，并对期望达到的级别所需要的信用增进程度进行

第三章 评 级

分析。

　　第二，结构风险分析。结构性风险并不直接与资产池的违约相关，但会影响分层的信用风险。结构分析的重点是现金流分析，用来反映产品结构在多大程度上能保证投资者按时得到偿付。结构风险分析主要包括对市场风险（如利率和汇率风险）、法律风险、第三方机构风险等方面的分析。第三方机构风险包括服务商、外部增信提供者等第三方机构的风险。法律结构风险分析是对特别目的载体或信托形式、真实销售、兑付危机处理、信用风险隔离在法律上的有效性等有关法律问题的分析。以标普为例，其在结构性产品的结构风险分析中，通常关注以下方面：一是在分析法律和监管风险时，会关注交易结构中基础资产的真实出售情况以及特殊目的载体的破产隔离效果；二是在分析交易结构和现金流机制时，会关注交易文件的设计，并分析现金流是否充足，从而评估交易是否有足够的增信水平和流动性；三是在分析运营和管理风险时通常会关注服务机构或受托机构的履职能力，包括是否能及时收取回收款，以及对拖欠资金的催收能力等；四是在分析交易对手风险时，通常会考虑交易对手的债务状况，并且评估其对产品的信用质量可能产生的影响。

　　第三，压力测试。用于分析在特定压力条件下，基础资产池的交易结构能否保证按时还本付息。信用评级机构将结合不同的违约假设对现金流模型进行参数调整，评估结构化产品受评产品在压力情况下的预期损失率和预期期限，进而获得受评产品对应评级下所需的信用支持水平。

　　第四，给出评级建议。在以上分析的基础上，评级小组分析师将得出初步的评级建议，向信用评级机构的信用评级委员会提供推荐评级级别。

　　第五，信用评审委员会确定最终级别。信用评审委员会综合以上评估信息，结合其他分析数据，对每一分层的信用评级投票，对应给出结构性产品各分层的信用评级结果。信用评级机构通常会将评级结果在正式发布前通知发行人，发行人可以对评级结果提出异议并申请复评，前提是向评级机构提供补充信息和资料，以使评级机构能重新审核是否对评级结果进行调整。

　　第六，跟踪评级。结构化产品的跟踪评级与其他评级业务的跟踪评级类似，对于影响信用级别的变化情况和信息，要及时反映在调整的信用评级级别中。

　　在以上结构化金融产品评级的步骤中，信用风险分析、结构风险分析和压力测试是关键的分析环节。

### （四）地方政府评级

1. 地方政府评级概述

地方政府以为本地区提供公共服务和基础设施建设为主要任务，通常通过征税、收取费用、上级财政转移支付以及发行债券等方式获取资金。为弥补资金缺口，各国地方政府也越来越多地从金融市场进行融资，信用评级成为地方政府在金融市场获得融资的重要条件。地方政府评级具有特殊性，其评级不仅要关注地区经济、财政、政府治理等自身信用风险因素，还要考察其上级政府的支持力度。

地方政府评级是对地方政府及时、足额偿还债务的能力和意愿的评价，包括地方政府主体评级和地方政府发行的债券评级两种形式。二者的分析方法类似。地方政府评级分析首先要对政府自身信用状况进行分析。由于评级是对偿付能力和意愿的分析，因此需要对收入和支出情况、负债和或有负债情况、管理能力以及对地方政府还债有重要影响的自身因素重点分析。但地方政府运行在一个具体的国家环境中，上下级财政关系、国家经济水平等均对地方政府信用水平产生影响，因此，在地方政府自身信用分析的基础上，还要结合部分外部因素进行综合分析。

2. 地方政府评级方法概述

具体而言，在自身信用风险评级分析时，要通过区域经济水平、财政实力、债务负担情况、地方政府管理水平等因素确定地方政府自身信用水平。然后，由于不同国家的体制环境和主权不同，对地方政府信用的影响也不同，因此应考虑外部风险、外部支持和限制对地方政府信用水平的影响，包括国家宏观经济情况、财政金融关系、中央与地方政府层级关系、上级政府外部支持等因素。最后根据自身信用等级和外部影响因素，对地方政府信用评级进行综合评定。

尽管不同的评级机构搭建的地方政府评级模型的侧重点不尽相同，但核心方法趋同，分析要素重合度也较高，一般均考虑了以下五个方面：一是区域经济状况，包括经济发展水平、产业多元化、人口统计等；二是地方政府财力状况，包括财政收支平衡、收入和支出的灵活性、资金流动性等要素；三是地方政府债务水平和结构，包括直接债务和或有负债构成；四是地方政府管理效率，包括对财政决算的执行、基础设施建设规划、应急管理能力等；五是主权因素及体制框架，包括法律机制性环境、政府间层级关系等。

### （五）主权评级

1. 主权评级概述

主权债务危机是指一国中央政府对债务不能及时偿还的情况。主权信用评级是信用评级机构对一国中央政府作为债务人履行偿债责任的能力和意愿的预测，是对主权国家的政治、经济和信用状况的综合评定。主权信用评级通过揭示一国中央政府按时足额偿还债务本金和利息的风险，能够直接影响该国政府及企业在国际资本市场上的融资能力和融资成本，进而影响该主权国家的金融市场和宏观经济运行情况。

主权信用评级具有如下特征：一是被评对象是中央政府的信用状况，主权信用等级通常也是主权境内企业及其他机构评级级别的上限；二是评级目标的选定上，主权评级着重关注偿债意愿的评估，在某些情况下可能出现主权国家具有债务偿还的能力，但由于社会或政治成本太大，也可能不履行偿债义务，或对债务选择性违约；三是债务的范围上，主权信用评级主要评估私人债权人所拥有的主权债务信用状况，包括银行贷款、国债等，但不评估官方债权人拥有的主权债务的信用风险；四是在主权违约事件的处理上，债权人追索重要资产的可能性较小，相对于公司债务，由于法律追偿手段有限，主权国家的资产冻结涉及因素复杂，资产追索往往难以执行；五是在评级方法和模型的设计上，主权信用评级具有更强的主观性和复杂性。评级机构在评估主权债务风险时，定量模型难以反映社会和政治考虑，因此需要大量的定性分析。

主权信用评级可根据币种、期限和受评对象进行分类，不同分类的评级可用于评估主权在不同时期、不同方面的偿债能力和意愿。从币种上，可分为本币主权评级和外币主权评级。一般情况下，每个主权国家，评级机构都要进行本币主权评级和外币主权评级，二者区别在于债务是以本币抑或外币机制发行和偿还的。从期限上，可分为短期评级和长期评级。长期评级的有效期超过 13 个月以上，而短期评级的有效期一般为 13 个月或更少的期限。长期和短期主权评级符号体系不同，且短期的级别序列要少于长期的级别序列。从被评对象上，可分为发行人评级和债务评级。发行人评级表明被评主体的总体信用状况，当发行人是一个国家政府时，发行人评级即狭义上的主权评级。债务评级表明对某个具体债务工具信用状况的评估，当发行人是主权经济体时，前面所讲的主权债券评级可归为此类。在许多情况下，主权评级和债务评级被看作相同的评级，但在主权违约策略方面，这两种评级显示

出细微差别。实际上，主权对所有债务违约的情况较少出现，主权违约往往是有选择性和排序的，显示出不同主权债务的优先级别。在评级符号上，评级机构也设计不同的符号表明发行人的选择违约情况，如标普利用符号 SD 表示。

2.主权评级方法概述

主权信用评级需要关注一系列相关的分析要素，这些分析要素从大类上可分为宏观经济增长、公共财政、债务、金融部门、外部金融、政治、组织结构等方面。在分析中，这些要素具体化为定性和定量的指标，因此，主权信用评级包括定性和定量分析两种分析方式。定量分析包括一系列对经济性能测量的指标，而许多定性分析的重点在于政策搭配的合理性。总体上，经济风险和政治风险是主权信用评级中要着重分析的两方面风险。经济风险侧重于对政府偿债能力的评价，在评估经济风险时，往往要同时使用定性分析和定量分析。政治风险是侧重于对政府偿债意愿的评价，因为政府虽然有能力偿还债务，但未必都愿意偿还债务。在评估政治风险时，需要对影响政府经济政策的政治因素和经济因素着重进行定性分析。

在评级过程中，不同评级机构对每一类评级要素细化为不同的指标项，虽然各评级机构对其具体分类和侧重点仍存在差异，但这些指标项所涉及的具体信息有很多重叠或相似的内容。如穆迪的宏观增长包括人均 GDP、经济规模、经济和贸易的集成度、名义产出的长期波动等；惠誉的宏观增长包括人均 GDP 和 GNP、货币政策和财政政策的协调性、长期发展的可持续性、经济的竞争力、本币的需求深度、宏观政策等。

### （六）借款企业评级与"两类机构"评级

前述评级产品介绍皆属于资本市场信用评级，在我国评级市场上还存在两类比较具有中国特色的评级产品，分别为借款企业评级与"两类机构"评级。

借款企业评级起源于我国金融改革过程中出现的"贷款证"制度。20 世纪 90 年代中后期，我国银行业的整体坏账率很高，市场对于评估企业信用情况的需求较高，银行机构通过推出"贷款证"等措施对企业信用进行甄别。1996 年 4 月 1 日，中国人民银行制定的《贷款证管理办法》正式开始实施，该办法将企业资信等级记录作为贷款证的内容之一，并规定"资信评估机构对企业所作资信评定结论，可作为金融机构向企业提供贷款的参考依据"，第三方评级机构的借款企业评级业务也一度成为资信评估机构的重要

业务范围。随着银行体系改革的不断推进、银行坏账率的降低以及商业银行自身经营水平的上升，大中型银行逐渐形成了完备的内部评级体系，只有农商行等少数金融机构依然具有借款企业评级需求。

两类机构评级指的是针对融资性担保公司和小额贷款公司（以下简称两类机构）的外部信用评级。为了支持小微企业更好地获取金融服务，2009 年前后我国的融资性担保公司和小额贷款公司数量快速增长，而为了对这些机构的信用状况加强监管与信息披露，中国人民银行推动进行了"两类机构"评级的试点工作。2014 年 11 月 14 日，中国诚信中南分公司成功中标湖北省全省小额贷款公司信用评级项目，《中国人民银行武汉分行　湖北省政府金融办公室　湖北省工商联关于继续开展小额贷款公司信用评级工作的通知》（武银〔2014〕143 号）明确中标单位为中国诚信中南分公司，此项业务一直延续。2015 年中国人民银行发布了《中国人民银行办公厅关于全面推广小额贷款公司和融资性担保公司信用评级工作的通知》（银办发〔2015〕92 号），继续推广两类机构评级业务。但从试点工作推动落地的情况来看，担保公司和小额贷款机构进行外部评级的积极性并不太高：一方面，认为只有多年的连续评级和改善才能获得信用等级的提升，所需投入的成本太高；另一方面，认为如果评级结果不理想，反而会暴露自身的经营缺陷。为了持续推动"两类机构"评级，还需要主管部门加强对于相关评级产品的支持力度，并尝试将评级结果作为政府监管部门实施分类监管的部分参考依据。

## 三、信用评级产品的质量检验

### （一）违约率检验

评级结果检验一般区分为准确度和稳定性两个层面。

从准确度来看，违约率是检验评级质量最直接有效的方法，也是国际上公认的检验评级结果准确性的重要标尺。违约率检验就是通过信用评级级别与违约率之间的对应关系来检验评级质量，按照评级产品的自然逻辑，评级等级越高其违约率应当越低，且从初始级别发布至违约平均所需的时间也较长。

评级产品的本质正是关于违约风险的评估，因此评价评级产品质量的核心即是要判断信用评级是否能够正确地区分不同受评对象的违约风险大小。按照信用的经济学含义，如果不能按照约定的期限和条件偿还债务本息，就构成了违约，各个评级机构对于违约的定义基本类似但并不完全相同，有时

针对不同的受评对象违约定义也有少许的差别。

穆迪将以下四种情形定义为违约：（a）未能按照合约的规定支付或延期支付合同债务的利息或本金，不包括在合同允许的宽限期内补缴未付款；（b）债务发行人或债务人申请破产或接受法律接管，可能导致未来应偿还的合同债务不能支付或延期支付；（c）发生以下对债权人不利的交换或重组的两种折价交易：一是债务人向债权人申请新增或重组债务，并因此降低了原有的偿债义务；二是该交换和重组有明显的帮助债务人避免违约的意图；（d）主权政府修改支付条款并导致债务缩减，比如强制改变币种或者强制改变最初承诺的期限等。

标普对违约的定义为：违约是指债务人首次对债务未能按时，或未在指定的宽限期内履行支付义务，不包括在宽限期之内支付逾期利息等债务的情况，债务包括评级的或未评级的，但不包括优先股和存在争议的债务；违约还包括不利于债权人的交换，即债权人被迫接受票息降低、期限延长或者其他调控减少的方式替换原始债务。

根据惠誉定义，违约主要体现在以下三点：（a）债务人未能按照合同约定及时支付金融债务的本金或利息，但宽限期内偿还债务本息不在违约范围内；（b）债务人申请破产保护、被接管、清算或者停业；（c）发生债务置换，债权人被提供一种较原来债券价值低的债券，该债券的条款不如原债券对债权人有利。

虽然上述各个机构对违约的具体表述不同，但对于违约的定义主要包含三个特征：一是未及时履行还款义务，二是发生破产或重组，三是出现低价交易。针对宽限期限内偿还债务的情况，三大评级机构没有将其算作违约。从我国评级业务的实践来看，不同机构对于违约的定义也有所不同。其中，国内最大的资本市场信用评级机构中诚信国际有限公司对于违约的定义如下：

主体违约的情形包括：由该主体发行的境内任一债券（超短期融资券、短期融资券、中期票据、企业债、公司债、定向债务融资工具、可转债、可交换债券、金融债）或其他重要债务（包括但不限于信贷）已经发生违约；该主体发行的境内债券由担保方或重组方代偿；发行人被法院受理破产申请或被接管、清算或停业，使其未来可能不能依照相关约定按期履行利息或者本金的支付义务。

债项违约的情形包括：未能按期、足额偿还合同约定本金或利息的支付

义务（不包括在约定宽限期内完成支付义务的情况）；在设置债权人回售权的情况下，在债权人选择回售时，债务人未能按期、足额偿还应兑付的回售金额；发生了不利于债权人的债务置换或重组行为，即通过置换或重组使债权人的债权受到不同程度的实质损失，且债权人做出让步或债务重组、置换具有明显的帮助债务人避免债券违约的意图，包括本金和利息减免或延期等；在设置了特殊的投资人保护条款（如交叉保护条款、事先约束条款、控制权变更条款等）情况下，募集说明书约定为违约或由此导致发生上述三种情形时，即构成违约。

在违约定义的基础上可以继续定义违约率，即在给定时间内，发生违约情况占债务总体的比例，理论上违约率可以用违约的发行人数量、违约笔数或违约金额与全部的发行人数量、债务笔数或总金额的比率来表示。通常情况下，以发行人违约数量占比为主要的违约率统计，由于发行人的债务金额差别巨大，很少采取以违约金额计算的违约率。

与违约率相关的概念还有违约损失率。违约损失率是指违约发生时风险暴露的损失程度，以及在已经发生违约的条件下，实际损失的金额与风险敞口的比例。风险敞口也叫风险暴露，指的是债权人在债务人违约时可能承受的风险的债务余额。与之相对应，违约挽回率是违约损失率的映射概念，指的是当债务发生违约时能够回收的部分占风险敞口的比例。如前所述，穆迪所评的信用等级同时考虑了投资人的相对违约损失大小，且预期回收率需要非常高才能获得 B 以上的评级。

信用评级行业主要以信用等级符号及其解释性报告作为主要产品形式，但等级符号本身并不是直接对实际违约率的表达，而是对预期的违约概率的一种宏观表达。评级机构一般需要将违约概率与实际的违约率进行对比检验，并通过实际违约率的变化对违约概率的评估方法进行迭代和更新，实际违约率是评级机构进行事后检验的核心标准之一。

需要注意的是，信用评级给出的等级判断并不对应固定的预期违约概率或实际违约率。违约情况本身受经济周期、技术变迁、行业特征及财务状况等多方面影响，不同时期不同行业的违约率通常是变化的。因此，违约概率及信用等级符号的使用依赖具体的宏观金融及行业环境，但信用等级符号本身对相关债务的相对风险水平进行了简单直观的揭示，从而具有一定风险定价的功能。同样地，从投资者的角度来看，违约率是做出相关决策的参考要素之一，如果某个债券组合的违约率可能较高，但只要收益率高并足以抵消违约损失，仍然有可能被部分投资者所接受，债券市场本身也有专门从事较高违约率的债务的投资者或投资行为，比如相关机构对高收益债务进行投研等。违约率强调了债权可能遭受的最坏结果，评估投资于债券的潜在收益不仅需要理解违约率和违约损失率，还需要理解不同投资期内的总收益率。

从穆迪 1920—2019 年按评级划分的发行人平均累积违约率来看（见表 3-8），等级越高的发行人在相同的时间间隔内违约率越低，且随着时间的推移其违约率提高的速度也相对缓慢，而低等级的发行人不仅初始违约率较高，而且随着时间的推移违约率呈现较快的上升趋势。

表 3-8　穆迪 1920—2019 年按评级划分的发行人平均累积违约率

| 评级等级 | 1 | 2 | 3 | 4 | 5 | 6 | 7 | 8 | 9 | 10 | 15 | 20 |
|---|---|---|---|---|---|---|---|---|---|---|---|---|
| Aaa | 0.00 | 0.01 | 0.03 | 0.07 | 0.14 | 0.21 | 0.30 | 0.42 | 0.54 | 0.69 | 1.08 | 1.33 |
| Aa | 0.06 | 0.17 | 0.28 | 0.43 | 0.65 | 0.91 | 1.18 | 1.42 | 1.66 | 1.91 | 3.34 | 4.28 |
| A | 0.08 | 0.25 | 0.50 | 0.79 | 1.10 | 1.43 | 1.79 | 2.14 | 2.52 | 2.91 | 4.82 | 6.34 |
| Baa | 0.24 | 0.69 | 1.20 | 1.78 | 2.37 | 2.97 | 3.53 | 4.13 | 4.74 | 5.36 | 8.34 | 10.75 |
| Ba | 1.17 | 2.77 | 4.54 | 6.40 | 8.21 | 9.95 | 11.56 | 13.10 | 14.61 | 16.19 | 22.54 | 27.36 |
| B | 3.26 | 7.45 | 11.70 | 15.59 | 19.05 | 22.03 | 24.71 | 27.02 | 29.12 | 30.95 | 38.75 | 44.24 |
| Caa–C | 9.58 | 16.97 | 22.98 | 27.96 | 32.12 | 35.49 | 38.38 | 40.95 | 43.32 | 45.33 | 53.85 | 61.09 |
| 投资级 | 0.14 | 0.39 | 0.70 | 1.05 | 1.44 | 1.83 | 2.23 | 2.63 | 3.04 | 3.46 | 5.50 | 7.06 |
| 高收益 | 3.67 | 7.36 | 10.80 | 13.91 | 16.65 | 19.02 | 21.13 | 23.02 | 24.77 | 26.43 | 38.23 | 38.25 |
| 全部 | 1.50 | 3.01 | 4.41 | 5.56 | 6.78 | 7.75 | 8.61 | 9.40 | 10.15 | 10.86 | 13.97 | 19.10 |

除此之外，评级产品应该避免出现违约前信用等级仍然保持较高水平的情况，对此穆迪利用违约前平均信用级别的方法进行检验。从 2018 年的情况看，评级对象在发生违约前的 5 年平均信用等级已经为 Caa1 的较低等级了，并且在违约前 2 年左右平均信用等级开始进一步下降至 Caa2。

标普认为，企业的初始评级与其违约时间也呈现负向关系，即初始信用评级较高的企业，其距离发生违约的时间也更久。比如标普所评 1981—2018 年的违约企业样本中，首次评级为 AAA 级的企业从评级时间到违约事件的平均年限为 18 年，而投机级的 BB 级企业从首次评级到违约的平均年限为 6.8 年，见表 3-9。

表 3-9 标普全球企业首次评级到违约的平均期限

| 首次评级 | 违约家数 | 首次评级到违约的平均年限 | 首次评级到违约的年限中位数 | 首次评级到违约的标准差 |
|---|---|---|---|---|
| AAA | 8 | 18.0 | 18.5 | 11.4 |
| AA | 30 | 16.0 | 16.8 | 9.2 |
| A | 98 | 13.5 | 10.9 | 8.5 |
| BBB | 208 | 8.8 | 7.1 | 6.5 |
| BB | 613 | 6.8 | 5.2 | 5.5 |
| B | 1523 | 4.9 | 3.6 | 4.1 |
| CCC-C | 274 | 2.3 | 1.3 | 2.9 |
| 合计 | 2754 | 5.8 | 4.0 | 5.5 |

同时，应当注意在不同的宏观经济金融条件下，同一信用评级结果所对应的违约率并不是固定不变的，比如在 1929 年大萧条期间以及 2008 年国际金融危机期间，企业发行人的违约率会出现大幅上升的情况，重大经济危机和经济衰退会抬高所有市场主体的违约率，但被评为投机级的企业违约率更高，因此信用评级结果仍能正确地反映不同主体的信用风险排序。

违约率检验是对绝对评级准确性的检验方法，此外标普和惠誉在公开披露信息中也会公布 CAP 曲线，用相对评级准确度来展示其评级质量。CAP 曲线（Cumulative Accuracy Profile）以及其对应的 AR 值（Accuracy Ratio）可以描述整个评级结果下，累积违约评级对象的比例与累积评级对象的比例关系。

该模型给信用状况较差的对象以较低的评分，而给信用状况好的对象较高的评分，并按照累积比例分别绘制到纵轴与横轴上，这样，在评级产品具有完美区分度的假设下，CAP 曲线是一条斜率为 1/ 违约率的直线，而且上升并停留在 1。反之，在完全没有区分能力的情况下，模型的 CAP 曲线是一条 45 度的直线。而 AR 值的定义为：模型 CAP 曲线与 45 度曲线之间的区域，与介于 45 度线和完美模型的区域比率。通过用 AR 值进行比较可以验证模型区分信用水平的能力。CAP 曲线首先将受评对象按照违约概率从高到低进行排序，然后以对象累计百分比为横轴、违约对象累计百分比为纵轴，分别做出理想评级模型、实际评级模型、随机评级模型三条曲线（也就是完美曲线、实际曲线、随机曲线），见图 3-1。

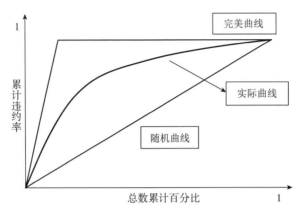

图 3-1　CAP 曲线与评级相对准确度

完美曲线（PERFECT）：代表最完美的情况下，模型能将所有违约对象识别出来并将其排列于左方，CAP 曲线则会是一条斜率为 1/PD，并随后维持在 1 的折线；随机曲线（RANDOM）：代表模型对信用质量毫无区分能力，CAP 曲线会是一条斜率为 45 度的曲线；实际曲线（M1）：代表实际模型的曲线，越接近完美曲线预测能力越强，越接近随机，曲线预测能力越弱。

**（二）等级迁移矩阵**

除从准确性角度对信用评级产品质量进行检验外，评级产品还应当具有一定的稳定性，由于资本市场的大多数主体的长期信用基本面，一般是随着宏观经济及市场环境缓慢或依次出现变化，较少在短期内集中出现剧烈的调整，过于频繁的级别调整往往不能反映评级对象信用风险的实质变化，因此信用评级调整需要平衡准确性和稳定性之间的关系。

信用评级的稳定性检验主要是通过信用等级迁移矩阵来显示的。迁移矩阵是评价评级质量稳定性的通用指标。信用等级迁移矩阵体现了被评对象的信用状况随时间发展而发生的变化。迁移率是在某一级别的所有被评对象中，在给定时间段内迁移至其他级别的被评对象所占的百分比。主体信用评级迁移矩阵，是计算主体信用等级从期初的各等级在期末迁移到其他信用等级或状态（如存续、违约、对付、终止）的概率矩阵，体现了期末与期初各信用级别的迁移情况，评估了信用质量变化的路径及评级结果的平稳性。维持原信用等级的比例越高，信用评级的稳定性越高，迁移到其他级别的比例越高，信用等级稳定性越差。

假设主体期初的信用评级为 $i$，期末为 $j$，则记该主体信用等级迁移概率为 $P_{ij}$，下列矩阵称为信用等级迁移矩阵：

$$P = \begin{pmatrix} P_{11} & \cdots & P_{1m} \\ \vdots & \ddots & \vdots \\ P_{m1} & \cdots & P_{mm} \end{pmatrix}，\text{其中} 0 \leqslant P_{ij} \leqslant 1，\sum_{j=1}^{m} P_{ij} = 1，i，j = 1，2，\cdots，m$$

矩阵中对角线的数值一般是所在行的最大值，且该单元格数值越大，说明保持原信用等级的可能性越大。

离散的迁移矩阵的计算较为简单，取期初有效的主体评级组成样本池，则 $P_{ij} = \dfrac{N_{ij}}{N_i}$，$N_{ij}$ 代表截至年底信用级别从初始级别 $i$，迁移至 $j$ 的主体数量，$j$ 取最后一次迁移到的级别。

如表 3-10 所示，迁移矩阵刻画了一段时期内评级主体信用等级的变化，可以用来监控评级主体信用等级的迁移状况，用于开展后续的风险研究分析，迁移矩阵中的迁移率给"期初某一个主体信用评级在期末迁移到另一个等级或状态的概率是多少"这一问题提供了重要参考。

从长期来看，信用评级级别越高越稳定，投资级的发行人比投机级的发行人表现出更大的信用级别稳定性。三大评级机构所评的高等级评级对象的级别维持率明显高于低级别。

表 3-10　信用等级迁移矩阵示例

| | | 1 | 2 | 3 | 4 | 5 | 6 | ... | $n-1$ | $n$ |
|---|---|---|---|---|---|---|---|---|---|---|
| | | AAA | AA$^+$ | AA | AA$^-$ | A$^+$ | A | ... | C | D |
| 1 | AAA | $m_{1,1}$ | $m_{1,2}$ | $m_{1,3}$ | $m_{1,4}$ | $m_{1,5}$ | $m_{1,6}$ | ... | $m_{1,n-1}$ | $m_{1,n}$ |
| 2 | AA$^+$ | $m_{2,1}$ | $m_{2,2}$ | $m_{2,3}$ | $m_{2,4}$ | $m_{2,5}$ | $m_{2,6}$ | ... | $m_{2,n-1}$ | $m_{2,n}$ |
| 3 | AA | $m_{3,1}$ | $m_{3,2}$ | $m_{3,3}$ | $m_{3,4}$ | $m_{3,5}$ | $m_{3,6}$ | ... | $m_{3,n-1}$ | $m_{3,n}$ |
| 4 | AA$^-$ | $m_{4,1}$ | $m_{4,2}$ | $m_{4,3}$ | $m_{4,4}$ | $m_{4,5}$ | $m_{4,6}$ | ... | $m_{4,n-1}$ | $m_{4,n}$ |
| ... | ... | ... | ... | ... | ... | ... | ... | ... | ... | ... |
| $n-1$ | C | $m_{n-1,1}$ | $m_{n-1,2}$ | $m_{n-1,3}$ | $m_{n-1,4}$ | $m_{n-1,5}$ | $m_{n-1,6}$ | ... | $m_{n-1,n-1}$ | $m_{n-1,n}$ |
| $n$ | D | $m_{n,1}$ | $m_{n,2}$ | $m_{n,3}$ | $m_{n,4}$ | $m_{n,5}$ | $m_{n,6}$ | | $m_{n,n-1}$ | $m_{n,n}$ |

（三）利差检验

利差即债券的利率或收益率减去基准利率的差额。基准利率一般选取中国债券信息网发布的银行间固定利率国债到期收益率。发行利差是指债券发行利率减去起息日对应期限国债的到期收益率；交易利差是指债券上市首日成交均价到期收益率减去上市首日对应期限国债到期收益率。由于不是每只债券在上市首日都有交易，所以交易利差的样本数通常要小于发行利差样本数。

发行利率是投资者考虑基准利率、债项以及发行主体的信用级别等因素后通过招标形成的，其中信用级别是评级公司出具的。如果市场高度认可信用级别，那么不同级别的发行利差就会有明显的不同。同样，如果不同级别对应的利差显著不同，则说明信用级别得到市场的认可，因此检验不同信用级别之间的利差是否存在显著的差异，可以验证评级是否合理。

Mann-Whitney U 是利差检验的常用方法之一，它假设两个样本分别来自总体均值不同的两个个体，并不要求样本数据服从正态分布，也不要求两个样本数量相等，检验两个总体均值是否存在显著差异。Mann-Whitney U 检验的原假设是两个独立总体均值没有显著差异，拒绝该假设（P < 0.05 时拒绝原假设）则意味着两个样本均值显著不同。

Mann-Whitney U 检验首先在两个总体 A 和 B 中随机抽取容量分别为 $n_A$ 和 $n_B$ 的两个独立随机样本，$n_A + n_B$ 将两个观察值按大小顺序排序，分别计算出两个样本观察值排序的总和 $T_A$ 和 $T_B$，由此可以计算出：

$$U_A = n_A n_B + \frac{n_A(n_B+1)}{2} - T_A, \quad U_B = n_A n_B + \frac{n_B(n_B+1)}{2} - T_B$$

取 $U_A$、$U_B$ 中较小的作为检验统计量 U 值，与临界值表中对应的临界值 $U_0$ 比较，或者直接计算出 P 值，与显著性水平 $a$ 相比较。若 $U > U_0$（$P > a$），则接受两个独立总体的均值没有显著差异的原假设；若 $U < U_0$（$P < a$），则拒绝该假设，意味着两个样本的均值显著不同。

**（四）隐含评级**

市场隐含评级是基于市场信息的评级方法。基于有效市场假说，隐含评级以市场价格为依据，综合企业资质、偿付顺序、担保等信息，客观反映出市场对债券信用水平的判断。与外部评级不同，隐含评级不仅是基于债务经济基本面的评级，同时更多地考虑到市场价格反映的信用信息，该方法能够及时捕捉市场信息。隐含评级是从市场价格角度抽取的信用评级，可与外部评级互为校验，达到检验外部评级质量的目的。

国内外的债券隐含评级编制方法主要是利用市场价格信息对传统评级进行修正。首先从市场价格中提取债券的信用风险信息，即市场价格与基准利率之间的信用价差。然后确定相邻等级之间的分界线，初步确定隐含评级结果。大部分隐含评级模型在此基础上对上述等级进行优化，如穆迪通过构建隐含评级与机构评级之间的偏差程度最小化模型优化隐含评级，或如中债综

合考虑了传统评级、行业景气度及发行人经营及财务情况、后续市场跟踪情况等，对根据市场价格初步推导的市场隐含评级结果进行校验和修正。

# 第三节　评级市场的产业经济分析

评级是一个较为特殊的市场。首先，评级产品具有一定的准公共物品属性，并且信用评级作为一种信息产品可以被低成本地复制与使用，因此评级产品的供给往往离不开一定的市场准入标准与门槛。其次，双边市场、声誉机制、规模与范围经济等特征在评级市场中作用显著，因此评级市场的最优结构应当保持"有限竞争"。

## 一、评级市场的产业结构分析

从评级产品的属性以及评级产品的供给过程来看，评级市场的最优竞争结构应当保持有限竞争结构，即数家具有竞争力的评级机构共同存在，在保持有效竞争的同时避免过度垄断的形成，但由于历史原因，国际三大评级机构在全球评级市场中形成了一定的垄断地位。

### （一）评级产品的准公共物品性质

从经济学原理上讲，公共物品是具有非竞争、非排他特征的有益物品。所谓非竞争性，是指一个主体对该产品的消费与使用不会影响另一个主体对该产品的消费与使用，即该产品可以同时为多个主体使用，且使用者之间并不存在利益上的冲突。所谓非排他性，是指该产品的生产者，或者该产品的购买者，很难阻止另外第三方免费从该产品获益或同时使用该产品。所谓有益物品，指的是公共物品带来的边际收益具有累加的性质，相对私人物品来说公共物品为社会带来的好处更多，因此公共物品通常存在短缺的状况，往往需要通过政府提供补贴或政府购买等形式来支持公共物品的供给。

从经济理论的分析框架来看评级产品，可以看到评级产品具有一定的公共物品性质。从非竞争性上来说，评级符号一旦公布，资本市场上的所有投资者和发行人都可以无差别、无成本地获取评级符号所传达的信息内容。从非排他性上来说，评级符号或评级行动作为信息载体一旦向市场供给，评级机构或评级产品的购买人（既可以是发行人也可以是投资人）很难限制其他主体同时获知相同的信息。从评级产品的"有益性"上来说，当信息通过评

级进行传递后，金融市场中的发行人和投资人可以极大地降低交易成本，评级变成了服务于整个金融系统利益的基础产品。从现实上来讲，评级产品的定价水平也一般低于其带给各个投资人的边际收益之和，有时监管政策需要对评级产品的定价做出一定管制，以避免评级机构按照其带来的边际收益之和定价。

**（二）评级市场的"有限竞争"市场结构**

评级行业首先具有一定规模报酬递增的特征。信用评级产业存在规模经济和范围经济的特征。在信用评级产品的生产过程中，信用评级人员会通过对收集到的相关评级对象资料，借助科学有效的信用评级技术对经营管理状况、财务水平、行业发展前景和经济形势综合进行评价，为投资者提供可供参考的投资判断依据。通过不间断的、数量足够多的生产活动实现经验的积累，评级等级才能更准确地给定，这表明信用评级机构的学习效应很强，这使得信用评级机构的信用评级活动越多、规模越大，其评估结果生产的风险就越小，从而其信息生产的边际成本和平均成本就越低。

评级行业还具有一定的先行优势及声誉机制，从而天然形成了一定的市场门槛。一个评级机构要生存，必须得到市场的认可，可以说信用评级行业的发展主要依靠的是行业的公信力、知名度以及市场认可程度。由于信用评级产业是通过市场的长期检验来确立自身公信力及声誉的，且先进入该行业的信用评级机构比后来进入的信用评级机构在对信用资源的占有、评级体系的完备程度、分析人员的素质，以及客户的信任程度等方面有较好的竞争优势。信用评级产业是金融业中的技术和劳动密集型行业，技术创新的资金投入大、风险高，这对机构规模提出一定的要求。一项新的评级方法或者新产品的开发，往往伴随着大量的人力、物力投入。国际上三大信用评级机构的技术创新能力强大，很大程度上来源于规模优势基础上的巨额研发经费投资和高端人才的聚集。这样，在信用评级产品产生的过程中便形成了一定的技术标准和劳动作业标准，即便信用评级的最终产品形式非常简单，但如果要达到产出过程中的一系列标准却是非常困难的。先行优势和技术标准使得市场份额向历史更长、经验更丰富、经过声誉检验的头部机构集中。

评级行业还具有一定的双边市场特征。信用评级产品最初是和"新闻出版"产品联系在一起的，主要通过信息的传达来帮助投资者加强对于相关风险的甄别和判断，但随着债券和金融市场的发展，以及金融工具和金融产品的复杂化，信用评级符号逐渐被金融市场的各个参与方所使用，特别是发行

人也有评估自身信用水平、发现合理定价的需求。这样，信用评级产品同时服务于受信方与授信方、投资人和发行人，成为金融领域的信用中介，这一方面意味着信用评级机构需要通过独立和客观的评级产品帮助信用交易主体发现合理的市场价格，另一方面意味着评级市场可能会由于双边需求形成市场集中度的正向反馈，即发行人会倾向选择投资人认可的评级机构，投资人也会倾向选择市场份额更稳定、发行人也认可的评级机构。

从微观经济理论本身来讲，一般认为竞争充分有助于迫使供给者提高生产技术、降低生产成本、提升产品质量，因此产业政策大多以鼓励竞争和反垄断为主导。但同时现代产业组织理论也指出，一些行业因为集中度过低、企业规模过小、产品同质化严重等原因也容易出现"过度竞争"的现象。现代产业组织理论的先驱之一，哈佛大学教授乔·贝恩在《产业组织》一书中认为，过度竞争是一种低集中度、持续性过度供给、生产能力过剩和经济绩效较差的一种市场结构。同时，过度竞争的市场现象往往会通过部分企业退出、兼并等形式有所缓解，但如果企业退出或兼并机制失灵，过度竞争现象有可能较长期存在。

一方面，评级行业因具有规模经济和范围经济的特征，加之声誉机制等因素，可能带来评级市场的竞争不够充分。以美国为例，虽然 NARSOs 等认可性政策强化了评级行业的集中度，但政策因素并不是评级行业集中度较高的决定性因素，即便 NARSOs 认可的评级机构本身也出现了评级机构兼并的现象。另一方面，如果评级行业因历史较短、监管滞后或过快对外开放等外在原因加大竞争程度，则可能会引发过度竞争的产生，并由于过度竞争带来级别竞争或评级虚高的问题。

所谓评级虚高，评级机构为了扩大市场占有率而有意将融资主体或相关债项的信用等级提高的现象。评级虚高的现象主要发生在发行人付费模式[①]下的评级市场。评级虚高是级别竞争的一种，即为了满足发行人降低融资成本的诉求而向上调整信用级别，并通过向上调整信用级别的形式获得发行人，特别是较低资质的发行人采用本机构评级产品的策略性行为。在投资人付费模式下，也不排除满足投资人风险规避偏好而采取向下调整信用级别的可能性。

正因为评级产品具有公共物品性质，评级机构具有规模报酬递增、先行

---

① 关于发行人付费的问题将在本节第二部分加以详细讨论。

者优势、声誉机制以及双边市场特征，评级市场应当维持"有限竞争"市场结构。一方面，评级机构之间应当具有一定的竞争性，以促进评级定价维持在合理水平，同时督促评级机构不断提升评级产品质量以维持其声誉，并公正、透明地为资金融入方、融出方同时服务。另一方面，评级机构之间也会因为评级信息易于模仿、评级准入门槛过低，或声誉机制不够完善、评级机构独立性不足等原因而出现过度竞争的现象，从而引发"评级竞争"，带来评级结果失真等连带性问题。

## 二、各国评级行业的市场竞争状况

### （一）美国

美国债券市场的规模全球居首位，也是国际信用评级机构的本土市场，其竞争的总特征对全球其他区域市场具有影响性和示范性。国际信用评级机构起初主要在美国产生和发展，特别是 1929 年至 1933 年大萧条期间，由于获得信用评级机构高级别评定的债券违约率较低，信用评级结果开始被美国监管机构所认可并加以利用。例如，1931 年美国货币监理署（The Office of the Comptroller of the Currency）明确规定，如果银行持有的债券按照面值入账，则该债券必须经过至少一家评级机构评级，且公开评级不得低于 BBB 级。1936 年，货币监理署和美联储进一步规定，禁止银行持有 BBB 级以下的债券，且银行持有的所有债券必须经过至少两家评级机构的公开评级。这些政府部门对评级结果的使用，有效地扩大了评级的市场需求，从而推动了评级行业的进一步发展。

从 20 世纪 70 年代开始，美国评级行业实行向受评对象收费的模式。为了规范评级行业，1975 年美国证券交易委员会（United States Securities and Exchange Commission，SEC）将穆迪、标普和惠誉三家评级公司确认为"全国认可的统计评级机构"（Nationally Recognized Statistical Rating Organizations，NRSROs），并使用这些机构的评级结果来确定净资本规则下金融机构的净资本额，这样，三大评级机构在美国资本市场上的地位得到了政策的加持。

20 世纪 80 年代，美国涌现出一批通信、激光等高新技术企业，这些行业发行债券时很难取得投资级信用等级，为解决资金紧缺问题，这些企业开始选择通过发行次级债券筹措资金。次级债券的盛行带来了次级债评级业务的快速发展。同期，资产证券化开始出现并发展迅速，成为金融工具创新成功的典范。随着金融创新的日新月异，金融产品的创新在一定程度上推动了

信用评级业的持续发展。也几乎在同一时期，全球经济一体化趋势显现，三大评级机构开始对国家主权进行评级，并迅速在世界各地建立自己的办事处，或开设自己的分公司，或通过一系列兼并重组活动与当地评级机构开展合作，经济全球化带来了信用评级全球化的浪潮。

据 SEC 在 2003 年开展的统计，1999—2002 年，全球有 130～150 个评级机构，这些评级机构大部分专注于特定区域的特定行业。而穆迪、标普和惠誉三大评级机构却在全球超过 70 个国家开展业务，覆盖了大多数评级业务类型。三大评级机构占所有类别的评级业务量的 99%，从单项业务类型来看，三大评级机构在保险机构的评级业务量中占比最低，为 75%。据国际清算银行报告，在世界所有信用评级机构所覆盖的企业中，穆迪涵盖了 80% 的银行和 78% 的公司，标准普尔涵盖了 37% 的银行和 66% 的公司，惠誉涵盖了 27% 的银行和 8% 的公司。另外，NRSROs 的总体 HHI 指数为 3778，各分类别指数也全面高于适宜值，以评级数量占第二位的资产支持证券类证券评级为例，在接近 40 万个评级中，有接近 39 万个评级是由三大评级机构所作。这类评级产品复杂，技术要求高，各方之间信息严重不对称，加上"非常高"的行业集中度，增加了潜在的利益冲突，损伤了市场的公正性。不仅如此，三大评级机构凭借其在国际评级市场的垄断地位，还将其势力迅速扩散至其他国家，致使很多国家的国内评级市场竞争严重受限。

次贷危机之后，SEC 加强了对于评级机构的干预并致力于提高评级机构的竞争性，先后吸收专业化、小型化、投资人付费模式、美国本土之外的不同评级机构进入 NRSROs，当前 NRSROs 包括的评级公司除三大评级机构之外，还包括 A.M.Best Rating Services、DBRS、Egan-Jones Ratings、HR Ratings de México、Japan Credit Rating Agency、Kroll Bond Rating Agency 共 9 家公司，其中有 7 家公司总部位于美国。

在 NRSROs 年度报告中，披露了当年每家 NRSROs 的有效信用评级数目，按评级类别分为金融机构、保险公司、公司发行人、资产支持证券和政府证券。根据 NRSROs 年报（2020 年），9 家 NRSROs 中，2019 年标普、穆迪、惠誉三大评级机构的市场占有率分别为 50.1%、32.0% 和 13.0%，三者在美国评级市场的占有率近年来均保持在 95% 以上（见表 3-11）。

表 3-11　NRSROs 各机构的市场占有率 　　　　　　　　单位：%

| NRSROs | 2016 年 | 2017 年 | 2018 年 | 2019 年 |
|---|---|---|---|---|
| 标普 | 48.92 | 49.21 | 49.53 | 50.1 |
| Moody's | 34.17 | 33.10 | 32.34 | 32.0 |
| Fitch | 13.28 | 13.51 | 13.49 | 13.0 |
| 三大评级机构合计 | 96.37 | 95.83 | 95.36 | 95.1 |
| DBRS | 1.78 | 2.26 | 2.39 | 2.7 |
| EJR | 0.81 | 0.76 | 0.89 | 0.8 |
| KBRA | 0.28 | 0.41 | 0.58 | 0.7 |
| A.M. Best | 0.39 | 0.38 | 0.39 | 0.4 |
| JCR | 0.16 | 0.17 | 0.18 | 0.2 |
| Morningstar | 0.17 | 0.13 | 0.16 | 0.1 |
| HR Ratings | 0.05 | 0.05 | 0.06 | 0.1 |

　　三大评级机构虽然占据美国甚至全球评级行业的主要市场份额，但在一些细分领域中还是涌现出了拥有市场影响力的评级机构，比如 A.M.Best Rating Services 在保险机构评级领域具有较高的认可度和市场影响力。

### （二）欧盟

　　欧盟债券市场规模较大但评级业发展较晚，欧洲金融自由化的典型特征，是在经济与货币一体化过程中推动资本自由流动。1979 年欧盟议会掌握立法权，1985 年发布《完善内部市场》（*Completing the Internal Market*）白皮书，将资本流动自由化定义为统一大市场基本组成部分。1986 年《欧洲单一法令》（*Single European Act*）出台后，资本自由流动的壁垒逐步被打破，资本市场发展进入黄金时期。美国评级机构看到欧洲市场潜力，加快拓展欧洲业务，如穆迪于 1985 年后相继在英国、法国、德国和西班牙建立了分支机构。外资评级机构进入欧洲市场不久，20 世纪 90 年代欧洲债券市场进入快速发展阶段：一是政府债券日益整合，各国同期限收益率的波动性趋同，收益率之间的差异明显缩小；二是公司债市场迅速扩容，20 世纪末以欧元计价的公司债发行量占比达 70%；三是信用衍生品快速发展，信用违约互换衍生市场获得"爆发式增长"；四是资产证券化产品迅速发展，从 1998 年的 400 亿欧元增长到 2005 年的 3200 亿欧元；五是回购、利率互换、期货、商业票据等市场也快速增长。

　　欧洲评级业在完全市场化的环境下发展，外资机构凭借其市场优势迅速

垄断当地市场。2009 年以前，欧盟政府对评级业发展采取完全放任自由的态度，评级机构规制主要依赖自律组织，欧洲评级业竞争完全市场化。外资评级机构进入欧洲市场时，已经历几十年的发展，其积累的评级技术、声誉资本以及客户资源构成强大的竞争优势，迅速垄断欧洲评级市场。欧洲证券和市场管理局（European Securities and Markets Authority，ESMA）的数据显示，2012—2020 年外资评级机构在欧洲的评级市场份额占比超过 90%（见图 3-2）。

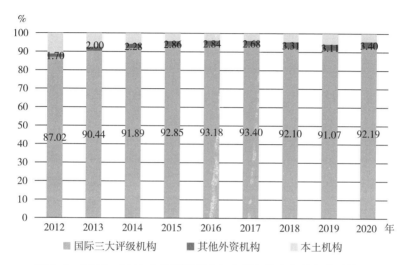

**图 3-2 2012—2020 年欧盟评级市场各类机构市场份额变动情况**

（资料来源：ESMA）

2007 年次贷危机以后，尤其是欧债危机以后，欧盟意识到评级话语权旁落的风险，开始着手培育本土评级机构，但成效不佳。2009 年 11 月，欧盟委员会颁布了首部针对信用评级机构的法规，即第 1060/2009 号法规，并于同年 12 月在欧盟正式实施，该法规要求信用评级机构必须经过注册、由国家机构监管。2010 年德国 Euler Hermes 信用评级机构成为欧洲第一家注册的评级机构，2011 年又有 8 家本土机构和 5 家外资机构注册。此后在 ESMA 政策支持下，截至 2020 年末，欧盟本土信用评级机构数量增加至 22 家，见表 3-12。然而，本土评级机构数量增加并未使影响力增强，2012—2020 年本土评级机构市场份额反而由 11.28% 下降至 4.51%。

表 3-12  欧盟各类评级机构数量变化

单位：家

| 机构类型 | | 2012年 | 2013年 | 2014年 | 2015年 | 2016年 | 2017年 | 2018年 | 2019年 | 2020年 |
|---|---|---|---|---|---|---|---|---|---|---|
| 注册机构 | 本土机构 | 13 | 15 | 16 | 19 | 19 | 19 | 19 | 19 | 22 |
| | 外资机构 | 6 | 7 | 7 | 7 | 7 | 7 | 7 | 6 | 6 |
| 外资认证机构 | | 1 | 2 | 4 | 4 | 4 | 4 | 4 | 4 | 4 |

资料来源：ESMA。

根据 ESMA 发布的《信用评级机构市场占有率报告》，以各评级机构（集团层面）上报的每年在欧盟地区提供信用评级服务和相关辅助服务收到的营业收入为基础，统计了信用评级行业的市场占有率情况。在注册类信用评级机构中，国际三大评级机构处于垄断地位，2020 年三大机构的市场占有率合计为 92.19%，标普、穆迪和惠誉的占有率分别为 51.77%、30.12% 和 10.3%。其中，标普的市场占有率略有下滑，而穆迪和惠誉的市场占有率有所上升。其他欧盟信用评级机构的市场占有率仅为 7.81%（见表 3-13）。

表 3-13  三大评级机构在欧盟地区的市场占有率

单位：%

| 机构名称 | 2015 年 | 2016 年 | 2017 年 | 2018 年 | 2019 年 | 2020 年 |
|---|---|---|---|---|---|---|
| 标普 | 45.00 | 46.26 | 46.26 | 42.09 | 40.40 | 51.77 |
| 穆迪 | 31.29 | 31.27 | 32.04 | 33.39 | 33.12 | 30.12 |
| 惠誉 | 16.56 | 15.65 | 15.10 | 16.62 | 17.55 | 10.30 |
| 三大评级机构 | 92.85 | 93.18 | 93.40 | 92.10 | 91.07 | 92.19 |
| 其他 | 7.15 | 6.82 | 6.60 | 7.90 | 8.93 | 7.81 |

### （三）日韩

与欧盟不同，日本也是债券市场大国，但日本特别注重对于本国评级市场的保护。日本本土评级机构的市场占有率近年来持续领先于外资评级机构。日本市场信用环境与欧美具有一定差别，外资评级机构的评级质量并不比本土机构更具优势，且日本评级业和债券市场受政府干预较多，直接或间接地削弱了外资机构的竞争优势，使本土机构在日本市场占据更大份额。从评级数量上看，2016—2019 年由评级和投资信息公司（R&I）和日本信用评级公司（JCR）两家日本本土机构评级的债券数量[①]占比达 57% 以上（见图 3-3）。

---

① 日本债券市场发行总量数据包括国债、地方政府债、政府保障债、财投机关债、企业债、银行债和武士债。

从客户数量来看，日本本土机构也明显领先于外资机构，2008—2018 年，R&I 和 JCR 客户数量稳定在 700 家左右，而标普和穆迪客户数量下降至 200 家左右，惠誉更少（见图 3-4）。

日本在引入外资评级机构的同时，本土机构也不断向境外拓展业务，国际话语权持续提升。JCR 是日本本土机构中国际话语权不断提升的典型代表。在取得境外地区资格认证方面，JCR 已获取美国、欧盟、土耳其、中国香港、泰国和印度尼西亚 6 个地区的评级资质。在境外机构设立与机构合作方面，JCR 持有土耳其和秘鲁两家评级机构 15% 的股权，并与巴基斯坦、印度、墨西哥和马来西亚的评级机构开展技术合作项目。在国际交流方面，JCR 在 2015—2018 年组织筹办了 35 次信用评级相关的国际研讨会，如 2015 年起每年召开的"东盟国家债券市场发展"日本国际合作机构（JRCA）知识共享培训会。

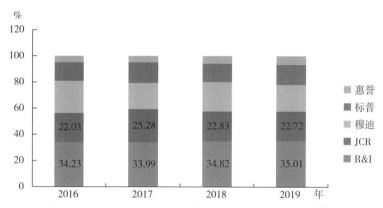

图 3-3　2016—2019 年日本各评级机构市场份额变动情况

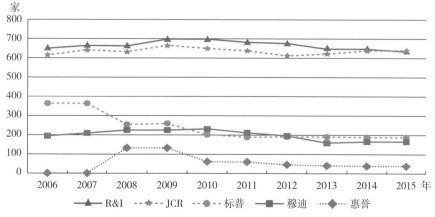

图 3-4　2006—2015 年日本评级机构主体客户数量变动情况

（资料来源：日本证券业协会）

韩国基本重复了欧盟的评级市场发展历程，外资评级机构利用韩国金融自由化和债券市场化改革的契机，通过控股本土机构主导韩国市场。韩国 1997 年正处于金融全面自由化、债券市场化改革和对外开放的特殊时期，政府为利用外资机构评级技术为国内债券化发行打下基础，同时试图凭借外资评级机构的国际影响力促进本土债券市场的双向开放，故逐步取消了外资持股本土评级机构的比例限制。外资凭借政策红利迅速展开与本土机构的技术合作，并谋求进一步控股韩国本土评级机构。穆迪与韩国投资者服务公司（KIS）于 1998 年签订合作与合资协议，并于 2007 年收购 KIS 51% 的股份；惠誉和 KR 于 1998 年签订技术合作协议，并于 2007 年成为其最大股东。

1997 年之后韩国评级市场规模快速上升，外资控股的韩国投资者服务公司（KIS）、韩国评级公司（KR）和本土评级机构国家信息与信用评价公司（NICE）三家机构市场份额相同。三家评级机构披露的资料显示，由于无担保债券发行量增加和资产证券化产品的发展，韩国评级市场存量评级数量由 1998 年的 300 期上升至 2020 年的 1200 期（见图 3-5）。韩国三大评级机构同质化竞争明显，三者市场份额不断趋同，2020 年三家评级机构所占市场份额的比重均为 33% 左右，外资控股机构合计占比约 64%（见图 3-6）。

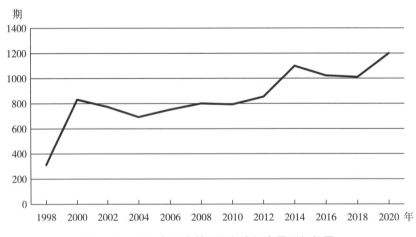

**图 3-5　1998 年至今韩国评级市场存量评级数量**

（资料来源：KIS、KR 及 NICE 官网）

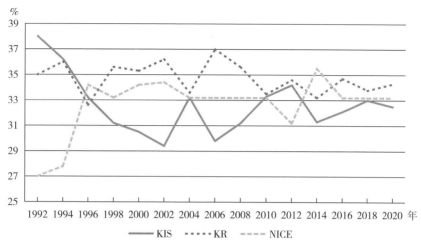

图 3-6　韩国三大评级机构市场份额变化 [①]

（资料来源：KIS、KR 及 NICE 官网）

　　从欧、美、日、韩各国信用评级市场的现实状况看，各国评级行业无论受市场因素驱动、监管因素驱动还是国内市场保护政策驱动，都在市场垄断层面体现出一定的统一性。即便评级市场具有一定的垄断特征，评级机构之间的竞争依然是相对充分的。

　　"声誉机制"在评级市场的竞争中首先起到了催化剂的作用，评级机构不会因为具有相对垄断的地位而对产品质量的把控有所疏忽。由于金融市场中信息不对称或信息缺失，市场难以确定债券发行人的信用资质，除了授予债券发行人级别以外，具有高声誉资本的评级机构更易被市场及投资者认可，受评债券可以以较低成本融资，故发行人或投资者均会选择高声誉资本的评级机构进行评级作业。同时，只要有少数评级质量的不准确就会对评级机构的声誉产生严重的负面影响，声誉机制首先约束了评级机构在产品质量上进行滥用市场地位的行为。

　　从定价机制上来说，评级机构也并不能因垄断地位而采取价格歧视的行为。虽然从 20 世纪 70 年代开始，评级机构的收费模式逐渐从投资人付费转向发行人付费，但评级机构在双边市场特征约束下并不会像传统垄断市场那样采取策略性定价，而是需要将定价机制与评级活动形成一定的隔离，用于向双边市场的参与方显示评级结果的公正性和透明度。从现实来看，无论是

---

① 由于 KIS、KR 及 NICE 基本垄断了韩国国内评级市场，文中韩国评级市场存量总量取为三家机构的总和。

发行人付费模式还是投资人付费模式，评级机构一般采取单一定价或成本定价模式，前一种模式下评级机构对主体评级或债项采取统一的单一定价，后一种模式下评级机构按照金融工具的复杂程度以融资规模的一定比例进行收费，一般不会超过 10 个基点（1 个基点为 1%）。

评级机构的垄断地位所带来的负面作用，主要体现为三大评级机构对各国本土市场的占有，以及评级变动对各国主权信用及资本市场信用带来的扰动，因此美国以外的主要国家对信用评级市场的监管重点之一，是如何保证评级市场开放的同时，能够使本土评级机构也获得一定的市场空间，并努力形成制约三大评级机构影响力的效果。

### （四）中国

相比欧美发达国家，我国信用评级市场规模依然相对较小，评级机构竞争程度较为严重。根据数据的可得性，以中诚信国际、新世纪、东方金诚、联合资信、大公国际和中债资信 6 家信用评级机构为例，2015—2019 年，6 家信用评级机构的总收入由 13.73 亿元波动增长至 16.25 亿元，其中 2016 年同比增长仅为 1.17%，2017 年随着业务的扩张大幅同比增长 12.89%，但 2018 年和 2019 年同比仅增长 2.74% 和 0.87%。

从市场结构来看，我国的信用评级市场竞争足够充分，并没有形成国际三大评级机构那样处在绝对领先地位的机构。对任何一个行业来说，只有存在优势企业，才有可能催生形成优势行业。从中国评级行业现状看，目前还没有形成存在绝对市场主导力量的评级机构。如表 3-14，根据交易商协会发布的 2021 年第三季度评级机构承揽债项情况，中诚信国际业务量占比为 34.8%，联合资信和上海新世纪业务量分别为 19.23% 和 17.02%，中证鹏元、大公国际和东方金诚业务量在 4%～11%。但整体而言，中国评级市场至少需要 2 家相对优势明显的评级机构，才能更有效地促进整个行业形成相对稳态的发展格局，减少不良竞争。

表 3-14　2021 年第三季度评级机构所评债券发行情况　　单位：只数，亿元[①]

| 评级机构 | 债务融资工具 | 企业债 | 公司债 | 金融债 | 资产支持证券 | 其他 | 合计 |
|---|---|---|---|---|---|---|---|
| 安融评级 | 0 | 1 | 14 | 0 | 1 | 2 | 18 |
| 标普（中国） | 1 | 0 | 0 | 2 | 3 | 0 | 6 |

---

① 中国证券业协会　交易商协会业务通报（中证协发〔2021〕272 号），债券市场信用评级机构业务运行及合规情况通报。

续表

| 评级机构 | 债务融资工具 | 企业债 | 公司债 | 金融债 | 资产支持证券 | 其他 | 合计 |
|---|---|---|---|---|---|---|---|
| 大公国际 | 64 | 17 | 35 | 3 | 20 | 2 | 141 |
| 大普信评 | 0 | 0 | 2 | 0 | 0 | 0 | 2 |
| 东方金诚 | 97 | 40 | 94 | 13 | 54 | 22 | 320 |
| 惠誉博华 | 0 | 0 | 0 | 2 | 4 | 0 | 6 |
| 联合资信 | 144 | 17 | 93 | 44 | 152 | 117 | 567 |
| 上海新世纪 | 110 | 28 | 74 | 46 | 169 | 75 | 502 |
| 远东资信 | 2 | 13 | 13 | 1 | 0 | 7 | 36 |
| 中诚信国际 | 275 | 55 | 213 | 30 | 233 | 222 | 1028 |
| 中证鹏元 | 55 | 64 | 112 | 6 | 52 | 33 | 322 |
| 合计 | 748 | 235 | 650 | 147 | 689 | 480 | 2949 |

　　评级机构在保障如此众多的债券发行的同时，自身的单位收费水平严重偏低。2019 年，分品种看，最高的公司债每只收费 42 万元，最低的资产支持证券每只收费 14 万元，平均每只 25 万元。如果从金额看更是少之又少，债务工具和企业债均为发行额度的千分之一左右，而金融债仅为万分之二，所有债项平均为万分之六。相对较低的单位收费水平也在很大程度上与人均创收较低直接对应，也是评级机构人才流失率居高不下的主要原因。

　　除此之外，随着评级市场扩容，我国评级市场的竞争激烈程度在不断抬升，出现了一定过度竞争的倾向。回顾我国评级行业的发展史，随着债券市场扩容、评级服务需求的增加，本土评级机构已经经历过多次扩容，从最初的 4~5 家扩容至目前的 13 家评级机构，如果考虑到新进入市场的 2 家外资评级机构，则当前市场上实际展业的信用评级机构已经达到 15 家。从机构数量来看，我国评级机构比美国 NRSROs 多出三分之二，而与之对比，截至 2019 年末，国内债券市场的规模还不到美国的 36%。

　　在相对有限的债券市场上，此前评级机构的每一次对内扩容均带来了更加激烈的市场竞争，在缺乏必要的监管及声誉约束机制下，行业内存在"级别竞争"现象，并带来市场对评级"虚高"的质疑。数据显示，伴随着评级市场的扩容，主体信用评级中枢也逐步上移。信用债发展初期，在相对较高的发债门槛下，进入市场发债的主体数量较为有限，发行人等级相对均匀地分布在 A+ 级至 AAA 级。2007 年末，市场上约 300 个主体评级记录，其中 AA 级及以上占比不到 50%。此后随着评级机构的逐步扩容，

在债券发行条件逐渐放松、市场快速扩容的过程中，中高等级债券发行人占比反而显著提升。截至 2020 年 6 月末，市场上主体评级记录已经超过 4600 个，其中超过 87% 的主体评级在 AA 级及以上。这其中，2007—2010 年以及 2011—2016 年，AA 级占比明显提升，分别从不到 20% 上升到 35%，又进一步提升至接近 50%，而 2016 年以来，AA+ 级及 AAA 级占比明显提升，二者在近五年时间分别提升了 9 个和 6 个百分点。进一步对内开放评级市场，评级市场扩容后能否带来"鲇鱼效应"，有赖于是否能形成有序竞争的评级市场环境，否则在无序扩容下，评级行业或将面临新一轮的评级中枢上移。

### 三、评级行业的定价模式分析

#### （一）投资人付费与发行人付费

作为风险定价的重要一环，信用评级对于金融市场的稳定运行具有重要意义。评级行业的特殊性要求评级机构在达到盈利目的之前要注重社会责任，发挥降低交易成本、提高资本市场效率的作用。合理的收费模式不仅应当保证评级机构的正常运营与发展，还应当确保评级结果的独立、客观、公正，能够有效解决交易双方信息不对称问题。

评级行业最初通过出版物发行的方式向投资人供给评级产品，在 19 世纪 80 年代，穆迪、标普等最早一批评级公司随着当时快速崛起的美国铁路和内河运输业发展而生，主要业务是向投资人提供铁路和内河运输公司的财务信息分析。为了使自己的财务出版物能更好地服务于投资人，评级公司针对当时的铁路产业债券进行了评价分析，并以简单的评级符号进行标识，作为公司财务出版物的增值服务。至 20 世纪 70 年代，三大评级机构主要依靠出售包含评级信息在内的专业出版物及行业研究报告等相关资料获取收入，这实际上是一种投资人付费模式，即投资人通过购买专业出版物或行业研究报告来获取评级信息。

从 20 世纪五六十年代开始，复印技术取得了长足进步，特别是静电复印技术的进步使得复印机成本更低、质量更好，复印机的出现使得评级机构的研究成果在一次出售后，开始出现大量低价复制品并在市场中广泛流通，由此评级机构的收入骤减，这推动评级机构开始调整对评级结果的展示方式和收费方式。从 1968 年起，除了销售出版物以获取投资人的付费，一些评级机构开始对地方债券实行有偿评级，即向融资方或发行人收取一

定的费用，随后从 1970 年起对公司债券也开始实行有偿评级，到 20 世纪 90 年代初，国际大型评级机构对除欧洲债券以外的所有债券均实行了有偿评级。

另外，随着第二次世界大战后 20 年美国经济的快速发展，各产业融资需求上升，债券发行品种和发行量激增，发行人也迫切需要了解自身在行业对比中的信用水平排序，为了降低价格发现的成本，发行人也愿意为具有公信力的信用评级产品付费。特别是对大型、具有良好市场信誉的评级机构来说，实际上是以自身信誉即未来的收益为其评级结果作了担保，能够得到投资者的普遍认同，在这种情况下，投资者愿意为其支付相对较高的费用而获得信息，但是如果评级机构提供的信息的质量以及自身的信誉，已经足以使投资者对其提供的信息形成一致的判断，从而采取一致的行动，这样就会形成"搭便车"的行为，无法通过出售给投资者的方式进行市场交易。而证券发行人也会因大型、信誉良好评级机构的评级产品可以节约资金成本而愿意支付这笔费用。这样，评级行业的付费模式逐渐从投资人付费转为发行人付费，并成为当前主流的评级市场付费模式。

从发达国家评级市场收费模式的历史看，中小型评级机构一般采取客户订阅的方法获得销售收入，大型评级机构一般都对提出评级申请的证券发行人收取评级费用。中小型评级机构的评级没有受评对象的评级申请，受评对象不会向他们提供公司未被公开的信息，因此，他们一般利用市场公开信息采用其特定的信用评级数量模型进行低成本评级，这些评级结果往往缺乏针对性与准确性，但是这种评级产品价格一般也比较低廉。

获得 NRSROs 资质的中小型评级机构大多采用向投资人收费模式。最具代表性的是克罗尔公司（Kroll）和晨星评级公司（Morningstar）。这些公司在设立初期采用向投资人收费模式，后来引入向发行人收费模式，拓展业务范围，目前 NRSROs 中只有伊根—琼斯（EJR）完全采用向投资人收费模式。因此，中小型评级机构一般在初期采用投资人付费的经营模式，通过执行严格的评级标准，在信用评级行业积累一定的声誉，之后随着评级业务不断扩展，最终转向发行人收费模式。实际上，付费模式本身也成为不同规模大小的评级机构间的一种价格竞争模式，不同的收费模式与其所处的发展阶段、市场地位、付出的成本具有一定的相关性。

值得注意的是，当评级市场上没有集中度较高的几家大型机构建立起足够的声誉机制及稳固的市场地位时，过多的评级机构进入市场有可能带来上

一节提到的过度竞争问题，从而产生较为严重的级别竞争问题，在发行人付费模式下，表现为一定的评级虚高问题。付费模式本身并不是造成级别竞争的唯一原因，评级市场的产业结构、竞争模式以及声誉机制的建立对于健康发展的评级市场尤为重要。

**（二）其他付费模式**

信用评级对发行人付费模式下可能存在"评级购买""级别虚高"等潜在利益冲突问题，特别是 2002 年的安然事件、2008 年国际金融危机及 2012 年欧债危机等重大风险事件发生后，评级机构的"失职"使得评级机构发行人付费模式广受质疑，主要监管机构和学术界也针对评级机构付费模式进行了多项研究。

1. 美国

2012 年 1 月，美国联邦审计总署针对信用评级机构的付费模式改革方案提交了一份研究报告——《信用评级机构：可供选择的全国认可的统计评级机构付费模式》，该报告提出了七种可供选择的模式。

1）随机选择模式（Random Selection Model）

在该模式下，仍由发行人支付费用，但其支付的费用不直接给信用评级机构，而是交由一个评级清算公司，再由该清算公司将该发行人的评级项目随机分配给一个评级机构。这个清算公司可以是非营利机构、政府监管机构（如 SEC）或者是公私合营组织（PPP）。该清算公司作为中间人，撮合发行人和评级机构进行报价、确认、初始评级及跟踪评级、费用清算。发行人向清算公司支付所有的评级费用及清算公司运营产生的费用，当评级活动结束时，再由清算公司将评级费用支付给评级机构。评级费用由清算公司根据被评级证券的种类来定，评级符号将免费向公众发布。

该付费模型将设计一个同业互评机制，用于激励评级机构保持竞争性。该机制包含了两个检验方法。第一，如果某一评级机构的某一债券产品的违约率与同行的违约率相差过大，该评级机构就会受到惩罚，如按百分比减少评级项目数量或者评级收入。第二，将某一评级机构的同一个级别下所有不同类型的产品进行收益率的对比，如果同一级别下的产品收益率不同，则该评级机构也要受到惩罚。

该模型的设计者称，这样可以切断发行人付费模式中发行人和评级机构之间的利益链条，尤其是同业互评机制可以很好地激励评级机构不断地改进评分模型。

2）投资人持股信用评级机构模式（Investor-Owned Credit Rating Agency Model）

在这个付费模式中，高端投资人，尤其是高尖端机构投资人，自行设立并运营评级机构，同时采用双评级机制。具体而言，每个发行人都必须付费获得两个评级，一个来自投资人持股的信用评级机构，另一个来自任意评级机构。只有投资人持股的信用评级机构发布了评级结果后，另一个评级机构才可以发布评级结果。

然而，只有达到"高尖端机构投资人"的标准才可以设立或者参股评级机构。为符合条件，投资人必须规模大、高端，管理有上十亿美元的资产，同时在评级过程中可以代表买方（buy-side）的利益，如黑石集团。投资人持股的评级机构可以是营利性的或非营利性的，评级费用由市场定价，评级符号和评级分析则免费向公众发布。

该付费模型的支持者认为，投资人持股的评级机构可以为评级市场带来新的竞争压力，更好地平衡发行人和投资人的利益。

3）独立模式（Stand-Alone Model）

在该模型中，评级机构不向发行人或投资人收取固定费用，而是在债券的首次发行和二级市场流通中收取交易手续费。发行人或二级市场卖方将支付一半的手续费，另一半则由买方承担。评级符号将免费向公众发布。

该模型的支持者认为，一个全新的付费模式可以让评级机构不再受发行人或投资人的影响，而专注于研究公平公正的评级。

4）指定信用评级机构模式（Designation Model）

在这个模型中，每当有新的证券发行时，证券发行人必须将有助于评级的信息提供给所有的评级机构。每个投资人依据对评级机构的了解，指定一个或多个评级机构参与评级，然后由第三方管理人进行费用的收集和分配。在证券的首次发行后，发行人继续向第三方管理人支付维护费用，并在证券到期时支付最后一笔评级费用。评级符号将免费向公众发布，而评级分析只提供给证券持有者及潜在的证券持有者。

该付费模型的设计者称，这样可以完全消除发行人付费产生的利益冲突。所有评级机构都可以浏览任何证券的相关信息，如果某评级机构的评级能力被广泛认可，那么该评级机构的盈利能力就越强。

5）评级用户付费模式（User-Pays Model）

在此模型中，发行人无须付费，而是所有的评级用户联合起来向评级机

构付费。只要已审计的资产负债表中有任何已评级的证券或贷款，该公司就可以作为评级用户，如长期或短期的固定收益产品持有人，此信用评级的利益相关人，或此信用评级产品的衍生品的利益相关人。具体的收费行为由第三方审计公司完成，所有的评级用户必须向审计公司缴付费用。

该付费模型的设计者称，此举可以避免"搭便车"行为，确保所有的评级用户都为评级结果付费。

6）另一种评级用户付费模式（Alternative User-Pays Model）

该模型建议集中使用债权人的资源，由政府机构或独立董事会运用这些资源提起评级请求，信用评级机构通过投标取得对产品进行评级的机会。该政府机构或独立董事会将在债项发布前招标，所有的招标费用和管理费用从用户费用中扣除，用户费用则是从债项首次购买者支付的交易手续费中得来。在招标过程中，政府机构或独立董事会将根据评级机构的报价、尽职程度以及信息披露程度进行选择。

据该付费模型的设计者称，这种评级用户付费模式更可靠，因为评级用户可以要求评级机构向债权人履行汇报义务。同时，这个模型还会建立一个债权人委员会，用于帮助债权人监控评级过程并向评级机构申诉。举个例子，可以规定评级机构必须每季度汇报证明其已对债券发行人的财务状况进行尽职调查和风险分析。

7）发行人和投资者双重付费模式（Issuer and Investor-Pays Model）

发行人和投资者都要付费。最初，信用评级机构被放置在一个连续的队列中，当某一个信用评级机构的号码出现时就由它进行评级，然后基于评级机构的表现分配最终利润。当时间长了后，表现优秀的评级机构可以分配到更多的评级项目，评级机构的表现则根据评级项目的违约率和回收率判定。为了确保公平，每个评级项目都必须由两至三个评级机构进行评级。

评级费用来自债项发行人和二级市场的交易手续费。所有的评级费用将汇总到美国评级基金，定期清零归总。该基金将效仿市政证券规则制定委员会（Municipal Securities Rulemaking Board），资金收集上来用于支付评级费用和跟踪管理费用。该基金的职责类似于自律组织，负责向美国证券交易委员会（SEC）汇报评级机构的资质情况，而且其经手的所有评级报告都将在网上免费公开。

该付费模型的设计者认为，这样一来评级机构就有了进行公正评级的动机，而且所有的评级行为都将时刻被自律组织监管。

2. 欧盟

欧盟针对信用评级机构付费模式改革，于2011年发布了一篇工作底稿《关于信用评级机构的民意征询》（*Public Consultation on Credit Rating Agencies*），该底稿中除提出投资人付费外，该报告提出了其他四种可供选择的评级付费模式。

1）基于评级结果付费模式（Payment-Upon-Results Model）

考虑到信用评级本身具有前瞻性，所以可根据长期以来评级结果的准确性来决定评级机构的报酬。具体而言，将所有评级机构报酬的一大部分放进一个共同基金中，评级机构可以根据需要向该基金借钱以支付运营费用。

2）交易平台付费模式（Trading-Venues-Pays Model）

为了替代发行人付费模式，可以设立一个交易平台，由平台代为支付评级费用。对于未在该平台注册的发行人或证券，可以使用前文提到的投资人付费模式。

3）政府租用模式（Government as Hiring Agent Model）

该模式类似于美国提出的随机选择模式——设立一个独立的信用评级委员会，会员由监管人员、发行人代表、投资人代表和信用评级机构代表组成。评级项目由委员会随机或依据提前规定的条件进行分配，而发行人不满意时可以选择1）不采用分配的评级机构给出的评级结果，或者2）额外再雇佣一个评级机构进行评级。因为评级机构是由独立的委员会分配给发行人，可以有效地避免"评级购买"的行为。

4）公共事业模式（Public Utility Model）

由政府出资设立一个评级机构，专门用于对市场上已有的评级进行再评级。投资人可以将政府评级机构给出的评级结果与私营评级机构进行比较。

3. 英国

2011年，英格兰银行在其《金融稳定报告》中提出，应该通过实施结构性改革解决利益冲突问题，并提出了投资人付费之外的另外两种可供选择的评级付费模式。

1）评级清算所模式（Ratings Clearinghouse Model）

不少政策制定人和经济学家都提议设立一个评级清算所，就像美国《多德—弗兰克法案》中随机选择模式中提出的评级清算公司。由一个独立的政府机构作为评级清算公司，向发行人收取费用，随机安排评级机构对发行人进行评级。

2）公共评级机构模式（Public Ratings Agency Model）

该模式完全抛弃了市场化的信用评级机制，由政府成立一个公共评级机构，对发行人及证券进行评级并公布评级结果，在此过程中不向市场收取任何费用。

综上所述，金融危机以来欧美国家针对评级机构收费模式改革设想的两大方向，一方面在于要设立独立的第三方机构作为中间人，隔断信用评级机构和发行人之间的利益链条，保证信用评级机构的独立性，另一方面则在于改变评级费用仅来源于发行人这一模式，包括引入投资者付费模式，或由投资者与发行人共同付费，或由政府部门成立公共评级机构来提供评级服务。然而，针对评级付费模式的改革虽然引发了诸多讨论，在具体的实践中却并未落地，目前大多数评级机构仍主要采取直接向发行人收费的模式进行盈利，采用投资者付费模式的信用评级机构较少，实践中也尚未存在通过第三方机构支付评级费用或者由公共部门提供评级服务的现象。

# 第四节　评级流程与评级技术

在对信用评级市场的产生与发展、产品以及质量检验、产业组织与竞争状况加以介绍和分析之后，本节着重从实务层面对信用评级的操作流程及技术体系进行简要介绍。

## 一、信用评级的流程

信用评级流程是评级机构开展评级业务所涉及的一系列工作程序的统称。科学合理的评级流程有利于提高评级业务的独立性与规范性，确保信用评级工作和评级报告的质量。在实际操作中，各国监管部门以及自律组织已经出台许多规范性的要求，但随着评级业务的不断深入和评级产品的日益丰富，评级流程仍需要不断改进以适应宏观环境、金融市场及评级技术自身的变化。

总体来看，国内外评级机构的评级流程基本类似，大体可分为项目启动前的评估、评级项目启动、获取并审查评级信息、使用模型初评、组织召开评审会议、评级结果发布、开展跟踪评级等主要步骤。

### （一）项目启动前的评估

项目启动前的评估对保障业务开展、提高评级质量具有重要意义。通过

在前期对影响项目正常推进的潜在因素予以评估，有利于项目后期的顺利推进，从而最大限度地降低评级机构自身的经营风险。同时，对于创新业务或委托主体提出的个性化评级需求，评级机构也需要综合评估自身的评级能力后才能确定项目可行性，从源头上确保评级质量。国际评级机构在操作流程中专门设立了项目评估机制（如惠誉的交易筛选委员会、日本评级机构 JCR 的项目评估制度等）。评估内容主要包括两个方面：一是评估信息充分性、数据可得性等开展评级项目的外部条件是否具备；二是评估评级机构自身是否具备相应的评级能力。

**（二）评级项目启动**

项目启动后，评级机构会根据受评对象性质组建相应的项目团队，团队成员在构成上兼具稳定性与灵活性。在一般情况下，国际评级机构至少会安排项目负责人和辅助分析师两名成员（通常为固定搭配，默契程度更高）。项目负责人主要负责同发行人进行沟通、安排召开评审会议、出具建议级别等；辅助分析师主要为其提供支持。如碰见评级对象较为复杂、项目时间紧等特殊情况，也会灵活调用更多人员参与，以更好地满足项目要求。值得关注的是，国际评级机构十分重视防范利益冲突，为此制定了分析师轮换制度（Rotation Policy），规定单个分析师连续为特定受评主体进行信用评级的时间不宜过长。

在时间安排上，根据受评对象所属评级领域、行业以及性质的不同，评级项目周期的长短也有所差异。图 3-7 为穆迪对评级流程的主要步骤与大体时间安排，项目周期约为 60 天，惠誉的评级项目周期一般为 4~8 周。

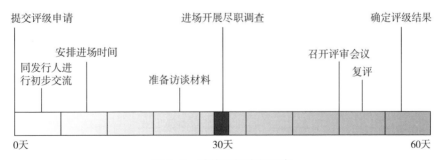

图 3-7　穆迪评级流程示意

**（三）获取并审查评级信息**

作为开展评级业务的基础资料，评级信息的质量和充分程度直接关系到评级结果的准确性。在评级信息管理上，国际评级机构有两个方面值得关注：

一是多管齐下，利用不同渠道获取信息。归纳起来，国际评级机构评级信息的获取渠道大致有以下四类：（1）从发行人或主承销商处获取。不论是主动评级还是委托评级，国际评级机构均会邀请发行人共同参与，并在此过程中通过现场访谈、发行人来访、电话和邮件交流、召开电视电话会议等形式深入了解受评主体情况。（2）向独立第三方购买数据。对于评级过程中可能涉及的行业研究、宏观分析、经济金融数据等信息，国际评级机构均有选择性地购买第三方产品。（3）收集公开信息。作为评级信息的重要来源，公开信息的收集工作一般由辅助分析师完成。但随着业务覆盖范围的不断扩大，业务种类不断增加，国际评级机构已经专门组织团队负责收集所需的公开信息。例如，标普在印度设立了3000人的专业团队，负责在全球范围内通过公开渠道收集和处理财务信息，以用于信用评级和其他业务当中。（4）内部数据积累。国际评级机构十分注重自身数据积累，都设有内部数据库，同时还就违约案例、回收案例进行研究为评级业务提供相应的支持。

二是严格审核，确保评级信息质量。在信息质量控制方面，国际评级机构大致有以下三类做法：（1）建立信息质量标准。例如，标普设立了相应的标准，将以下四类信息视为可靠信息：（a）经过独立审计的财务信息；（b）按照相关法律或监管要求进行的信息披露或募集说明书中披露的信息；（c）由发行人或相关第三方提供、准确性受到法律约束的信息；（d）当发行人或相关第三方提供信息的准确性未受到法律约束，但信息披露主体有向评级机构或公开市场提供准确信息历史的。（2）在评级流程的不同环节加强信息质量审核。例如，穆迪采用双重把关的做法，在项目成立之初由项目负责人对信息质量和充分性进行初步判断，并在评审会议环节由评审委员对信息进行二次评估。如果项目负责人或评审委员认定评级信息质量不过关或是信息不够充分，将中止评级项目或撤销已有评级。（3）建立评级信息可参考性评估框架。例如，穆迪建立了企业财务数据可参考性的评估框架，围绕信息完整性、信息与评级要素的相关性两个方面将特定领域财务信息划分为较为有用、有用、一般有用以及不可用四类，以便在评级过程中做参考。

此外，由于国际评级机构普遍在全球开展业务，而各国各地区会计准则不尽相同，这就要求其在信用分析前对财务数据进行调整以提高全球评级体系下级别的可比性。以穆迪为例，其制定了统一规则对受评主体的财务报表进行调整，以增强不同会计准则下、不同受评主体间财务指标的可比性。

### （四）使用评级模型初评

随着评级技术的不断发展，信用分析过程逐渐由以定性分析为主向定性分析和定量分析相结合转化，评级模型的作用也日益凸显。尽管在工商企业、主权评级等部分项目中，定性判断仍然占有较大比重，但在结构化金融产品等复杂对象的评级过程中，定量模型却扮演着重要角色。从国外情况看，国际评级机构非常重视定量模型的研发，标普仅在金融机构、结构化产品评级领域的定量模型就已多达上百个。

由于模型的种类众多，版本新旧也各不相同，在评级模型的管理上，各家机构也按照适用对象或复杂程度不同对模型实行分类管理，提高模型管理工作的规范性。例如，惠誉将模型划分为三类：第一类模型（如蒙特卡洛模拟等）较为复杂，需要采用专业软件进行运算；第二类模型（如打分卡模型等）的运算过程相对较少，可通过电子表格进行运算，但此类模型同样具有一定的复杂性；第三类模型最简单，其计算通过电子表格便可完成。穆迪则对评级模型进行及时更新，统一编号并标记出验证状态后上传至内部网站供分析师下载。为保证评级模型的正确使用，国际评级机构还专门制定了模型操作指引为分析师提供指导。例如，穆迪要求分析师使用模型时应重点关注以下三个方面：（1）模型版本的确认，分析师在使用模型前，需确认其使用的模型是否为最新版本；（2）信息来源以及输入的正确性，模型输入的信息均要注明信息来源，项目分析师负责对输入数据的完整性、合理性进行审查；（3）模型错误的反馈，分析师如果在使用中发现模型中存在系统性错误（如模型编程错误等）应及时向有关部门反馈。

### （五）组织进行评审会

由信用评级委员会召开的评审会议是评级机构确定评级结果的重要环节。对于出具的正式评级，国际评级机构均要求召开评审会议对等级的评定和调整等事宜进行最终的表决，以确保评级质量和独立性，提高评级一致性与可比性。

从组织形式来看，由于国际评级机构覆盖的评级领域和地区较广，且不同领域所采用的评级方法、所需的专业知识也不尽相同，国际评级机构在实践中通常根据不同评级领域和地区分别组织评审会议，以提高等级评定的专业性。以穆迪为例，除主权评审会议在全球范围内组织召开外，其他产品的评级均在各自地区内按照相应评级领域分别组织评审会议。但在部分情况下（如受评主体跨领域或跨区域经营）也可能组织跨区域或跨领域的评审会议，

邀请受评主体所涉及的多领域及多区域的分析师参加会议。同时，国际评级机构评审会议的人员构成也较为灵活。除主权评级外的其他领域的评审会成员一般不固定，而是根据受评主体和项目需要临时组织评审会议，但对在评审会议中有主持资格、投票资格人员的条件和要求予以明确规定。并且，评审会成员的规模和专业结构均要求同特定受评主体性质和评级复杂程度相匹配，以兼顾评级专业性与决策效率。

评级机构在评审会议的组织和召开流程中有以下特点值得关注：（1）运作过程中不同参会人员各司其职。评审会议的参会人员按其职责和权限不同大致可分为：评审会主持人、项目负责人、投票委员以及其他参会人员等。评审会主持人通常负责在会前与项目负责人共同确定参会人员和投票人员，并审核上会材料的完整性。在讨论过程中，其有义务推动参会人员积极参与并充分表达观点，引导大家讨论与受评主体信用状况较为相关的问题。当参会人员同项目分析师的观点分歧不大或没有分歧时，评审会主持人还可能主动提出一些对立和启发性的观点以确保有关问题从多个角度得到讨论。在评审会议的运作过程中，国际评级机构对项目负责人则赋予了较大的主动权。评审会议通常由项目负责人发起和召集，会议主持人通常由项目负责人从有主持资格的人员名单中选取，有的评级机构项目负责人还可在项目之初，根据情况从信用评审委员会成员名单初步拟定投票人员，并在项目初期就邀请其共同参与同发行人的交流，使得评审委员在项目前期就能够介入，加深对受评对象的了解。此外，在评审会议中，项目负责人还负责详细介绍受评主体情况，并给出建议级别供大家讨论。不具有投票资格的参会人员在讨论过程中也需要做出观点贡献。在穆迪，即使没有投票资格的参会人员也都要求当场给出建议级别和评定理由，因为穆迪认为只有多角度充分的讨论才能最大程度上提高评级的准确性，而分析师对于评级机构的价值和贡献就是提出自己的观点。（2）评审会议的投票。国际评级机构一般采用公开投票的方式，并在投票顺序上遵循"项目负责人优先、级别由低到高"的原则，以避免高级别成员对于低级别成员造成影响，项目负责人一般参与投票。在通过票数上，一般只要超过50%便认为级别有效，但如果出现受评主体市场影响力较大、资本市场波动对其级别变化较为敏感的情形，通常要求让更多成员达成共识。（3）内部复评。国际评级机构多设有内部复评环节。在评审会议得出评级结果但未通知发行人情况下，满足一定职级和资历要求的分析师如果认为存在诸如评级机构获得了某些重要信息但未在评级中使用、首次评级的评

审会议人员构成不合理等情况时，可申请对级别进行重新审查。（4）评审会议的召开形式。国际评级机构的评审会议一般以现场讨论形式召开，但出于简化流程、提高效率的考虑，在部分情况下也会通过电子邮件、电视电话会议等简化形式召开，但对于简化形式召开的情形各家机构均有严格规定。

### （六）评级结果发布

评级结果通常以评级公告的形式向市场发布，但发布前需要与发行人进行沟通。如果受评主体对级别存在异议，可向评级机构申请外部复评。外部复评通常只有在受评主体提供有效补充材料且评级机构认为该信息对评级有实质性影响时才会启动。评级机构对于发行人提出复评申请的时间限制通常为告知发行人评级结果后的几个小时之内，但对于书面材料的提交时间可适当延后。评级机构规定，受评主体不得仅仅因为对级别不满或想延迟级别发布而申请复评。如果受评主体认可评级结果，评级机构将就其准备的评级公告向发行人征求意见并于随后向市场披露。

国际评级机构通常就公告内容同发行人进行沟通，以避免出现事实性错误或披露非公开信息。国际评级机构对评级公告的最终内容保留决定权，其可以拒绝发行人提出的修改要求（除非公告中出现了明显的事实性错误或是披露了非公开信息）。在沟通中，评级机构通常会将审阅评级公告的时间限制告知发行人，如果未在规定时间内得到反馈，其将直接发布评级公告。由于信用评级结果对债券市场而言属于敏感信息，国际评级机构在级别得出与级别对外披露间的时间间隔一般较短，以避免出现信息不公平性等问题。为此，国际评级机构通常尽量合理安排评审会议的召开时间，以确保评级结果在最终确定后能够及时披露。例如，穆迪通常避免在可能同发行人联系存在困难的时间段（如长假之初、周五下午 3 点以后等）召开评审会议。如果上述情况无法避免，则该机构将推迟评审会议的投票环节，以确保评级结果能够及时通知到发行人后得以对外披露。而在级别发布时间节点的选择上，国际评级机构通常会避开敏感时期，考虑评级结果是否影响资本市场的正常运行、是否可在市场上广泛传播等因素。

### （七）开展跟踪评级

在信用评级的有效期内，评级机构需要对评级对象信用状况的影响因素进行持续跟踪和分析，以及时反映受评主体信用状况的变化情况。2008 年国际金融危机以来，三大国际评级机构均根据其在危机期间暴露出来的问题采取措施，增加跟踪评级资源、改善跟踪评级方法。目前，国际评级机构对公

开发布的评级结果均进行持续的跟踪，有以下三个方面值得关注：

一是对部分评级领域单设跟踪评级小组。通常情况下，工商企业跟踪评级由首次评级的分析师负责，而结构化产品的跟踪评级由于需要监测的定量指标较多且较为倚重定量工具的使用，国际评级机构对其设有专门的跟踪小组。根据所掌握的资料，穆迪在公共金融评级领域也专门设有跟踪评级小组。

二是使用多种跟踪评级工具。为确保评级跟踪的及时、准确，国际评级机构根据其在跟踪过程中需要监测的市场指标、受评主体状况等信息使用已有量化工具或专门开发跟踪评级工具。例如，三大国际评级机构均将债券CDS定价信息视为重要的跟踪评级参考指标，并在跟踪过程中使用市场隐含评级。标普针对部分结构化产品还专门开发了跟踪评级模型。

三是定期跟踪和不定期跟踪相结合。一般而言，定期跟踪按照年度进行，不定期跟踪则有两种情况：（1）评级方法调整后对级别的重新评估；（2）突然发生对评级产生影响的重要事件，如任何经营、财务、操作或其他事件导致的评级调整。以标普为例，其根据跟踪得到的信息进行实时调整，而调整频率以及幅度主要视以下几方面因素而定：（1）受评主体财务公开信息和按照监管要求披露的信息的更新频率；（2）特定交易信息的更新频率；（3）同信用分析相关的其他信息的更新频率；（4）对受评主体信用状况有重大影响的事件；（5）宏观经济环境或金融市场环境的变化；（6）同受评主体信用质量相关的特定风险要素的变化。

## 二、信用评级的技术体系

信用评级的技术方法体系是评级机构所遵循的整体技术框架，这套技术框架一般包括评级原则、长期和短期信用评级分析框架、债券评级的其他考量因素和评级技术工具等。

### （一）评级原则

从评级原则上来讲，除了各个评级机构都普遍秉承的真实、独立、客观、公正四原则，信用评级分析还往往需要注意以下原则：

注重历史分析与前瞻判断相结合的原则。比如中诚信国际的评级原则中还包括一致性、前瞻性原则，对应的则是信用评级本身既需要基于历史使得信用评级可以在纵向上进行比较，还需要对未来发生的违约风险进行预先判断。信用评级产品需要展示出较高的评级质量，就需要使信用评级技术体系能够不断地迭代演进，即不断地将新发生的信息作为历史信息纳入评级模型

中，并根据新的信息验证此前的评级方法、评级技术是否合理。只有经过较长历史数据的对比和积累，评级机构才能建立起真正的市场声誉，与其他评级机构相比，三大评级机构建立的市场优势主要取决于其拥有上百年的历史与前瞻的结合经验。

注重客观与主观相结合的原则。信用评级是对违约风险的评估判断，而违约风险本身则带有被评对象的主观偿债意愿，且包括行业发展环境、公司治理结构、公司战略决策等问题很难通过客观数据加以分析，因此评级分析人员以及信用评审委员会的主观经验在评级过程中会起到重要作用。即便随着统计和数据分析技术的发展，评级技术体系看上去越来越"客观化"，但是由于市场风险无法完全量化，分析人员的主观经验和判断依然能发挥重要作用。

注重顺周期与逆周期相结合的原则。目前有两种不同的评级哲学，"即期评级 PIT"（Point in time）和"跨越周期的评级 TTC"（Through the cycle）。它们对评级的准确性和稳定性的侧重点不同，两种评级结果的使用也不同。一般地，在宏观经济环境较好时被评对象的经营、收益及偿债能力得到有力的支撑，但评级机构主要还是应当区分并甄别经济当中的经济周期因素，这样才能更好地把握受评对象的长期信用基本面，同时也有利于使评级结果更加稳定。

**（二）长期信用评级分析框架**

评级机构的长期信用评级分析一般包括宏观经济分析、行业和监管分析、个体信用分析三个层次。

宏观经济环境对被评主体的信用状况产生重要影响，宏观环境分析中一般要包括对于宏观经济当前及未来走势的分析与判断、宏观调控政策的导向、宏观经济运行过程中可能存在的潜在风险等。

行业分析一般包括行业法规、产业政策、行业发展周期、行业竞争格局、行业标准和技术变化，以及行业发展面临的问题和风险等内容。

个体信用分析则更加详尽，对于债券融资工具来说一般还需要区分主体信用评级与具体的债项评级。以企业主体的信用评级来说，一般需要首先分析该企业的基本状况，包括：（a）经营历史信息：主营业务、股权结构、隶属关系、主要交易对手等；（b）人员情况：公司高管构成及相关经验，员工学历及稳定水平等；（c）公司治理：法人治理结构、管理体系、集团公司分析等（见图3-8）。

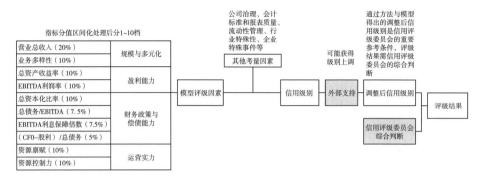

**图 3-8 评级信用分析框架**

在对企业基本情况有所把握之后，财务分析是对企业主体进行信用状况判断时主要依据的客观信息，公司的运营绩效一般可以通过财务数据有所反映。财务分析的目的是评价公司会计、财务政策的风险取向，财务数据所体现的资产构成及质量，负债构成及负债水平，主营业务收入、利润的构成及盈利水平等。具体包括以下层面：

（1）近三年及最近一期财务资料来源、审计结论等；财务分析以合并报表为主，并根据募集资金的用途、母子公司的资金往来关系等，对公司本部及主要子公司报表进行辅助分析；对合并报表范围及其可比性进行分析。

（2）财务政策，包括股权、债权融资政策，长期、短期债务融资政策、对外提供担保政策、财务风险控制政策等，分析公司经营者的财务政策是趋于稳健的还是激进的，以判断公司的整体财务风险。

（3）资产构成及资产质量，包括近 3 年资产结构及变化趋势，近 3 年资产质量及变化趋势。分析资产的真实价值是认定公司资产质量的关键。资产质量主要分析：应收款项的账龄与准备计提情况，应收款项的集中度，主要欠款单位的资信状况；存货质量，产成品的库存时间与周转情况、坏账准备计提情况等；长期投资、短期投资的质量与投资回报情况，以及短期投资的流动性，被投资公司近几年的经营状况，坏账准备计提情况等；固定资产的成新率、闲置、报废等情况；经营性租赁资产情况；无形资产的评估增值等。

（4）负债构成及负债水平，主要分析公司的资本实力、债务结构与负债水平，了解公司理财观念和对财务杠杆的运用策略。包括：（a）股东权益的构成结构与稳定性，股东权益的质量，资本实力；（b）公司的利润分配政策、资本金增加的机制与政策等；（c）近 3 年债务特征及变化趋势，包括债权人、金额、偿还方式、期限、利率、担保方式等；债务期限、币种结构及其变化

趋势；全部债务的偿还期限分布、偿债计划；（d）近3年负债水平及变化趋势，包括资产负债率、长期债务资本化比率、全部债务资本化比率等，以及变化趋势；担保比率及其变化趋势；（e）目前获得银行授信情况（包括总额、授信银行及授信额、授信条件等）；对于集团公司，应分析本部及汇总的银行授信情况；（f）对外担保情况（主要包括被担保人、担保性质、金额、期限、逾期情况、被担保人资信情况）等；（g）未来3年的债务水平预测。根据经营预测、投资计划、筹资计划等对未来3年短期债务、长期债务和负债水平做出预测。

（5）盈利能力。主要分析主营业务收入、利润的来源和构成，并对影响公司未来营业收入、利润的主要因素及其变化趋势做出判断。包括：（a）近3年主营业务收入、主营业务利润的稳定性与变化趋势；（b）近3年净利润状况，包括稳定性、变化趋势与扣除非经常性损益后净利润状况；（c）盈利水平，包括主营业务利润率、总资产报酬率、总资本收益率、净资产收益率等；（d）经营活动的获现能力，分析现金收入比率、现金利润比率等指标；（e）与同行业主要竞争对手的比较，分析公司在同行业中的竞争力，产品定价空间，并由此判断公司能否保持现有的市场份额与盈利水平；（f）分析固定费用负担（如利息支出、汇率变化、提取坏账准备、资产损失、子公司股权收益/损失、诉讼准备等）对公司经营业绩的影响；（g）未来3年的盈利能力预测，根据经营预测、债务预测等，对主营业务收入、净利润、折旧、摊销、利息费用等做出预测。

（6）偿债能力分析。偿债能力分析的目的是评价公司的债务偿还信用记录，债务偿还能力。包括：（a）近3年信用记录，包括银行借款、公司债券、短期融资券等债务偿还情况；（b）整体债务短期偿债能力，包括近3年流动比率及其稳定性与变化趋势、速动比率及其稳定性与变化趋势、筹资活动前现金流量净额利息偿还能力及其稳定性与变化趋势、筹资活动前现金流量净额本息偿还能力及其稳定性与变化趋势；（c）整体债务长期偿债能力，包括近3年EBITDA利息保护倍数及其稳定性与变化趋势、债务保护倍数及其稳定性与变化趋势、筹资活动前现金流量净额债务保护倍数及其稳定性与变化趋势、在考虑债务期限结构情况下的偿债能力、考虑对外担保情况下的偿债能力，并分析公司或有负债的风险及其对公司偿债能力的影响、未来3年EBITDA利息保护倍数及其稳定性与变化趋势及债务保护倍数及其稳定性与变化趋势，偿债高峰及未来3年到期长期债务偿还能力。

### （三）短期信用评级分析框架

短期信用分析主要分析公司的资产流动性、现金流状况、短期偿债能力等，并对公司未来 2～3 年的现金流进行预测分析。

在资产流动性方面，主要分析要点包括：近 3 年总资产的构成情况，流动资产占总资产比重及发展趋势，近 3 年现金类资产（货币资金＋应收票据＋短期投资）、应收账款、存货、其他应收款等总量、构成、增长率、质量（准备提取等）及流动性（特征或期限分布、周转等）分析；在持续经营情况下，其他资产的流动性分析。

在现金流分析方面，主要包括当前的现金流状况分析以及未来 3 年的现金流预测。主要要点包括：经营活动现金流入、流出、净额及其构成、稳定性及变化趋势；投资活动现金流入、流出、净额及其构成、稳定性及变化趋势；筹资活动现金流入、流出、净额及其构成、稳定性及变化趋势；经营活动现金流量净额、筹资活动前现金流量净额、稳定性及变化趋势；现金收入比率、现金利润比率及变化趋势等。

在短期偿债能力分析方面，主要包括以下要点：近 3 年公司流动负债、短期债务变化趋势；流动比率、速动比率的变化趋势；短期资金长期化使用情况；近 3 年经营现金流动负债比率及其稳定性与变化趋势；筹资活动前现金流量净额利息偿还能力、筹资活动前现金流量净额本息偿还能力的稳定性与变化趋势。

### （四）债券评级的其他考量因素

除基本的分析框架外，债券评级还需要充分考虑发行用途、债券特殊条款（债券保护条款）、债券担保以及是否为可转换债券等因素对信用等级的影响。

发行债券募集资金用途主要包括用于长期投资项目、收购兼并、补充流动资金、调整债务结构等，要分析募集资金用途是否合理，以及募集资金使用后对发行人生产经营产生的影响。募集资金用于长期投资项目的，应分析项目的概况、投资概算、资金来源及落实情况（包括自有资金、银行贷款、拟使用发债资金额度及其他资金等）、项目经济效益、项目建成投产后对公司经营的影响以及最新的项目进展情况等；用于收购兼并的，应对收购兼并项目可行性进行简要分析。

分析债券发行后可能对主体信用等级带来的影响，主要是分析债券发行后对公司现有债务结构、负债水平及再融资空间的影响。

债券保护条款，即发行人在发行债券时，制定或提供的特别保护措施，如规定债务的优先偿还顺序、由第三方提供保证、公司建立偿债基金、对公司的利润分配进行限制、公司以自有的资产提供抵押、公司在资本市场再融资的便利条件、银行等提供融资便利和授信等。

对于债券保护条款，要分析和判断其对债券信用等级的提升程度。担保不能简单取代借款人的信用状况，担保并不一定确保债券得以偿还。担保是防范债券偿还风险的重要措施。担保为债券的偿还提供了一个可以影响或控制的潜在还款来源或第二还款来源，在一定条件下，担保就会变成现实的还款来源，担保对发行人及担保人具有提示和督促作用，担保条款和担保人的财务实力决定了担保对债券信用的提升程度。

在分析债券担保方担保实力时，主要看担保方的主体信用状况及担保条款。担保人的信用等级或信用状况与所担保的债券的信用等级之间有下列关系：如果担保方的信用等级或信用状况高于发行人的信用等级或信用状况，则对债券有信用提升作用，担保方的信用等级是其对所担保债券信用等级可以提升的上限，以不可撤销的连带保证责任担保为例，债券的信用级别即可等于担保方信用级别。但是，如果担保条件或约束力不足够强，则不一定能够把债券提升到担保方的信用水平。如果担保方的信用等级或信用状况不高于发行人的信用等级或信用状况，则对债券信用提升作用不明显甚至没有作用，担保方的信用等级与其所担保债券信用等级关系不明显。

对于可转换债券，由于其与一般公司债券具有共同特征，二者所面临的风险因素是相似的，评级的目标是相同的。在对二者进行评级过程中，所要考虑的有关问题、考察的有关影响因素是基本相同的，因此，对可转换公司债券开展资信评级的过程与普通公司债券基本一致，采用的评级方法与评级体系也基本一致。与普通公司债券相比较，可转换公司债券具有在适当时机与条件下转换为普通股票的特性，如果可以肯定所进行评级的可转换公司债券，在约定时间内可以全部转换为普通股票，那么其偿还风险将变为零。

在实际评级过程中，为从风险最大化、信用级别保守化角度考虑，将可转换公司债券完全等同于普通债券进行风险考察。但在整个转换期内，通常总会有部分或全部可转换公司债券转股成功，如果这样，公司需偿还的债务额将发生变化，资本结构也将发生变化，这将对所评级的可转债的信用等级产生积极影响。因此，在确定最终级别时，在按普通公司债券风险程度分析评估的基础上，还应考虑以上因素，对最终级别进行适当修正。在正常情况下，可转换公司债券的信用级别应不低于同规模的普通公司债券的信用级别。应分析债券期限与转换期限、转股价格及其修正条款、赎回与回售条款等影响转股的因素，判断转股可能性。对分离交易的可转换公司债券，要分析股票市场行情及公司股价趋势，分析认股权证行权的可能性及行权后对公司资本结构和偿债能力的影响。

**（五）评级技术工具**

企业发展的外部宏观、行业情况以及内部的财务数据信息，最终要通过量化模型转化为信用等级，一般而言，量化模型根据行业不同、金融工具品种不同、发行人性质不同具有较大的差异，一般可以分为打分卡模型、违约模型、现金流模型等几种。

以主体信用评级打分卡模型为例，包括数据获取、数据处理、变量选择、模型开发等流程步骤。其中在数据预处理阶段，主要工作包括数据清洗、缺失值处理、异常值处理，主要是为了将获取的原始数据转化为可用作模型开发的格式化数据。在变量选择阶段，主要是通过统计学的方法，筛选出对违约状态影响最显著的指标。主要有单变量特征选择方法和基于机器学习模型的方法。模型评估，该步骤主要是评估模型的区分能力、预测能力、稳定性，并形成模型评估报告，得出模型是否可以使用的结论。在信用评分阶段，一般是根据逻辑回归的系数和证据权重系数（WOE）等确定信用评分的方法，将 Logistic 模型转换为标准评分的形式。在建立评分系统阶段，根据信用评分方法建立自动信用评分系统，最后便将打分卡上录入的数据转化为初始信用等级（见图3-9）。

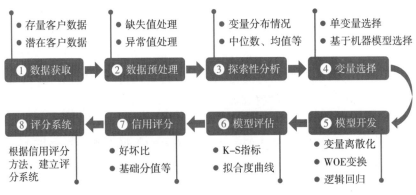

**图3-9 信用评级打分卡模型流程**

在对一些主体进行信用区分时有时也会用到违约模型，即判断该主体是

否处在违约区间。违约模型通过考察模型对客户按风险排序的结果与实际发生违约的结果之间的一致性来判断模型的准确性。在有效的情况下，模型会赋予那些容易违约的主体低评分值，同时赋予那些不易违约的主体赋予高评分值，从而体现模型的区分能力：区分能力越高则说明模型越好，反之则说明模型越差。根据这一原理，在信用评分模型的评价准则中，K-S 统计量由于计算简便、易于理解，而成为少数几个被广泛使用的评价指标之一。K-S 统计量来源于两个样本 Kolmogorov-Smirnov 检验，这是一种非参数检验，用于检验两个一元概率分布是否相同。K-S 统计量度量了两个分布之间的最大垂直距离，即主要考察两个样本是否服从同一个分布，这一点被借鉴为信用评级模型的评判标准。K-S 统计量的计算步骤一般如下：先将所有客户按照信用评分升序排列（如果是违约概率则为降序排列）；计算每一个分数下（或者将分数进行十等分，等频或者等距，计算每一分数段下）违约客户数和未违约客户数；按照排序分别计算每一分数下（或分数段下）累计违约客户数与整体违约客户总数的比值（tpr），累计未违约客户数与整体未违约客户总数的比值（fpr）；用 tpr 减 fpr 即得到每个分数或分数段对应的 K-S；最后通过确定 K-S 的阈值来判断一个主体是否处在违约区间。

在对资产证券化等一些特殊的金融工具进行评级时，评级机构有时会采用现金流模型对信用状况进行评估，以银行信贷资产证券化（CLO）评级为例，运用现金流模型进行信用分析的步骤如下：首先对每笔基础资产的借款人和保证人进行影子评级，并对相关抵（质）押物进行分析，确定每笔基础资产相应的违约概率及违约损失率；其次结合基础资产的行业与地区分布情况以及股东关联程度确认基础资产之前的相关性；进行蒙特卡洛模拟，确定目标信用等级下的目标违约比率（SDR）和目标损失比率（SLR）；最后针对资产池组合信用风险未考虑资产的利率，交易结构设置等因素，进行现金流分析及压力测试，按照现金流压力测试的结果给出 CLO 的信用等级。

# 第四章　社会信用

信用是市场经济的基石，不仅在经济与金融领域起到基础性的支撑作用，而且在广泛的公共治理与社会道德层面也具有重要的实践意义，一个诚信水平较高的社会不仅可以大大节约公共资源，还有助于提高社会财富的形成与积累。社会信用的产生和发展是市场经济发展到一定阶段的内在要求和必然结果，是服务于社会信用体系建设的重要组成部分。我国关于"社会信用体系建设"有三大重要标志性事件。其一是 2007 年 3 月 23 日《国务院办公厅关于社会信用体系建设的若干意见》（国发〔2007〕17 号）的出台；其二是 2014 年 6 月 14 日《国务院关于印发〈社会信用体系建设规划纲要（2014—2020年）〉的通知》（以下简称《纲要》）的颁布；其三是 2022 年 3 月 29 日《中共中央办公厅、国务院办公厅印发〈关于推进社会信用体系建设高质量发展　促进形成新发展格局的意见〉》（中办发〔2022〕25 号，以下简称《意见》）。本章将直接服务于我国社会信用体系建设的相关行业统称为社会信用行业，并对其理论和发展、实践和成果、服务机构及产品做出简单梳理和介绍。

# 第一节　社会信用的理论和发展

## 一、社会信用体系的内涵

《纲要》开篇指出，"社会信用体系是社会主义市场经济体制和社会治理体制的重要组成部分。它以相对完善的法律、法规、标准和契约为依据，以健全覆盖社会成员的信用记录和信用基础设施网络为基础，以信用信息合规应用和信用服务体系为支撑，以树立诚信文化理念、弘扬诚信传统美德为内在要求，以守信激励和失信约束为奖惩机制，目的是提高全社会的诚信意识和信用水平。""加快社会信用体系建设是全面落实科学发展观、构建社会主义和谐社会的重要基础，是完善社会主义市场经济体制、加强和创新社会治理的重要手段，对增强社会成员诚信意识，营造优良信用环境，提升国家整体竞争力，促进社会发展与文明进步具有重要意义[①]。"它的核心作用在于，记录社会主体信用状况，揭示社会主体信用优劣，警示社会主体信用风险，并整合全社会力量褒扬诚信，惩戒失信。可以充分调动市场自身的力量净化环境，降低发展成本，降低发展风险，弘扬诚信文化。因此，加强社会信用发展，加快推进社会信用体系建设，对于改善和优化市场诚信环境，降低交易成本，促进经济健康平稳运行，提升公众获得感具有十分重要的意义。

《纲要》的发布确立了我国社会信用体系建设的重点领域。即 2011 年 10 月 18 日在党的十七届六中全会审议通过的《中共中央关于深化文化体制改革推动社会主义文化大发展大繁荣若干重大问题的决定》中首次提出的"大力推进政务诚信、商务诚信、社会诚信和司法公信建设"四大领域，其中：

政务诚信是指政府要对社会、对公民恪守信用准则，其核心是依法行政、守信践诺，发挥政府在诚信建设中的示范表率作用，取信于民，这既是法治政府的必然要求，也是建设诚信社会的重要基础。政务诚信是社会信用体系建设的关键，各类政务行为主体的诚信水平，对其他社会主体诚信建设发挥着重要的表率和导向作用。

---

① 《国务院关于印发社会信用体系建设规划纲要（2014—2020 年）的通知》（国发〔2014〕21 号），http://www.gov.cn/zhengce/content/2014-06/27/content_8913.htm。

商务诚信是指企业与企业之间、企业与消费者之间和谐关系的体现，是社会信用体系建设的重要组成部分，为市场经济的有序发展提供制度保障。推进商务诚信建设是健全社会信用体系的重要内容，是完善市场经济体制的重要基础，是整顿和规范市场秩序的治本之策，是加快转变政府职能、创新行政管理方式的内在要求[①]。

社会诚信是指在整个社会生活中逐渐形成的诚实守信的社会风气，是社会信用体系建设的基础。社会诚信的形成不仅包括个人诚信，还包括在社会生活中被广泛认可的道德及规则。

司法公信是指社会公众在对司法制度、司法机关、司法权运行过程及结果进行认知和判断后，所形成的一种信任和尊重的社会心理状态。司法公信的获得，客观上要求司法机关自身做到司法公正与权威，同时也需要社会公众的主观感知，二者缺一不可。其重点领域涵盖深化司法体制改革、推进司法公开、加强司法工作监督和司法执法能力建设等。司法公信力不仅是社会信用体系建设的保证，而且是社会公平正义的底线。

改革开放以来，加快社会信用体系建设，强化社会信用行业发展成为国家完善社会主义市场经济体制、提升和创新国家治理体系和治理能力现代化的重要手段。加强社会信用行业发展，加快推进社会信用体系建设，对于改善和优化市场诚信环境，降低交易成本，促进经济健康平稳运行，提升公众获得感具有十分重要的意义。

## 二、社会信用发展历程

随着市场经济的发展，中国经济交往日益频繁，范围逐步扩大，交易双方的信用水平受到考验，由此而来的信用需求与治理和信用供给的矛盾日益显现。新中国成立以来，社会信用行业从无到有，社会信用体系建设不断推进。本文根据国家对社会信用体系建设顶层设计陆续出台情况，各部委、地方政府在条线和区域上具体实施规章、细则的陆续出台与落实情况，同时考虑社会信用行业的发展情况和社会信用体系的发展阶段，将我国社会信用行业的发展历程大致分为起步、初步发展、加速发展、全面推进及高质量发展五个阶段。

---

① 《商务部关于加快推进商务诚信建设工作的实施意见》，http://sczxs.mofcom.gov.cn/article/cbw/cl/201409/20140900734396.shtml.

第四章　社会信用

### （一）起步阶段（20 世纪 80 年代末至 1999 年）

改革开放以前，中国实行计划经济体制，一切经济活动都是在指令性计划下进行，信用管理服务市场几乎不存在[①]。社会信用行业尚未萌芽，基本上是以国家信用替代市场信用，也可称为政府信用保障时期。改革开放后，受西方信用体系的正面影响，社会信用在中国开始发展，其最初起源于金融领域，起步于信贷征信[②]。

为了对贷款企业进行信用水平评估，一些省市相继建立了信用评级机构，最多时曾有 90 多家，但这些机构多为中国人民银行各地分行的下属公司。1988 年北京召开信用评级问题研讨会之后[③]，中国工商银行调查信息部和中国农业银行信息部等单位制定了《企业信用评估试行办法》和《企业信用等级评定试行办法》。[④]

1990 年 3 月 26 日国务院发布的《关于在全国范围内开展清理"三角债"工作的通知》（国发〔1990〕19 号）提出，"由于市场疲软，产成品积压，工业生产中流动资金不足的矛盾很尖锐，企业、单位之间互相拖欠货款和前清后欠的情况十分严重，已成为影响当前生产正常进行的突出问题，也损害了社会信用。"这是在国务院文件中第一次出现"社会信用"一词，但这并不是本书所指"社会信用建设"。

这一阶段对"社会信用建设"没有形成系统的法规制度安排，其推进呈现"两端点状"模式，信用服务市场主体多是根据自身的需求开展信用活动和业务，且主要是在金融领域发挥作用，呈现社会信用体系建设起步阶段的特征。但这一时期金融信用对经济发展的"催化剂"功能被市场所理解并认可，征信与评级行业有了初步的发展。另外，人们也开始认识到信用体系在

---

① 任兴洲. 建立市场体系——30 年市场化改革进程 [M]. 北京：中国发展出版社，2008，314.

② 中国人民银行征信管理局. 现代征信学 [M]. 北京：中国金融出版社，2015，394.

③ 中国人民银行金融研究所 1988 年 3 月 13 日至 16 日，在北京召开了信用评级问题研讨会，参加会议的有山西太原市工商银行信用评级公司、辽宁省评信公司、沈阳市信托投资公司、武汉企业信誉评级委员会、无锡市工商银行调研信息部、重庆市工商银行及黑龙江省农业银行信息咨询部门的相关人员。中国人民银行条法司、金融行政管理司、中国国际经济咨询公司也参加了会议。会议就信用评级理论、制度、政策、机构、程序和立法等问题，进行了较为广泛而认真的讨论，这是就中国建立信用评级制度问题第一次举行的较大范围的研讨会。秦池江. 强化信用观念，提供信用透明度——建立中国信用评级制度问题研讨会综述 [J]. 中国金融，1988（5）.

④ 上海财经大学信用研究中心、上海国际金融中心研究院《2015 中国金融发展报告——社会信用体系建设的理论、探索与实践》第五篇第 15 章节 [M]. 上海：上海财经大学出版社，2016.

社会建设领域中的积极作用，社会信用行业的发展迫在眉睫。

**（二）初步发展阶段（2000—2007 年）**

以 2000 年 8 月 24 日《国务院办公厅转发国家经贸委关于鼓励和促进中小企业发展若干政策意见的通知》（国办发〔2000〕59 号）为标志，社会信用体系建设进入初步发展阶段。

2001 年 3 月出台的《国民经济和社会发展第十个五年计划纲要》提到广泛应用信息技术，"加快电子认证体系、现代支付系统和信用制度建设，大力发展电子商务。"2001 年 4 月国家经贸委、工商总局等十部委[①]联合下发了《关于加强中小企业信用管理工作的若干意见》（国经贸中小企〔2001〕368 号），提出"信用是市场经济的重要基础，规范有序的市场经济活动需要建立一个能够有效调动社会资源和规范市场交易的信用制度。"这是国家部委级机关首次对信用和信用制度的地位做出很高表述。

2002 年 11 月，党的十六大提出了"整顿和规范市场经济秩序，建立健全现代市场经济的社会信用体系"的目标。这是党中央第一次提出"社会信用体系"这个概念。

2003 年 10 月党的十六届三中全会《关于完善社会主义市场经济体制若干问题的决定》权威地解读了这个概念，提出："建立健全社会信用体系。形成以道德为支撑、产权为基础、法律为保障的社会信用制度，是建设现代化市场体制的必要条件，也是规范市场经济秩序的治本之策。"

2005 年 12 月，全国整顿和规范市场经济秩序领导小组办公室（以下简称整规办）会同国资委联合发布了《商会协会行业信用建设工作指导意见》（整规办发〔2005〕29 号），对全国范围行业内信用建设的原则、目标和工作任务提出了明确要求。2006 年 5 月，又先后发布了《开展行业信用评价试点工作实施办法》（整规办发〔2006〕12 号）和《关于开展首批行业信用评价试点工作的通知》（整规办发〔2006〕22 号），对行业信用评价工作进行了全面部署。

这一阶段，政府部门开始推动信用信息系统的建设，归集行业信用信息。财政部、国家工商总局、海关总署、国家质检总局等部门，依托"金财工程""金信工程""金关工程""金质工程"等建设，加大建设本部门信用

---

① 十部委为国家经贸委、工商总局、公安部、财政部、人民银行、海关总署、税务总局、证监会、质检总局、外汇局。

信息系统的建设力度，推动纳税诚信、产品质量诚信、企业信用监管的建设。在此阶段社会信用建设呈现了"条线体系"推进特征：（1）在制度层面，提出了企业信用体系建设的专项规划；（2）以政府部门为主体的信用信息披露体系和市场第三方中介为主体的信用体系开始起步并不断推进；（3）社会信用建设从"两端点状"的模式发展为从中央、地方到行业的"条线体系"建设治理模式。

### （三）加速发展阶段（2007—2014 年 5 月）

2007 年 3 月 23 日，国务院办公厅为落实党的十六大和十六届三中全会精神，出台了《关于社会信用体系建设的若干意见》（国办发〔2007〕17 号），比较系统地提出了社会信用体系建设的指导思想、目标、基本原则和推进的重要内容，这是我国政府第一个关于社会信用体系建设的专门文件。该文件的标题是关于"社会信用体系建设"，但内容讲的四个方面：推进行业信用建设，加快信贷征信体系建设，培育信用服务市场，完善（信用）法律法规，并没有就"社会信用体系"建设的三大主体即政府信用建设、企业信用建设和个人信用建设做出部署。为了执行这个文件，同年 4 月，国务院办公厅发布《关于建立国务院社会信用体系建设部际联席会议制度的通知》（国办函〔2007〕43 号），明确建立国务院社会信用体系建设部际联席会议制度，其职责为负责统筹协调社会信用体系建设工作，研究拟订重大政策措施；协调解决推进社会信用体系建设工作中的重大问题；指导、督促、检查有关政策措施的落实。这标志着我国社会信用体系建设从前期部分地区、部分行业单兵突进阶段进入多部门、多领域整体协调推进加速发展阶段。

2011 年 10 月 18 日，党的十七届六中全会审议通过的《中共中央关于深化文化体制改革推动社会主义文化大发展大繁荣若干重大问题的决定》中提出，"把诚信建设摆在突出位置，大力推进政务诚信、商务诚信、社会诚信和司法公信建设，抓紧建立健全覆盖全社会的征信系统，加大对失信行为惩戒力度，在全社会广泛形成守信光荣、失信可耻的氛围"。这是首次提出上述四大领域诚信建设任务。会议强调，"十二五"时期要以社会成员信用信息的记录、整合和应用为重点，建立健全覆盖全社会的征信系统。另外，完善了社会信用体系建设的推进机制部际联席会议制度。2012 年 7 月 17 日国务院以国函〔2012〕88 号批复，同意调整社会信用体系建设部际联席会议成员单位和主要职责，明确国家发展改革委、人民银行"双牵头"，成员单位从 18 家增加到 35 家。

在这一阶段，我国社会产业发展呈现出"条线协调"推进的特征：（1）部际联席会议明确由国家发展改革委、中国人民银行双牵头，构建了金融领域信用与非金融领域信用体系框架，协同推进能力加强。（2）在制度层面上，社会信用体系建设的法律框架初步建立，失信惩戒机制逐渐形成。（3）信用服务机构不断发展壮大，信用市场逐渐规范。

### （四）全面推进阶段（2014年6月—2020年11月）

2014年6月14日《纲要》出台标志着我国社会信用体系建设工作进入全面推进阶段。这是我国第一个关于整个社会信用体系建设的顶层设计，是国家级专项规划。《纲要》第一次就全面推进政务诚信、商务诚信、社会诚信和司法公信四大领域的信用建设做出顶层设计，并就政府信用建设、企业信用建设和个人信用建设工作任务做了全面安排。

在国家信用政策建设方面：（1）国家社会信用体系建设制度已具雏形。2016年，中央深化改革领导小组办公室先后通过了《国务院关于建立完善守信联合激励和失信联合惩戒制度加快推进社会诚信建设的指导意见》（国发〔2016〕33号）、《关于加快推进失信被执行人信用监督、警示和惩戒机制建设的意见》（中办发〔2016〕64号）、《关于加强政务诚信建设的指导意见》（国发〔2016〕76号）、《关于加强个人诚信体系建设的指导意见》（国办发〔2016〕98号）、《关于全面加强电子商务领域诚信建设的指导意见》（发改财金〔2016〕2794号）、《关于进一步健全相关领域实名登记制度的总体方案》等6个对信用建设具有顶层设计意义的改革性文件，分别以国务院，中办和国办，国家发展改革委和人民银行的名义出台执行。（2）联合奖惩政策体系填补了空白。2017—2018年，《关于加强和规范守信联合激励和失信联合惩戒对象名单管理工作的指导意见》（发改财金规〔2017〕1798号）、《关于加强和规范守信联合激励和失信联合惩戒对象名单管理工作的指导意见》（发改办财金〔2018〕87号）、《关于对失信主体加强信用监管的通知》（发改办财金〔2018〕893号）3个文件相继出台，使信用联合奖惩制度的落实有了政策基础，国家联合奖惩体系逐步健全。（3）信用约束优化营商环境。2018年6月6日，国务院会议确定进一步建设和完善社会信用体系建设措施，一是围绕优化营商环境加快构建以信用为核心的监管机制，推广告知承诺制。二是建立黑名单制度，强化信用约束，对侵权假冒、坑蒙拐骗、虚假广告等违法违规行为要公开曝光、坚决整治，让失信者受到惩戒和震慑。三是坚决守住信息安全底线，保护商业秘密和个人隐私。四是加快推进重点民生领域信用体系

建设，增进群众福祉。五是引导社会力量参与信用建设，发展第三方征信服务。强化政府部门诚信建设，依法依规处理"新官不理旧账"问题。（4）构建以信用为基础的新型监管机制。2019年7月16日，为了进一步发挥信用在创新监管机制、提高监管能力和水平方面的基础性作用，更好地发挥市场主体活力，推动高质量发展，国务院发布了《关于加快推进社会信用体系建设构建以信用为基础的新型监管机制的指导意见》（国办发〔2019〕35号），这份文件在"构建以信用为基础的新型监管机制"上具有里程碑的意义，明确了信用监管的主要目标，落实措施和运行机制，对信用监管的事前、事中和事后做了明确的工作细分部署，将信用监管的各项工作，包括信用承诺、诚信教育、信息自愿注册、信用评价和分级分类监管、信用报告应用落地、市场禁入措施、信用修复落地、联合奖惩落地、信用自净建设和法治保障措施切实落地。2019年9月6日，国务院发布了《国务院关于加强和规范事中事后监管的指导意见》（国发〔2019〕18号），提出夯实监管责任，健全制度化监管规则和标准体系建设，创新和完善监管方式，尤其是要探索深入推进"互联网＋监管"并对直接涉及公共安全和人民群众生命健康等特殊重点领域实行重点监管。加强政府、市场主体、行业资质，构建协同监管的新格局。2020年9月10日，国务院办公厅印发了《关于深化商事制度改革进一步为企业松绑减负激发企业活力的通知》（国办发〔2020〕29号），文件明确提出，加强事中事后监管，加强企业信息公示。以统一社会信用代码为标识，整合形成更加完善的企业信用记录；健全失信惩戒机制。

　　这一阶段，在制度层面信用体系相关政策在各行业部门、各地区加速落地和应用；政府与第三方信用机构之间的联系更为紧密，以联合奖惩和行业专项治理为主的条线信用监管，和以信用示范城市、区域合作示范区等为主的区域应用创新，共同推进的条块治理模式已经形成，社会信用行业发展的重心正在从数据归集、平台搭建的"硬件"管理，向服务于联合奖惩、行业治理、区域应用与创新的"软件"管理转变。这一时期中国的社会信用发展取得了实质性进展，一方面有助于形成良好的社会风尚，另一方面也为经济增长注入了新的动能。

**（五）高质量发展阶段（2020年12月至今）**

　　2020年12月7日，国务院办公厅发布了《国务院办公厅关于进一步完善失信约束制度构建诚信建设长效机制的指导意见》（国办发〔2020〕49号），成为我国社会信用体系建设迈向高质量发展新阶段的重要标志。该《指导意

见》从明确公共信用信息的纳入范围和程序、规范公共信用信息共享公开范围和程序、规范严重失信主体名单认定标准和程序、加强信息安全和隐私保护、加强信用法治建设等几个方面确定了健全社会信用体系的主要工作任务，对社会信用体系建设新阶段的工作思路和工作重点做出部署，该文件的制定出台是社会信用体系建设向规范化、法治化发展的重要里程碑。

当前是我国"十四五"时期的开局阶段，2021年3月11日，十三届全国人大四次会议通过了《中华人民共和国国民经济和社会发展第十四个五年规划和2035年远景目标纲要》（以下简称《"十四五"规划纲要》），提出要建立健全信用法律法规和标准体系，实现我国"十四五"时期社会信用体系建设高质量发展的目标。《"十四五"规划纲要》为当前和今后一段时期我国社会信用体系建设指明了重点任务和方向。

2021年12月31日，按照《"十四五"规划纲要》、国办发〔2020〕49号文件的要求，国家发展改革委、人民银行印发《全国公共信用信息基础目录（2021年版）》和《全国失信惩戒措施基础清单（2021年版）》（以下简称《目录》和《清单》），《目录》和《清单》规范界定了公共信用信息纳入范围、失信惩戒措施的种类及其适用对象，充分体现了"依法依规、保护权益、审慎适度、清单管理"的总体要求。《目录》和《清单》的出台进一步提升社会信用体系建设法治化、规范化水平，推动社会信用体系高质量发展，为深化"放管服"改革、优化营商环境、推进国家治理体系和治理能力现代化提供支撑保障。

2022年3月29日，《中共中央办公厅、国务院办公厅关于推进社会信用体系建设高质量发展　促进形成新发展格局的意见》（中办发〔2022〕25号）进一步要求各地区各部门结合实际进一步推进社会信用体系建设。这是在新的时代背景下，特别是继国务院发布《纲要》之后，对社会信用体系建设进行全面系统安排的又一部重要政策性文件，为社会信用体系建设高质量发展、促进形成新发展格局提供了重要指导思想和行动指南。该文开篇就高度概述社会信用体系的重大意义，指出完善的社会信用体系是供需有效衔接的重要保障，是资源优化配置的坚实基础，是良好营商环境的重要组成部分，对促进国民经济循环高效畅通、构建新发展格局具有重要意义。同时，该文在第一条指导思想部分提出了推进信用体系建设高质量发展的总体要求，指出要"扎实推进信用理念、信用制度、信用手段与国民经济体系各方面各环节深度融合，进一步发挥信用对提高资源配置效率、降低制度性交易成本、防范化

解风险的重要作用，为提升国民经济体系整体效能、促进形成新发展格局提供支撑保障。"该文对社会信用建设高质量发展提出了五大方面部署：一是以健全的信用机制畅通国内大循环；二是以良好的信用环境支撑国内国际双循环相互促进；三是以坚实的信用基础促进金融服务实体经济；四是以有效的信用监管和信用服务提升全社会诚信水平；五是加强组织实施，其中第十九条要求"坚持和加强党对社会信用体系建设工作的领导"，"按照中央统筹、省负总责、市县抓落实的总体要求，建立健全统筹协调机制，将社会信用体系建设纳入高质量发展综合绩效评价，确保各项任务落实到位。"

"十四五"时期经济社会发展是以推动高质量发展为主题，在今后更长时期，推动高质量发展的要求还将体现在国家发展的各个领域和全过程。这一阶段是我国社会信用体系建设迈向高质量发展的新阶段，社会信用体系建设将提质升级，顶层设计不断完善，社会信用体系建设法治化、规范化、制度化水平不断提升，各地各部门社会信用体系更加健康有序发展。信用理念、信用制度、信用手段、信用方式等关键词，将与新时期社会信用体系建设相伴随行，并为之注入新的能量、新的活力。

### 三、发展社会信用行业的意义

#### （一）社会信用行业对建设社会信用体系至关重要

在我国社会信用体系建设不断推动的过程中，产生了一些为体系建设服务的具体需求，满足这些需求的行业既包括传统的征信机构、信用管理机构，也包括一些软件开发企业、大数据技术企业等，从而形成了社会信用行业。按照国家统计局《国民经济行业分类》（GB/T 4754—2017），社会信用行业隶属服务业所包含的"L72 商务服务业"大类之"L729 其他商务服务业"中的"L7295 信用服务"——专门从事信用信息采集、整理和加工，并提供相关信用产品和信用服务的活动[①]。其诞生源于社会信用的缺失，其发展压缩了失信者的生存和发展空间，至今已经成为市场经济自身强有力的规范力量。

社会信用行业重点服务于政务诚信、商务诚信、社会诚信和司法公信建设四个方面的内容，对建设社会信用体系至关重要，政府在制定规则时，社会信用行业是社会信用体系建设的重要力量，社会信用体系建设的大发展离

---

① 国家统计局 2017 年发布《国民经济行业分类》（GB/T 4754—2017），http://www.stats.gov.cn/tjsj/tjbz/hyflbz/201710/t20171012_1541679.html。

不开社会信用行业的大发展。发展社会信用行业，有利于提高信用机构的公信力、竞争力，为推动社会信用体系建设提供市场化、专业化力量支持；有利于培育和发展信用服务市场，推动信用产业产品开发创新和广泛运用，激发社会信用体系的活力；有利于提高行政效率，推动"放管服"改革，构建以信用为核心的新型市场监管体制。此外，社会信用行业不断完善的过程中还会建立一种新的市场规则，使社会资本得以形成，直接地保证一国的市场经济走向成熟，扩大一国的市场规模。一个国家的信用状况和信用秩序，也在一定程度上取决于其社会信用行业的发育状况和市场化程度。

**（二）社会信用行业是市场经济不可缺少的一部分**

社会信用行业的产生和发展是市场经济发展到一定阶段的内在要求和必然结果。市场经济由于其固有的信息不对称特征，需要一批承担信用调查、评估、报告、咨询以及担保等功能的市场化、社会化管理和服务机构。这些管理和服务机构通过记录和处理各经济主体的信用信息，向市场发送信号以减少信息不对称，达到规范市场经济秩序的目的。

社会信用行业服务于信用交易的全过程，还有助于信用交易的正常开展和信用交易规模的扩大。发达国家的经验表明，当市场经济发展到一定的阶段，信用交易规模的扩大将使一个国家市场总体规模成倍，甚至几十倍放大，从而带动生产规模和就业水平的增长，推动国民经济的快速发展。随着社会信用行业日臻成熟，市场交易中的信息不对称状况明显减少，金融风险日益降低。加快建立健全社会信用行业，对减少市场中逃废债行为和整顿规范市场经济秩序具有不可小觑的作用。因此，发展和完善社会信用行业，可以有效促进社会信用体系的建立，健全和改善市场交易的秩序。

培育和发展社会信用行业，有利于凭借社会信用从业的人员、技术、服务优势，促进社会信用体系共建共创、共享共用、互利共赢，形成社会信用体系建设强大合力，降低市场交易的风险；有利于加快形成市场化信用服务与公共性信用服务互为补充、商业信用信息与公共信用信息互相交融、信用信息基础服务与增值服务相辅相成的多层次信用服务体系[1]。借助社会信用行业的专业化服务，经济活动主体还可以方便、快捷地获得企业和个人的信用风险信息，从而大大降低了相关各方收集和评价其客户或合作伙伴信用状况的成本和费用支出。

---

[1] 《国家发展改革委办公厅关于充分发挥信用服务机构作用　加快推进社会信用体系建设的通知》（发改办财金〔2018〕190号），http://www.gov.cn/xinwen/2018-03/05/content_5270947.htm.

# 第二节 社会信用的实践与成果

## 一、夯实基础：信用平台网站支撑能力显著提升

作为开展社会信用体系建设的基础，信用信息归集共享工作是党中央、国务院首推的重中之重。在全国当前信用信息共享共用的全国"大动脉"已经贯通。以全国信用信息共享平台、"信用中国"网以及各级政府的门户网站为载体，形成国家部委到地方立体的信用建设网络，全国信用信息共享平台成为信用信息归集共享的总枢纽，2015 年"信用中国"网站正式上线，上线以来，网站公益性信用服务和产品不断推出，服务效率和产品质量持续优化，成为面向社会公众，弘扬诚信惩戒失信的总窗口。截至 2021 年 5 月，"信用中国"网站累计全口径访问量超过 520 亿次，"信用中国"网站现设一级栏目 14 个，二级栏目 120 余个，三级及以上栏目 170 余个，其中包括家政、旅游、高校和食药等 29 个领域信息公示栏目；网站微信公众号和客户端先后上线，覆盖传统互联网、移动互联网和社交媒体平台，"一网一微一端"的立体传播格局得以形成并不断完善；累计发布政策宣传文章 15.1 万篇；依法依规公示信用信息超 2 亿条；日均查询量稳定在亿次以上；全国 4.9 万家各级行业协会商会收费行为信息在线公示。各地方在《纲要》的指导下，也搭建了地方性的线上信用信息共享交换平台，对区域内的信用信息进行归集整理。目前，全国信用信息共享平台已连接 46 个部门和全国 32 个省级信用平台，并与所有接入部门和地方平台实现了核心数据机制化共享，每周定时向各部门和地方推送行政许可和行政处罚、各类红黑名单、企业经营异常名录等信息。全国信用信息共享平台归集总量持续增长，联通范围不断扩大，累计归集各类信用信息突破 500 亿条。

## 二、政务诚信：建立健全"双公示"工作长效机制

党的十八大以来，我国政务诚信建设迈上快车道。2014 年《纲要》提出以政务诚信示范引领全社会诚信建设。为提高行政管理透明度和政府公信力，使政务诚信建设正逐渐驶入制度化、法治化轨道，国家以行政许可决定公示和行政处罚决定公示即"双公示"为抓手推动政务公开，成效显著。

　　自 2015 年《国务院办公厅关于运用大数据加强对市场主体服务和监管的若干意见》(国办发〔2015〕51 号)与《国家发展改革委关于认真做好行政许可和行政处罚等信用信息公示工作的通知》(发改电〔2015〕557 号)印发以来,国家建立起"双公示评估制度",规定将行政许可、行政处罚这两项信息自做出行政决定之日起 7 个工作日内上网公示,要求按照"责任到人,具体到事,安排到位"的原则,深入推进行政许可和行政处罚等信用信息公示工作。以推动政务公开,提高行政管理透明度和政府公信力。2016 年国务院发布的《国务院关于建立完善守信联合激励和失信联合惩戒制度加快推进社会诚信建设的指导意见》(国发〔2016〕33 号)提出,推动政务信用信息公开,全面落实行政许可和行政处罚信息上网公开制度,明确县级以上人民政府及其部门要将各类自然人、法人和其他组织的行政许可、行政处罚等信息在 7 个工作日内通过政府网站公开,并及时归集至"信用中国"网站,为社会提供"一站式"查询服务。2017 年,国家发展改革委引入 13 家信用服务机构开展双公示评估工作,2018 年起每季度开展一次。自 2018 年起双公示评估工作每季度开展一次,已经进入常态化阶段,评估效果显著。

　　2018 年 7 月 25 日,国家发展改革委办公厅发布《关于进一步完善行政许可和行政处罚等信用信息公示工作的指导意见》(发改办财金〔2018〕424 号),以加快推进简政放权、放管结合、优化服务为出发点,优化"双公示"工作流程,理顺数据报送路径,规范公示标准,畅通公开渠道,加强信息应用,建立"双公示"工作第三方评估机制,实现"双公示"数据的"全覆盖、无遗漏",为构建信用联合奖惩大格局,促进社会信用体系建设提供有力支撑。2019 年 7 月 16 日,《国务院办公厅关于加快推进社会信用体系建设构建以信用为基础的新型监管机制的指导意见》(国办发〔2019〕35 号)出台,要求在行政许可、行政处罚信息集中公示基础上,依托"信用中国"网站、中国政府网或其他渠道,进一步研究推动行政强制、行政确认、行政征收、行政给付、行政裁决、行政补偿、行政奖励和行政监督检查等其他行政行为信息 7 个工作日内上网公开。各地区各部门推动在司法裁判和执行活动中应当公开的失信被执行人、虚假诉讼失信相关信息通过适当渠道公开,做到"应公开、尽公开"。2020 年 12 月 18 日,国务院下发《国务院办公厅关于进一步完善失信约束制度构建诚信建设长效机制的指导意见》(国办发〔2020〕49 号),对公示的信用信息范围进一步明确,提出科学界定公共信用信息纳入范围和程序,规范公共信用信息共享公开范围和程序。将行政机关及法律、

法规授权的具有管理公共事务职能的组织等掌握的特定行为信息纳入公共信用信息，必须严格以法律、法规或者党中央、国务院政策文件为依据，并实行目录制管理。

在党中央与国务院的强力推动下，"双公示"第三方评估长效机制日趋完善，公共信用信息质量水平得到明显提高，据"信用中国"网站后台统计，从 2017 年初至 2021 年 11 月，"双公示"数据归集量从 2000 万条增至超过 40000 万条[①]，增幅约 2000%，数据质量与规范化程度均大幅提升，应用场景广泛覆盖至多个领域，社会影响力与日俱增。

### 三、商务诚信：以信用为核心、多元主体共治的新型监管机制

商务诚信是社会信用体系建设的重点，加强商务信用建设是贯彻落实社会信用体系建设总体部署的重要举措，也是加强事中事后监管、提升商务领域治理能力的要求，对打造良好消费环境和营商环境具有重要意义和作用。随着社会信用体系建设的全面推进，近年来，党中央、国务院与商务部主要通过在商务领域实施全过程信用监管，加快构建以信用为核心的新型监管机制来推进商务领域治理能力现代化发展，在全社会营造良好的商务诚信环境。

2015 年 10 月 13 日，"信用监管"一词作为整体在国务院发布的《国务院关于"先照后证"改革后加强事中事后监管的意见》（国发〔2015〕62 号）中被明确提出。该文件不仅提出建立"信用约束"的基本原则，还明确了建立以"以信用监管为核心的监管机制"的概念。2016 年 5 月 30 日，国务院发布《国务院关于建立完善守信联合激励和失信联合惩戒制度加快推进社会诚信建设的指导意见》（国发〔2016〕33 号），提出"通过信用信息公开和共享，建立跨地区、跨部门、跨领域的联合激励与惩戒机制，形成政府部门协同联动、行业组织自律管理、信用服务机构积极参与、社会舆论广泛监督的共同治理格局。加强对失信行为的行政性、市场性、行业性、社会性约束和惩戒。"2017 年 1 月 12 日，国务院发布《关于印发"十三五"市场监管规划的通知》（国发〔2017〕6 号），为市场监管工作提供了一个明确的战略性发展框架，形成综合监管与行业领域专业监管、社会协同监管分工协作、优势互补、相互促进的市场监管格局。至此，党中央、国务院明确了建立以信用

---

① 资料来源：2021 年 11 月 3 日，连维良在 2021 年全国信用信息共享平台、信用门户网站和全国中小企业融资综合信用服务平台建设现场观摩视频会上讲话。

为核心新型市场监管机制的目标，描述了权威高效的信用监管、大数据监管以及多元共治等新型监管机制的愿景。

2018 年 7 月 24 日，国家发展改革委办公厅和人民银行办公厅发布了《关于对失信主体加强信用监管的通知》（发改办财金〔2018〕893 号），对失信主体加强信用监管做出了专项工作部署，明确"加快构建以信用为核心的新型市场监管机制，关键在加强对失信主体的信用监管"，同时提出多项具体要求和工作安排。2019 年 3 月 5 日，国务院总理李克强在第十三届全国人民代表大会第二次会议上作的政府工作报告中提出"以公正监管促进公平竞争"。并明确提出，推进"双随机、一公开"跨部门联合监管，推行信用监管和"互联网 + 监管"改革。这是"信用监管"首次出现在政府工作报告中，意味着以信用为核心的新型监管机制将加速推进。2019 年 7 月 16 日，为了进一步发挥信用在创新监管机制、提高监管能力和水平方面的基础性作用，更好地发挥市场主体活力，推动高质量发展，国务院发布了《关于加快推进社会信用体系建设　构建以信用为基础的新型监管机制的指导意见》（国办发〔2019〕35 号），这份文件在"构建以信用为基础的新型监管机制"上具有里程碑式的意义，明确了信用监管的主要目标，落实措施和运行机制。提出了 22 条具体政策，涵盖了信用承诺、诚信教育、信息自愿注册、信用评价和分级分类监管、信用报告应用、市场禁入措施、信用修复、联合奖惩、信用自净建设和法治保障等信用监管工作的各个方面，对信用监管的事前、事中和事后做了明确的工作细分部署。2019 年 9 月 6 日，国务院又发布了《国务院关于加强和规范事中事后监管的指导意见》（国发〔2019〕18 号），对国办发〔2019〕35 号文件加以补充，提出要创新和完善监管方式，要求从推进信用记录、信用承诺、信用分级分类监管、建立健全信用修复、异议申诉等机制等几个方面提升信用监管效能。

2021 年 3 月 5 日，国家市场监督管理总局信用监督管理司官网发布《信用监管司 2021 年工作要点》（市监信监（司）函〔2021〕9 号），强调要聚焦企业信用体系建设，完善信用监管顶层设计；聚焦重点领域信用约束，强化信用监管基础作用；聚焦信用与企业利益正向关联，发挥信用监管导向作用；聚焦信用监管与双随机抽查的统筹运用，提高信用监管靶向性精确度。2021 年 7 月 21 日，国务院办公厅印发《全国深化"放管服"改革着力培育和激发市场主体活力电视电话会议重点任务分工方案》。提出将把有效监管作为简政放权的必要保障。健全监管规则，创新监管方式，完善事中事后监管，深入

推进"双随机、一公开"监管、跨部门综合监管、"互联网＋监管"和信用风险分类监管，提高监管的精准性和有效性。2021 年 8 月 11 日，中共中央、国务院印发《法治政府建设实施纲要（2021—2025 年）》，提出健全以"双随机、一公开"监管和"互联网＋监管"为基本手段、以重点监管为补充、以信用监管为基础的新型监管机制，推进线上线下一体化监管，完善与创新创造相适应的包容审慎监管方式。2022 年 3 月 29 日，中共中央办公厅、国务院办公厅《意见》进一步提出应通过有效的信用监管和信用服务提升全社会诚信水平，要求加快创新信用监管，并以信用水平为导向优化配置监管资源，在重点领域推进信用分级分类监管，提升监管精准性和有效性。至此，以信用为核心的新型监管机制趋于完善，全过程信用监管在商务领域各行各业广泛实施。

### 四、社会诚信：完善联合奖惩机制、探索信用评价应用

社会诚信是社会信用体系建设的基础，也是社会主义核心价值观的重要内容之一，围绕医疗卫生和计划生育、食品药品安全、社会保障、劳动用工、教育科研、文化体育旅游、知识产权、环境保护和能源节约等多个关乎国计民生的重点行业领域。近年来，我国政府提升社会诚信的主要做法包括：在多个重点领域建立健全市场主体诚信档案，通过行业黑名单制度和市场退出机制，建立信用联动机制，以此加快联合激励与惩戒机制的建立。通过完善跨地域、跨部门、跨行业的失信联合惩戒机制，让违法经营者付出高昂代价。探索信用等级评价并依据评价结果实行分级分类管理。

在医药卫生和计划生育领域，国家卫生计生委（现为卫生健康委）制定和出台了《医疗卫生信用信息管理办法》（国卫监督发〔2017〕58 号），规范医疗卫生领域信用信息的认定、惩戒、修复和退出机制。建立健全部分医疗机构及从业人员信用记录，并纳入全国信用信息共享平台和企业信用信息公示系统，形成监管信息常态化披露制度。2017 年 7 月，医师执业信用管理系统上线，建立医师执业信用档案，通过"红名单""白名单""黑名单"和信用积分管理，对有良好执业信用信息的医师进行宣传鼓励，对有不良执业行为的医师进行警示和惩戒，促进行业自律；通过系统的大数据模型建立一套系统、可量化的监测反馈与评价体系，对结果进行统计分析，为管理者提供决策依据；同时建立监督预警机制，为医师执业提供帮助，也让医师能够更好地为患者服务。2018 年国家发展改革委、国家中医药局、市场监督管理总局组织开展医疗卫生领域诚信缺失专项治理工作，邀请中国诚信信用

管理股份有限公司作为唯一的第三方机构完成对全国 7947 所社会办医疗机构"公共信用综合评价"并出具报告。在药品领域，大力提倡"建立价格和招标采购信用评价制度"。2019 年 10 月，国务院办公厅印发的《关于进一步做好短缺药品保供稳价工作的意见》中，特别提出了完善药品价格成本调查工作机制，建立价格和招标采购信用评价制度。2019 年 12 月，国家医疗保障局发布《关于做好当前药品价格管理工作的意见》提出，国家和省级医疗保障部门联动，依托药品集中采购和使用工作，以药品经营者为对象，围绕质量、供应、价格、配送等方面的关键指标，研究推进可量化的药品价格诚信程度评价，探索建立量化评分、动态调整、公开透明的医药价格招采信用评价制度。2020 年 3 月，国家印发《关于深化医疗保障制度改革的意见》中，再次强调了要建立医药价格信息、产业发展指数监测与披露机制，建立药品价格和招采信用评价制度，完善价格函询、约谈制度。2020 年 4 月 27日，中央全面深化改革委员会第十三次会议指出，要坚持完善法治、依法监管，坚持惩戒失信、激励诚信，构建全领域、全流程的基金安全防控机制，维护社会公平正义，促进医疗保障制度健康持续发展。这体现了国家在惩戒失信、激励诚信方面的决心，也为医药行业诚信系统建设提供了有力保障。在诚信宣传方面，积极开展以"诚信至上，以质取胜"为主题的医药安全诚信承诺活动，大力营造"知信、用信、守信"的良好氛围，培育全行业诚实守信的良好风尚。

在社会保障领域，国务院在《纲要》中明确指出建立社会保险领域全面的诚信制度，建立健全社会救助、保障性住房等民生政策实施中的申请、审核、退出等各环节的诚信制度，加强对申请相关民生政策的条件审核，强化对社会救助动态管理及保障房使用的监管，将失信和违规的个人纳入信用黑名单。构建居民家庭经济状况核对信息系统，建立和完善低收入家庭认定机制，确保社会救助、保障性住房等民生政策公平、公正和健康运行。建立健全社会保险诚信管理制度，加强社会保险经办管理，加强社会保险领域的劳动保障监督执法，规范参保缴费行为，加大对医保定点医院、定点药店、工伤保险协议医疗机构等社会保险协议服务机构及其工作人员、各类参保人员的违规、欺诈、骗保等行为的惩戒力度，防止和打击各种骗保行为。进一步完善社会保险基金管理制度，提高基金征收、管理、支付等各环节的透明度，推动社会保险诚信制度建设，规范参保缴费行为，确保社会保险基金的安全运行。2017 年 5 月，国务院办公厅下发《关于印发政务信息系统整合共享实

施方案的通知》（国办发〔2017〕39号），要求全国政务信息共享网站实现社保等数据信息共享与业务协同应用，为构建社保领域信用联合奖惩体系奠定了基础。2018年国家发展改革委联合人民银行、人力资源和社会保障部、中央组织部等27个部门签署了《关于对社会保险领域严重失信企业及其有关人员实施联合惩戒的合作备忘录》（以下简称《合作备忘录》）。《合作备忘录》规定了9种社保失信行为的32种惩戒措施，标志着社会保障领域联合惩戒机制的形成。2018年5月，国家医疗保障局挂牌成立，邀请中国诚信信用管理股份有限公司开展了医保基金监管的信用体系建设工作，围绕医保基金监管的信用管理提供评价指标设计、系统建设、信用评价、评价结果监管应用等，以及针对医疗机构、药店、药品耗材供应商、医师、药师、参保人等相关主体（包括）开展信用评价业务。2019年10月28日，印发《社会保险领域严重失信人名单管理暂行办法》，明确指出社保"黑名单"将实行"谁列入、谁管理、谁负责"，遵循依法依规、公平公正、客观真实、动态管理的原则。在这一文件要求下，社保"黑名单"信息将被纳入当地和全国信用信息共享平台。2020年11月10日，国务院办公厅在《关于印发全国深化"放管服"改革优化营商环境电视电话会议重点任务分工方案的通知》（国办发〔2020〕43号）中要求完善社保领域信用评价标准和指标体系，为实现信用分级分类监管打下坚实的基础。

在社会组织诚信建设方面，民政部完善了社会组织登记管理信息，开通了"中国社会组织公共服务平台"，该平台提供了全国社会组织查询、社会组织活动异常名录查询、严重违法失信名单查询、涉嫌非法社会组织名单查询等服务功能，健全了社会组织信息公开制度。2018年1月24日，民政部在加快基础建设和总结地方实践的基础上，立足构建全国统一的社会组织信用信息记录和管理制度，制定出台了《社会组织信用信息管理办法》，填补了社会组织信用监管制度的空白，将社会组织纳入信用监管范畴，对进一步健全社会组织信用管理制度，规范社会组织信用管理具有积极作用。2019年10月，全国社会组织信用信息共享平台主体工程正式上线，该平台有效提高了社会组织活动异常名录及严重违法失信名单的信息化管理水平，实现信息录入、更新移入等法定流程的同时，支持全口径社会组织信用信息的查询核验与统计分析。2021年，全国社会组织信用信息查询平台再次升级，截至2021年2月，全国各级民政部门共登记社会组织超过90万个，其中全国性社会组织2292个。2021年10月，民政部发布《"十四五"社会组织发展规划》（以下简称《规划》），明确了"十四五"时期社会组织发展的总体要求、主要任务和保障措施，提出围绕高质量发展目标进一步建立健全社会组织监管制度，探索建立专业化、社会化第三方监督机制。

## 五、司法公信：多举措并行推进社会信用法治化改革

司法公信是社会信用体系建设的重要内容，是树立司法权威的前提，是社会正义的底线。在法院公信建设方面，全国法院建成以一张网为代表的全要素一体化的人民法院信息基础设施，建成世界上最大的司法审判信息资源库，网上办案深入推进，网上执行查控等信息化手段为"基本解决执行难"提供了强大支撑，互联网司法模式探索不断深化，信息化建设实现突破性进展，支持全业务网上办理、全流程依法公开、全方位智能服务。全国法院切实解决执行难信息网公布的数据显示，从 2017 年 3 月 1 日系统上线至 2022 年 2 月，全国法院拍卖案件总数为 1059789 件，溢价率 11411.61%，成交额 18829.09 亿元，为当事人节省佣金 578.75 亿元[①]。最高人民法院还与政府部门、金融机构联动协同，实现总对总网络查控和信用惩戒。其次，法院通过健全制度机制，加大惩戒力度，提高恶意逃债者的失信成本，着力根治"执行难"的顽疾，促使被执行人主动履行债务、回归诚信。最高人民法院先后出台《最高人民法院关于限制被执行人高消费及有关消费的若干规定》（法释〔2015〕17 号）[②]和《关于公布失信被执行人名单信息的若干规定》（法释〔2017〕7 号）[③]，针对有能力履行而拒不履行人民法院生效法律文书的被执行人，确立公布失信被执行人名单信息制度。2016 年，中共中央办公厅、国务院办公厅印发了《关于加快推进失信被执行人信用监督、警示和惩戒机制建设的意见》，确立公布失信被执行人名单信息制度和加强联合惩戒。同时，最

---

① 资料来源：全国法院切实解决执行难信息网。

② 2010 年 5 月，最高人民法院公布《最高人民法院关于限制被执行人高消费的若干规定》（法释〔2010〕8 号），2015 年 7 月 6 日最高人民法院审判委员会第 1657 次会议通过的《最高人民法院关于修改〈最高人民法院关于限制被执行人高消费的若干规定〉的决定》修正，将《最高人民法院关于限制被执行人高消费的若干规定》修改为《最高人民法院关于限制被执行人高消费及有关消费的若干规定》（法释〔2015〕17 号），并提出 13 条修改意见。

③ 2013 年 7 月，最高人民法院公布《最高人民法院关于公布失信被执行人名单信息的若干规定》（法释〔2013〕17 号），2017 年 1 月 16 日最高人民法院审判委员会第 1707 次会议审议又通过最高人民法院关于修改《最高人民法院关于公布失信被执行人名单信息的若干规定》的决定（法释〔2017〕7 号），针对形势发展，在吸收各地实践经验的基础上，提出了 12 条修改意见。

高人民法院开通了"中国执行信息公开网"与"中国裁判文书公开网",公众可以在网上查询全国法院失信被执行人名单信息、被执行人信息、执行案件流程信息和执行裁判文书,截至 2022 年 2 月,公布中的失信被执行人 7164963 个[①],这对失信主体起到了极大的震慑作用。此外,最高人民法院发布《关于认真学习贯彻〈中华人民共和国民法典〉的通知》(法〔2020〕158号),明确要求加强审判指导职能,及时开展包括民事、行政、刑事、国家赔偿在内的所有司法解释的全面清理工作。

在检察公信建设方面,检察机关充分发挥法律监督职能作用。一是进一步深化检务公开,创新检务公开的手段和途径。早在 1998 年最高人民检察院就出台了《关于印发〈关于在全国检察机关实行"检务公开"的决定〉的通知》(高检发〔1998〕29 号),向社会公众公布"检务公开"十个方面内容。2015 年 2 月 28 日,最高人民检察院发布《关于全面推进检务公开工作的意见》,明确了检务公开的基本原则和总体目标。2021 年又发布《最高人民检察院关于印发〈检务公开工作细则〉的通知》(高检发办字〔2021〕8 号),对检务公开的原则、主体、范围、方式、机制等做出明确规定,回答了检察机关应当"公开什么、谁来公开、怎么公开"等基本问题,把检察权运行过程置于人民群众监督之下。在发布政策文件外,最高人民检察院还积极举办主题检察开放日活动,截至 2021 年末,已累计组织 40 次检察开放日活动,常态化接受人民群众面对面的监督。二是继续推行"阳光办案",最高人民检察院下发了《关于印发〈人民检察院案件信息公开工作规定〉的通知》,对案件信息的发布、查询以及法律文书的公开做出了明确规定,并在全国检察机关同步上线运行"人民检察院案件信息公开网",截至 2022 年 3 月末,网站已公开重要案件信息 21 万余件,法律文书总量达 89 万件[②]。三是强化内外部监督,建立健全专项检查、同步监督、责任追究机制。对内出台了《检察人员执法过错责任追究条例》(高检发〔2007〕12 号)、《人民检察院执法办案内部监督暂行规定》(高检发〔2008〕4 号)和《最高人民检察院关于上级检察院对下级检察院执法活动监督的若干意见》(高检发〔2011〕10 号)等一系列文件并严格执行;对外主动接受社会监督,根据 2022 年最高人民检察院工作报告,2021 年最高人民检察院邀请人民监督员监督检察办案活动超过 11.7

---

① 资料来源:中国执行信息公开网。

② 资料来源:12309 中国检察网,https://www.12309.gov.cn/12309/ajxxgk/index.shtml。

万人次①。

在公共安全领域公信建设方面。2017年国务院办公厅印发《关于推行行政执法公示制度执法全过程记录制度重大执法决定法制审核制度试点工作方案的通知》（国办发〔2017〕14号）推行行政执法公示制度、执法全过程记录制度、重大执法决定法制审核制度三项制度，注重全面推行"阳光执法"，依法及时公开执法办案的制度规范、程序时限等信息，对于办案进展等不宜向社会公开，但涉及特定权利义务、需要特定对象知悉的信息，应当告知特定对象，或者为特定对象提供查询服务。此外，定期向社会公开火灾高危单位消防安全评估结果，并作为单位信用等级的重要参考依据。将社会单位遵守消防安全法律法规情况纳入诚信管理，强化社会单位消防安全主体责任。

司法行政系统公信建设方面，司法部建立健全监狱工作标准制度体系，加强监狱标准化、规范化、法治化建设，坚持"惩罚与改造相结合，以改造人为宗旨"的监狱工作方针，部署开展了监狱综合治理，重拳整治突出问题，全系统梳理内部管理问题；2020年出台《高法院 高检院 公安部 司法部关于印发〈中华人民共和国社区矫正法实施办法〉的通知》（司法通〔2020〕59号）各级司法行政机关以贯彻实施社区矫正法为主线，全面加强体制机制、工作队伍、教育管理及基础保障建设，推动社区矫正工作实现新发展；形成了全国统一的司法行政戒毒，戒毒人员收治场所更加规范有序，加强戒毒执法规范化建设。建立视频巡查检查制度，有效提升执法规范化水平。

司法执法和从业人员信用建设方面，司法部建立了各级公安、司法行政等工作人员信用档案，依法依规将徇私枉法以及不作为等不良记录纳入档案，并作为考核评价和奖惩依据；《中央全面依法治国委员会〈关于切实加强党政机关法律顾问工作 充分发挥党政机关法律顾问作用的意见〉》（中法委发〔2021〕1号）《司法部 中央文明办关于印发〈法律援助志愿者管理办法〉的通知》《司法部 国家发展和改革委员会 国家市场监督管理总局印发〈关于进一步规范律师服务收费的意见〉的通知》（司法通〔2021〕87号）等重要文件陆续发布，进一步推进律师、公证员、基层法律服务工作者、法律援助人员、司法鉴定人员等诚信规范执业。

健全促进司法公信的制度基础方面，2021年8月13日中共中央、国务院印发《法治政府建设实施纲要（2015—2020年）》，明确要求健全依法行政制

---

① 资料来源：2022年最高人民检察院政府工作报告，https://www.spp.gov.cn/spp/ttzgjgzbg/index.shtml.

度体系，加快推进政府治理规范化、程序化、法治化；健全行政决策制度体系，不断优化行政决策公信力和执行力；健全行政权力制约和监督体系，促进行政权力规范透明运行。坚持将行政权力制约和监督体系纳入党和国家监督体系全局统筹谋划，突出党内监督主导地位。推动党内监督与人大监督、民主监督、行政监督、司法监督、群众监督、舆论监督等各类监督有机贯通、相互协调。积极发挥审计监督、财会监督、统计监督、执法监督、行政复议等监督作用。

# 第三节　社会信用服务机构及产品

信用服务机构是社会信用体系建设的重要力量。社会信用体系建设的大发展离不开信用服务机构和信用服务市场的大发展[①]。广义的社会信用服务机构既包括传统的规模较大的征信、信用管理机构，狭义的社会信用机构指专门服务于各地信用体系建设的相关机构，比如信用修复咨询服务机构等。从产品上看，围绕社会信用体系建设的四大方面，形成了地方信用平台建设、信用信息咨询、失信信息查询及信用修复、信用体系培训等新的产业与服务领域。本书所介绍的社会信用行业，特指为社会信用体系建设提供相关信用产品和服务的生产部门、企业和中介机构的总称，属于社会信用体系建设的重要组成部分。本节主要对这种狭义的社会信用机构与其衍生的产品服务进行分析与介绍。

## 一、社会信用服务机构的范围和发展背景

### （一）社会信用服务机构的范围

随着社会信用体系专业化、规范化、信息化的发展，信用产业逐步与其他产业进行对接。在一定的地理区域内，一些机构以信用产品、信用服务、信用技术和资本等为纽带与周边企业结成一种具有价值增值的横向及纵向的战略联盟关系，为政府特别是发改委的社会信用体系建设推进而服务的机构，都可以被纳入社会信用服务机构的范围。

---

[①] 《国家发展改革委办公厅关于充分发挥信用服务机构作用　加快推进社会信用体系建设的通知》（发改办财金〔2018〕190 号）。http://www.gov.cn/xinwen/2018-03/05/content_5270947.htm.

社会信用服务机构提供的信用产品和服务是社会信用行业链中最为核心、最关键的内容，社会信用服务机构遵循真实性、一致性、独立性、稳健性的基本原则，收集、整理、分析经济实体的各种相关信息，向资本市场上的授信机构和投资者提供各种信用信息和附加信息，履行管理信用的职能。这种第三方信用评估行为正逐渐形成对经济实体及个人的信用约束与监督机制。

**（二）社会信用服务机构的发展背景**

信用信息的归集以及社会信用体系建设的其他工作，往往需要多个部门多个机构协同，参与主体、覆盖主体众多；因此，在建设社会信用体系上，仅仅依靠政府作为往往"事倍功半"，而引入合规的信用服务机构、银行等金融机构、大型互联网等企业的参与协作，能更快地构建社会信用体系这张社会信用管理的大网。社会信用行业机构作为社会信用行业的主体参与者，能够为政府的各项地区信用工作提供帮助。2014 年《纲要》对于培育和规范信用服务市场做出明确指示，鼓励发展各类信用服务机构。逐步建立公共信用服务机构和社会信用服务机构互为补充、信用信息基础服务和增值服务相辅相成的多层次、全方位的信用服务组织体系，推动信用服务机构完善法人治理。强化信用服务机构内部控制，完善约束机制，提升信用服务质量，加强信用服务机构自身信用建设。信用服务机构要确立行为准则，加强规范管理，提高服务质量，坚持公正性和独立性，提升公信力。

2015 年 7 月 1 日，《国务院办公厅关于运用大数据加强对市场主体服务和监管的若干意见》（国办发〔2015〕51 号）出台，提出对符合条件的信用服务机构，按有关规定享受国家和地方关于现代服务业和高新技术产业的各项优惠政策。加强信用服务市场监管，进一步提高信用服务行业的市场公信力和社会影响力。

2015 年 12 月 28 日，国家发展改革委财政金融司与中国诚信信用管理股份有限公司签署合作备忘录，是发改委首次与社会信用服务机构就共同推进社会信用体系建设达成正式合作，由此开辟了与社会信用服务机构合作共探社会信用体系建设的道路。

2017 年 10 月 16 日，国家发展改革委财政金融司发布《关于引入第三方信用服务机构协同参与多领域及特定领域行业信用建设和信用监管工作的函》。强调充分发挥专业化信用服务机构在信用建设和监管中的积极作用，拟再引入一批综合实力强、信用服务经验丰富、社会信誉好的信用服务机构协同参与行业信用建设和信用监管工作。

2018 年 2 月《国家发展改革委办公厅关于充分发挥信用服务机构作用　加快推进社会信用体系建设的通知》（发改办财金〔2018〕190 号）的出台，标志着第三方信用服务机构与政府在社会信用体系建设上的协作迈上了新台阶。该文细致地阐明了第三方信用服务机构在社会信用体系建设上能够发挥的作用、应当关注的领域、信用服务机构自身信用建设、发挥信用服务机构作用的试点探索等问题，能够较好地梳理出在社会信用体系建设工作上如何协调信用服务机构积极参与。

随着社会信用体系迈入高质量发展新阶段，共享经济、数字经济和平台经济持续发展，市场主体对信用的需求急剧增长，社会信用服务机构也扮演着越来越重要的角色，更多成熟、专业、合规的社会信用服务机构也将进一步协助政府参与建设高标准市场体系之中，这要求社会信用服务机构在新的发展时期进一步提升诚信经营水平和信用服务行业公信力。但与此同时，国家对于社会信用行业的监管也更加规范和严格，《国家发展改革委办公厅关于开展信用服务机构失信问题专项治理的通知》（发改办财金〔2021〕156 号）指出，信用服务机构是社会信用体系建设的关键一环，相比一般市场主体，其失信行为造成的负面影响更大，性质更恶劣，必须揪出其中的"害群之马"，对被列入严重失信主体名单或存在行政处罚等信息记录尚未完成信用修复的以及假借信用服务机构名义招摇撞骗两种类型的信用服务机构坚决加以治理。2022 年 3 月 29 日，中共中央办公厅、国务院办公厅《意见》再次强调应加强信用服务市场监管和行业自律，促进有序竞争，提升行业诚信水平。由此可见，在社会信用体系建设高质量推进阶段，社会信用服务机构的发展需要更加合法合规。

## 二、社会信用产品服务的重点领域和类型

### （一）社会信用产品服务的重点领域

引入社会信用服务机构，重点是具备相关从业资质的征信、评级等机构参与社会信用体系建设工作，需要立足社会信用行业机构实际，着眼社会信用体系建设总体目标和发展要求，多措并举、多渠道、多方式推动社会信用行业机构发挥积极作用[①]。

---

① 《国家发展改革委办公厅关于充分发挥信用服务机构作用　加快推进社会信用体系建设的通知》（发改办财金〔2018〕190 号），http://www.gov.cn/xinwen/2018-03/05/content_5270947.htm.

信用记录采集。社会信用服务机构具备丰富的信用信息处理经验，同时熟悉各项政策法规，在有效保护主体信息安全的基础上能够基于源数据处理等大数据技术将分散的信用记录归集到一个信用主体名下，形成完备的信用主体的信用档案。

红黑名单认定。根据《国家发展改革委、人民银行关于加强和规范守信联合激励和失信联合惩戒对象名单管理工作的指导意见》（发改财金规〔2017〕1798号）的要求，国家有关部门可根据工作需要授权信用服务机构按照统一标准认定红黑名单。社会信用服务机构根据社会信用体系建设的需要收集各有关部门（单位）认定的红黑名单，经核实后与自身服务过程中形成的有关名单进行整合并向社会发布，协助政府做好资质名单、红名单、黑名单、重点关注名单等名单的认定和梳理。

信息共享共建。社会信用行业机构与政府部门以签署共享协议等合作方式，在充分保护市场主体商业秘密、个人隐私的前提下，开展信用信息共建共享，实现公共信用信息与市场信用信息的有益整合。

行业特定领域备案。政府部门可以根据工作需要委托社会信用服务机构开展市场主体特定领域备案工作，探索开展被监管对象在政府部门、信用服务机构和行业协会注册备案，对行业典型失信主体开展信用调查，协助政府相关职能部门强化事中事后监管，对市场主体进行公示监督与社会告知，提升政府监管能力。

联合奖惩与失信专项治理辅助与服务。联合奖惩作为国家社会信用体系建设中的重点工作，联合奖惩特别是联合惩戒的有效开展能够有效地遏制重大失信事件的发生，能够让失信主体切实感受到失信带来的制约性。到2022年，国家已经形成了"3+51+N"①联合奖惩监管体系，并继续扩展。从国家开展的联合奖惩的工作来看，主要集中在政务领域、出行等高消费领域针对失信主体的惩戒，联合惩戒的范围仍然有待深化。政府在未来开展联合奖惩工作上能够联合第三方社会信用行业机构在商贸、金融、租赁、旅游、环保等

---

① "3"是指国家的3份顶层设计文件，即《国务院关于建立完善守信联合激励和失信联合惩戒制度加快推进社会诚信建设的指导意见》（国发〔2016〕33号）、国家发改委办公厅出台的《关于加强和规范守信联合激励和失信联合惩戒对象名单管理工作的指导意见》（发改办财金〔2018〕87号）和《关于对失信主体加强信用监管的通知》（发改办财金〔2018〕893号），这3份文件从红黑名单确定、联合奖惩实施、异议申请、信用修复以及红黑名单退出等方面都明确了相关原则，为各地区抓工作落实指明依据。"51"是指有51个国家部委签署联合奖惩合作备忘录。"N"是指各地方各协会（团体组织）等制定了联合奖惩依据。

领域探索市场化的联合奖惩机制。

信用服务咨询与调研。社会信用服务机构能够在地方政府信用工作考核评价、"双公示"工作开展状况、信用示范城市建设规划、产业园区信用体系建设等方面提供专业且独立的第三方咨询，给地方信用建设工作提供科学支持。

信用大数据分析应用。社会信用服务机构能够基于大数据技术探索信用信息资源统筹和大数据分析应用，选择不同区域、行业、领域进行信用风险的分析、监测和预警，为政府部门加强事中事后监管提供参考依据。

**（二）社会信用产品和服务的类型**

社会信用机构作为专业从事信用行业的企业，针对一个地区信用体系建设，具备其他类型的企业所不具有的整体性、规划性、合规性以及能够开发与当地经济、民生契合的应用性的特质。因此，积极引入符合条件的社会信用产品服务于社会信用体系建设工作中去，具备深刻的现实意义。

根据实际开展业务的不同，社会信用产品及服务包括以下几类：

第一，传统的基础性信用产品服务，如社会信用服务机构能够出具企业信用报告，为企业招投标、政府资金补贴、先进企业评定等提供参考；第二，特定需求的调研咨询服务，如社会信用服务机构可以提供针对政府单位、企业、行业的信用建设情况的咨询与调研；第三，城市居民信用积分的模型设计和开发，对于城市未来的各项便民服务提供抓手；第四，信用信息平台建设与升级，或在原平台的基础上进一步优化平台功能，增加特色应用服务；第五，监测预警服务，基于社会信用服务机构信用数据库，定向化做到针对特定企业的信用异常行为做到提前预警，方便企业或政府做到高效的风险管控；第六，行业信用建设，设计覆盖行业各主要参与主体的信用体系建设框架和载体，有效规范行业内部主体信用行为；第七，信用培训服务，社会信用服务机构凭借社会信用方面的专业知识为信用主管部门提供培训，如信用宣传、政策；第八，信用体系整体规划，社会信用服务机构从各地社会信用体系建设实际出发，为主管单位提供一系列社会信用体系建设顶层设计方案，如信用示范城市创建工作、文明示范城市创建工作、社会信用体系建设整体策划、营商环境评价工作；第九，符合当地实际需求的信用应用服务。如社会信用体系建设中的城市信用监测服务、诚信示范企业认定、信用修复等。

### 三、社会信用服务机构参与社会信用体系建设实践

2017 年 5 月，国家发展改革委副主任连维良在部分第三方信用服务机构座谈会上首次提出政府部门与第三方信用服务机构合作，共同推进社会信用体系建设，首批社会信用服务机构正式参与到中国社会信用体系建设的实践中来。2018 年 2 月《国家发展改革委办公厅关于充分发挥信用服务机构作用　加快推进社会信用体系建设的通知》（发改办财金〔2018〕190 号）的出台，标志着第三方信用服务机构与政府在社会信用体系建设上的协作迈上了新台阶，社会信用服务机构广泛参与国家和地方社会信用体系建设，在信用信息归集共享、信用体系建设咨询、助力地方政府提升营商环境、以科技赋能创新信用融资等方面积极奉献，为中国推进社会信用体系建设高质量发展提供了不可或缺的动能。

#### （一）与政府部门双向共享信用信息

解决信息孤岛问题一直是社会信用体系建设的重点困难之一，政府部门与社会信用服务机构互通有无、实现双向共享，能够创造条件让社会信用服务机构在社会信用体系建设工作中获得更多的空间和资源，充分发挥信息在社会信用服务领域的作用。2017 年 5 月，国家信息中心首次与中经社、中国诚信信用管理股份有限公司（以下简称中诚信）、东方金诚、鹏元征信等 15 家社会信用服务机构签署《信用信息共享合作备忘录》，信用信息共享协议签署后，国家信息中心将向社会信用服务机构共享并定期更新可向社会公开的公共信用信息，社会信用服务机构将向国家信息中心反馈信息应用情况及奖惩成效，并共享掌握的失信自然人、法人和其他组织相关信息[①]。通过拓宽信用服务机构与政府信息共享的渠道，信息共享全方位铺开。除直接向信用信息共享平台提供信息，第三方信用服务机构在与地方政府及行业协会的信息共享上也加快了脚步。多家社会信用服务机构与各省、市信用主管部门及行业协会签订了信用信息合作协议，启动重点领域信用记录建设专项行动，拓展了双方的信息数据采集来源，使共享信息由量的归集向质的提升转变。

2018 年 10 月 17 日，为加快推进综合信用服务机构试点工作，经自愿申报、综合审查，国家发展改革委财金司公示 27 家"综合信用服务机构试点名单"，见表 4-1。

---

① 刘梦雨，王砾尧.第三方力量——国家发展改革委引入第三方信用服务机构参与行业信用建设与监管纪实 [J]. 中国信用，2017（12）：18-29.

表 4-1　综合信用服务机构试点名单（排名不分先后）

| 1 | 百融金融信息服务股份有限公司 | 10 | 江苏未至科技股份有限公司 | 19 | 天创信用服务有限公司 |
|---|---|---|---|---|---|
| 2 | 北京汇法正信科技有限公司 | 11 | 金电联行（北京）信息技术有限公司 | 20 | 厦门市美亚柏科信息股份有限公司 |
| 3 | 北京梅泰诺通信技术股份有限公司 | 12 | 考拉征信服务有限公司 | 21 | 元素征信有限责任公司 |
| 4 | 北京泰德信用管理有限公司 | 13 | 联合信用管理有限公司 | 22 | 中大信用管理有限公司 |
| 5 | 北京宜信致诚信用管理有限公司 | 14 | 鹏元征信有限公司 | 23 | 中诚信国际信用评级有限责任公司 |
| 6 | 成都数联铭品科技有限公司 | 15 | 商安信（上海）企业管理咨询股份有限公司 | 24 | 中国出口信用保险公司 |
| 7 | 东方金诚国际信用评估有限公司 | 16 | 上海三零卫士信息安全有限公司 | 25 | 中国经济信息社有限公司 |
| 8 | 贵阳货车帮科技有限公司 | 17 | 深圳市信联征信有限公司 | 26 | 中经网数据有限公司 |
| 9 | 国诚信征信有限公司 | 18 | 深圳微众税银信息服务有限公司 | 27 | 中证信用增进股份有限公司 |

各试点机构以围绕推进社会信用体系建设、满足信用服务市场需求为向导，在以下方面为社会信用体系建设工作开展服务。

（1）市场主体全方位信用信息的采集、加工和信用状况评价。

（2）应用信用大数据针对不同商业场景开发信用产品和服务。

（3）参与地方政府城市信用建设，推动信用产品和服务在行政管理、公共服务场景中的应用。

（4）协同政府部门开展行业信用建设与信用监管。

（5）协同参与守信联合激励与失信联合惩戒。

**（二）为地方政府提供社会信用体系建设咨询**

加快地方政府社会信用体系建设，提升社会信用水平，少不了社会信用服务机构的巨大贡献，基于共建、共享、共赢的合作方式，地方政府信用体系建设主管部门与社会信用服务机构合作推进信用建设的局面逐渐形成，越来越多的社会信用服务机构受邀为地方政府社会信用体系建设提供咨询服务，在区域信用体系整体规划、信用修复培训、城市信用监测排名提升、信用示范城市创建等领域贡献了力量。如鹏元征信参与深圳市、长沙市、北京市、杭州市、广东省等多个地方政府社会信用体系建设研究、规划及相关设计，在深圳、广州、龙岩等地开展信用修复专题培训。中诚信自 2014 年起深入到江苏、河南、湖北、四川、贵州、内蒙古、广东、山东等多地开展区域信用体系建设，如为湖北武汉、咸宁市成功创建全国信用示范城市提供大力支持①；为河南省新乡市提供包含多项服务的信用体系建设综合性咨询服务，助力新乡市总体信用排名总体信用排名跃升至全国第 25 位、河南省地级市第一②；2020 年 10 月 30 日，中诚信湖北省发展改革委签订《关于共同推进湖北省社会信用体系建设的战略合作协议》，为湖北省信用体系建设持续赋能。

**（三）助力地方政府改善营商环境**

在社会信用体系的大框架下，信用建设与营商环境改革相互辉映。一方面，信用是形成良好营商环境的基石，有力地支撑了"放管服"改革的深化和营商环境的改善；另一方面，优化营商环境是推动高质量发展的关键一招，是推进社会信用体系建设的重要动力。党中央、国务院一直以来高度重视营商环境建设，2018 年 6 月 6 日，国务院总理李克强主持召开国务院常务会议提出围绕优化营商环境加快构建以信用为核心的监管机制。随后国务院成立了优化营商环境专题组，先后出台了《关于部分地方优化营商环境典型做法的通报》（国办函〔2018〕46 号）、《关于聚焦企业关切进一步推动优化营商环境政策落实的通知》（国办发〔2018〕104 号）等一系列文件，对优化营商环境做出了具体部署，并由国家发改委牵头，按照国际可比、对标世行、中国特色原则，构建了中国营商环境评价指标体系，在 22 个城市开展了试评价。

标志性的事件是，2019 年 10 月 22 日，国务院总理李克强签署《优化营商环境条例》（国务院令第 722 号），自 2020 年 1 月 1 日起施行。该条例一是明确了优化营商环境的原则和方向；二是强调加强对各类市场主体的平等保护；三是要求优化市场环境；四是要求提升政务服务能力和水平；五是要规范和创新监管执法；六是要加强法治保障。2021 年 12 月 14 日，国务院印发《关于"十四五"市场监管现代化规划的通知》（国发〔2021〕30 号）（以下简称《通知》），持续优化营商环境，充分激发市场主体活力被作为首要重点任务再次被提出，《通知》还对深化市场主体准入准营退出制度改革、增强

---

① 见 2019 年 8 月 12 日《国家发展改革委办公厅　人民银行办公厅关于印发第二批社会信用体系建设示范城市（区）名单的通知》（发改办财金〔2019〕849 号），武汉市获第二名、咸宁市获第十四名。

② 资料来源："信用中国"网站 2020 年城市信用监测排名。

各类市场主体发展活力、增强市场主体创新动能、提升公正监管水平做出了具体要求。

随着我国营商环境变革的不断推进，各城市和地区营商环境的发展呈现出新态势和新动向，具体表现为在营商环境上开展制度创新与开展优化营商环境专项行动、依托信息化技术手段创新营商环境建设。在这一背景下，作为社会信用服务机构，中诚信基于在信用管理领域多年来的实践应用经验创新构建的"营商环境分析系统"，依托世界银行营商环境评分方法[①]，结合中国国情构建了中诚信营商环境评价体系，并根据地方政府应用需求，进一步研发升级，首创营商环境一站式自助测评，测评主体通过平台可自助完成数据归集、指标测算、获得评分结果，从而定位全球排行，对标世界先进表现，有力地推动了营商环境的决策与改善，通过科学的评价模型、多维可视化结果展示，辅助政府更为直观、精准地进行营商环境分析，找差距，补短板，使政策真正落实到审批更简，流程更优，费用更少，让企业和民众有更多获得感。还能分析营商环境现状及存在的问题，为政府出台、调整营商环境政策提供决策支持，助力地方完善社会信用体系建设；同时追踪各项营商环境改革工作措施的贯彻落实情况，确保各项改革到位。

目前，中诚信营商环境分析系统已在多个区域成功落地，包括广东珠海市金湾区、横琴区、斗门区，山东济南市历城区，内蒙古鄂尔多斯市东胜区等地，有力地推动了营商环境的决策与改善，助力地方完善社会信用体系建设。其中，金湾营商环境分析系统被誉为首个具有知识产权的营商环境分析系统，结合金湾实际，创新采用"10+2"[②]指标模型体系，推动政府信息化

---

① 笔者注：在2020年6月有内部报告称2018年和2020年《营商环境报告》数据违规后，世界银行管理层停发了下一期《营商环境报告》，并发起了一系列对报告及其研究方法的审核和审计。2021年9月16日，世界银行集团发布声明，决定停发《营商环境报告》，并同时表示将研究制定评估营商和投资环境的新方法。虽然世界银行《营商环境报告》由于数据违规调查等原因不再发布，但其构建的营商环境评价指标体系的科学方法论仍然具备参考价值，包括中国在内的多个国家依然以世界银行营商环境评分方法作为参照系，因此，不能全然否定世界银行指标体系对我国营商环境改革带来的推动和启示。

2022年2月，世界银行集团在其官方网站发布通告，表示正在构建用于评测全球经济体商业投资环境的新评估体系——宜商环境（Business Enabling Environment），同时公布了宜商环境评估体系的前期概念说明。

② "10+2"指标指十个基础指标，包括开办企业、获得电力、办理建筑施工许可、登记财产、获得信贷、保护少数投资者权益、纳税、跨境贸易、执行合同、办理破产，以及两个本地特色指标——劳动力市场与交通物流。

信用产业概论

建设，同时为政府改善当地的营商环境提供政策依据，是一个成功的依法治理、建设国际一流营商环境的实践案例，被列入《珠海法治蓝皮书（2019）》中。在"2020环球趋势大会"上，由中诚信提供服务的多个区域的先进做法被列入"2020年度营商环境建设示范案例"，如珠海市金湾区凭借在"微改革"、扶持中小微企业提高政务服务事项办理效率和水平等方面的显著成效，继2019年获奖后再次蝉联"中国营商环境建设示范案例奖"；珠海市斗门区和鄂尔多斯东胜区凭借在营商环境领域的卓越成果均荣获"年度优化营商环境奖"。这就彰显出社会信用服务机构在持续优化营商环境方面的积极创新精神。需要特别提醒的是，2022年3月25日《中共中央 国务院关于加快建设全国统一大市场的意见》（中发〔2022〕14号，共三十条）对营商环境尤其强调，其中第（三）主要目标中包含5点，第2点是这样表述的："加快营造稳定公平透明可预期的营商环境。""可预期"这3个字是在党和国家的文件中首次出现。该点的具体目标内容为："以市场主体需求为导向，力行简政之道，坚持依法行政，公平公正监管，持续优化服务，加快打造市场化、法治化、国际化营商环境。充分发挥各地区比较优势，因地制宜地为各类市场主体投资兴业营造良好生态。"

**（四）科技赋能创新信用融资模式**

中小企业在经济发展中扮演着举足轻重的角色，是经济的"晴雨表"，但随着国际国内市场环境变化，中小企业生存备受挑战，融资难、融资贵、融资繁问题仍然比较突出，中小企业面临的生产成本上升、融资难、融资贵、创新发展能力不足等问题，一直受到党中央、国务院高度重视。2019年2月22日，在中共中央政治局就完善金融服务、防范金融风险举行的第十三次集体学习会上，习近平总书记指出，"深化金融供给侧结构性改革必须贯彻落实新发展理念，强化金融服务功能，找准金融服务重点，以服务实体经济、服务人民生活为本。要以金融体系结构调整优化为重点，优化融资结构和金融机构体系、市场体系、产品体系，为实体经济发展提供更高质量、更有效率的金融服务。要构建多层次、广覆盖、有差异的银行体系，端正发展理念，坚持以市场需求为导向，积极开发个性化、差异化、定制化金融产品"[①]。中共中央办公厅、国务院办公厅在2019年2月14日和4月7日，先后印发的

---

① 习近平在中共中央政治局第十三次集体学习时强调 深化金融供给侧结构性改革 增强金融服务实体经济能力 [J]. 中国金融家，2019（4）：10+12.

《关于加强金融服务民营企业的若干意见》与《关于促进中小企业健康发展的指导意见》均着重强调了要"从战略高度抓紧抓好信息服务平台建设"、推进发展"互联网＋中小企业"，健全优化金融机构与民营企业信息对接机制，鼓励大型企业及专业服务机构建设面向中小企业的云制造平台和云服务平台，为中小企业提供信息化服务。2021年12月11日，工业和信息化部等19部门出台《关于印发"十四五"促进中小企业发展规划的通知》（工信部联规〔2021〕200号），将提高融资可得性，健全信用信息共享机制，支持金融机构运用金融科技创新金融产品和服务，推动供应链金融场景化和生态化，加强对创新型中小企业的支持作为未来五年的重要任务，同时，支持金融机构综合运用新一代信息技术等手段，创新服务模式，改进授信审批和风险管理模型，拓展服务中小企业的各类生产经营场景。2022年3月，中共中央办公厅、国务院办公厅《意见》强调要以坚实的信用基础促进金融服务实体经济，创新信用融资服务和产品，发展普惠金融，扩大信用贷款规模，解决中小微企业和个体工商户融资难题，加强公共信用信息同金融信息共享整合，推广基于信息共享和大数据开发利用的"信易贷"模式，深化"银税互动""银商合作"机制建设。

党中央和国务院的高度重视、各项政策的密集发布，不仅表明了我国扶持中小企业融资的决心，也按下了社会信用行业的转型发展的快进键，为社会信用服务机构依靠信用科技赋能中小企业融资创造出空前机遇。在此基础上，为更好地支持中小微企业健康发展，破解融资难、融资贵的问题，消除信息壁垒和信息不对称的现象，中诚信凭借在社会信用行业的深厚底蕴，开发了以"信用＋科技＋普惠金融"为特色的普惠金融信用服务平台，2017年中诚信在泰州市政府办和人民银行泰州市中心支行的大力支持下，在全国首创了信用融资一体化大型综合性服务平台——泰州征信融资e网通。

这个平台区别于传统金融机构的运作模式，平台以信用为核心，为企业提供了一揽子线上信用融资解决方案。包含政银企网上自动融资对接，不受时间和地点的限制；企业全方位信用画像，提升了银行甄别客户能力和融资效率；实时监测贷款企业及其关联企业的经营状况和高管行为，超前预警信贷风险。搭建了"融资服务＋信用查询＋信用评价＋风险预警"的"互联网＋信用＋普惠金融"融资服务链，开创了独特的全视角的创新信用融资"泰州模式"。

平台经2019年完成二期升级建设后，获得由中国人民银行颁发的"2019

年度银行科技发展奖"三等奖,是全国地市级央行系统中唯一的获奖项目。"泰州征信融资 e 网通"平台的成功运营仅是中诚信在科技赋能和地方数字金融建设的一个缩影,该模式已陆续成功复刻于杭州 e 融、武汉汉融通、鄂尔多斯中小微企业信用平台、毕节中小企业融资服务平台、三门峡普惠金融服务平台等多个普惠金融信用服务平台。为多地中小微企业和个体工商户等市场主体提供"一站式、一体化、一键通"的信用服务和融资服务,全面开启服务中小微企业、服务实体经济发展的"信易贷"时代。

中诚信在科技赋能信用融资模式上的创新意义重大。首先,中诚信作为首批与国家发展改革委签订合作备忘录的社会信用服务机构,立足于社会信用产业链,主动作为,以"泰州征信融资 e 网通"平台建设为契机,通过聚焦服务实体经济、聚力机制技术创新、聚合资源有效供给为抓手,探索了"政策 + 资金 + 市场"多因素驱动下的中小企业融资新模式,不仅针对性地打通了中小企业融资的堵点和断点,也为社会信用服务机构科技转型开辟了道路。其次,中诚信充分利用人工智能、大数据、云计算、区块链等技术的快速发展,为信用科技的演化和升级创造了成熟条件,架起了金融机构与中小市场主体之间的一座技术桥梁,在保障企业隐私和信息安全的同时,减少了企业与金融机构的信息不对称问题。此外,中诚信普惠金融信用服务平台在建设的全流程持续向含个体工商户、农户的中小微企业灌输了诚信体系概念,有助于其增强诚信意识,助力区域信用体系建设。对于政府部门而言,中诚信科技赋能创新出的新型信用融资模式,也成为积极探索政府信用数据的使用方式和手段,对于促进政府信息数据公开,发挥政府数据的价值意义重大,作为各普惠金融信用服务平台的使用方之一,政府部门可通过平台快速有效地进行信息(企业)查询、数据统计、行业监管、政策制度等提供信息支撑,促进区域内产业结构转型升级,从而实现高质量发展目标。

征信与评级行业的发展源于资本领域对信用的直接需求,其发展最终是要服务于经济增长与金融市场繁荣。相应地,社会信用行业的发展源于社会领域对信用的直接需求,其发展服务于民生保障与政府治理,只有在资本领域和社会领域均具备较高的信用水平,才能进一步保障市场供需有效衔接、推动资源优化配置、营造良好营商环境,最终为实现经济高质量发展提供强大的信用支撑。

就全国而言,社会信用行业存在市场范围各地分割、市场基础制度规则不够统一的问题,这些"拦路石"同样也在信用产业的其他领域中广泛存

在。中央也着手有针对性地解决这些突出问题，2022 年 3 月 25 日，《中共中央 国务院关于加快建设全国统一大市场的意见》（中发〔2022〕14 号）出台，开篇指出建设全国统一大市场是构建新发展格局的基础支撑和内在要求。

该文共三十条。其中第七条明确提出要"健全统一的社会信用制度"，具体措施包括："编制出台全国公共信用信息基础目录，完善信用信息标准，建立公共信用信息同金融信息共享整合机制，形成覆盖全部信用主体、所有信用信息类别、全国所有区域的信用信息网络。建立健全以信用为基础的新型监管机制，全面推广信用承诺制度，建立企业信用状况综合评价体系，以信用风险为导向优化配置监管资源，依法依规编制出台全国失信惩戒措施基础清单。健全守信激励和失信惩戒机制，将失信惩戒和惩治腐败相结合。完善信用修复机制。加快推进社会信用立法。"其中第二十一条要求全面提升"市场监管能力"，明确将"信用监管"列为第二种监管手段。其中第二十七条专门就该文落实问题做了严肃规定，有理由相信，全国统一市场建设中社会信用行业发展的空间将会越来越大。

# 第五章　信用增进

信用增进也是信用产业的组成部分，通过第三方对信用风险进行分担或担保，可以使债券等金融工具的信用等级有所提高，从而降低发行成本。随着金融资源的服务广度与深度提升，信用交易的范围扩大，融资主体提升自身信用水平的需求也不断提高，增信行业面对的市场需求也不断提高。特别是中小企业与小型机构普遍存在资产质量不佳、信用关系不明的特点，有时需要内部或者外部的信用增进举措提升信用等级以获取融资。本章从定义与作用、增信方式与产业经济分析三个方面对信用增进行简单介绍。

# 第一节　信用增进的发展、定义与作用

信用增进的直接作用是提高融资主体或融资工具的信用等级，具有一定的信用风险分散与承担功能。本节首先对信用增进（简称增信）的起源、定义与作用加以分析介绍。

## 一、增信的起源与发展

增信行业起源于美国。在 20 世纪 70 年代初期，增信行业主要为债券发行，特别是市政债的发行提供债券担保保险为主要业务。这类机构又被称为"债保机构"，这类机构早期通常只被批准进行单一的债券担保保险业务，而不能从事其他保险类业务。而拥有保险执照的多产品保险公司是被限制或不允许开展金融担保业务的，然而这些公司却可通过资本分离的子公司来开展金融担保业务。所以早期的金融担保，其实由专业债保公司和大型多产品保险公司两种不同监管类型的债保机构持牌经营。之后，美国发生了多起相关企业的破产案，促使投资者对债券信用风险的认识和了解，债券保险与金融担保的价值也由此得到较为广泛的承认。直至 1998 年，美国增信市场上主要有 11 个提供金融担保业务的债保机构，这些机构又主要为四大机构所掌控，它们包括美国市政债券保险集团（AMBAC）、金融担保保险公司（FGIC）、金融证券担保公司（FSA）、市政债券投资者担保公司（MBIA）。这 4 家大型债保机构既从事市政、州政府和其他非联邦政府实体的金融担保及债券保险业务，也开展结构融资的金融担保业务，至此，信用增进的市场初步形成。

到 20 世纪 90 年代末期，全美约有 50% 的市政债券含有债券担保保险。但随着美国金融衍生品市场的迅速发展，不断有债保公司介入高利润的结构化金融产品市场和国际业务。尤其是随着债务抵押债券（Collateralized Debt Obligation，CDO）市场的快速发展，债保公司通过卖出 CDO 各分支的信用违约互换（Credit Default Swap，CDS）产品获得了大量收入。这些业务为债券保险公司承保规模的迅速扩大做出了很大贡献。截至 2006 年，债券保险公司承保总规模已经达到 3.3 万亿美元。

但是 2007 年次贷危机席卷美国、欧盟和日本等世界主要金融市场，给

整个债保行业带来了灾难性的影响，2010年全美最大的增信公司AMBAC宣布破产。截至2013年末，已经没有一家债券保险公司具有AAA级（Aaa级）主体评级，并且仅有3家债券保险公司在继续开展业务。2013年新发行市政债券中含有债券保险的比例已降为4.6%。在此之后，除了少数仍在运作的金融担保机构，美国主流的增信载体从增信机构（即债保机构）转向了信用衍生工具——CDS。

其中，CDS的卖方包括投资银行、对冲基金及保险机构，买方主要以银行机构为主。CDS等金融衍生品的规模迅速扩大，直接带来了美国的次贷危机，2008年国际金融危机之后，美国推行了一系列改革对信用衍生工具进行调整：一是实行CDS票息标准化，既便利了中央清算，又消除了信用违约事件发生后CDS合约不同带来的息差风险；二是完善标准化协议文本，建立信用衍生品决定委员会，对相应的议事规则进行了规范。2013—2019年，美国CDS的市场规模逐渐缩小，CDS产品在信用衍生品市场的占比也在逐渐回落。2020年新冠肺炎疫情冲击下美国金融机构的避险情绪上升，CDS产品的市场规模有所上升。

在欧洲，信用增进主要是通过银行机构提供信用担保（特别是针对小微企业）来实现的。1954年，德国成立了第一家担保银行，目前所有联邦州都成立了本区域的担保银行，这些担保银行为私有商业银行，但这些担保银行既不吸收存款也不发放贷款，主要业务是为本州中小企业提供违约担保服务，每家企业最大担保额不超过75万欧元，加之有效的风险分担机制、风险补偿机制等，为德国中小企业融资起到了重要作用。1994年，欧盟成立了欧洲投资基金（European Investment Fund，EIF），该机构是股份制金融机构，由欧洲投资银行、欧盟委员会代表、成员国的公立或私立金融机构出资组成，对欧洲的中小企业贷款证券化起到了重要作用：一是为中小企业贷款提供担保服务，EIF最高可向发放贷款的金融机构提供高达80%的担保；二是可为5000万欧元以下、10年期以内的中小企业贷款证券化提供外部信用增信服务，增信后的中小企业贷款证券化产品信用等级通常可达AAA/Aaa。

我国的增信市场主要由信用增进公司组成。截至2022年1月，在中国银行间市场交易商协会登记的有7家信用增进公司，分别是中债信用增进投资股份有限公司（以下简称中债信用）、中证信用增进股份有限公司（以下简称中证信用）、晋商信用增进投资股份有限公司（以下简称晋商信用）、天府（四川）信用增进股份有限公司（以下简称天府信用）、陕西信用增进有限责

任公司（以下简称陕西信用）、长保信用增进股份有限公司（以下简称长保信用）、天津国康信用增进有限公司（以下简称国康信用）。上述信用增进机构都从事市场外部增信的业务，以中债信用为例，其业务范围已经覆盖信用风险缓释合约（Credit Risk Mitigation Agreement，CRMA）、信用风险缓释凭证（Credit Risk Mitigation Warrant，CRMW）、信用违约互换（CDS）以及信用联结票据（Credit-linked Notes，CLN）交易，并通过持续报价和交易为市场提供了二级市场的流动性。与此同时，中债信用还涉及传统的担保类的增信业务，涵盖各类型债券、票据、定向融资计划、银行理财产品、信托计划、资产管理计划、跨境投资产品以及区域集优中小企业非公开定向债务融资工具等债务融资工具和产品的增信。中证信用则在主体增信的基础上，着重对资产证券化、消费金融、供应链金融、中小微企业融资等各类产品提供增信服务，目前已涉及房抵贷、车抵贷、消费贷、现金贷等各类场景的增信服务。剩余5家信用增进公司都具有一定的区域经营性质，在各类融资担保业务的同时，也有部分作为信用风险缓释工具的一般交易商参与到了 CRMA、CRMW 等信用衍生产品的交易业务中。

## 二、增信的定义、原则与对象

### （一）增信的定义

信用增进就是采取一定措施使企业主体或信用工具的信用等级提高，以便在金融活动中能顺利筹集资金，降低融资成本，支持或延续经营。而且，信用增进通过产品创新实现信用风险流动，可以有效推动风险转移和分担机制的建设，完善风险分散分担的链条，提升整个金融系统的风险管理能力。从广义上理解，所有与信用风险的分散分担有关的信用服务或金融服务都可以叫作信用增进。

从狭义的增信认定来看，增信首先应当与债务、收到还款、支付本息等信用风险相关，而且仅存在于包括债券、债务概念的固定收益产品[①]（Fixed Income Securities，FIS）中（其中也包含 FIS 发行人／融资者的主体增信），而不应存在于其他金融产品中。其次，增信有时涉及信用风险的转移，即通过

---

[①]　固定收益证券，即固定收益产品，是指一切具有固定收益的偏债性的产品。债券只是固定收益证券中的一个品种。除债券外，固定收益证券还包括：票据及其债务融资工具，有利率限制的信托产品及其各种金融机构的理财产品，应收账款，存款与贷款及其他衍生产品，包括保理、ABS 等各种结构化融资产品。增信对象是固定收益证券整体，并非仅为债券。

衍生产品等形式确保本息支付顺利进行；增信也涉及承载信用风险的载体，主要包括相关的金融工具、技术手段等。

此外，增信过程中还涉及风险转移的定价管理或成本管理等交易价值认定，而且与民事担保不同，增信作为一种商事担保将担保责任转化为及时偿付义务，判断这种义务的大小需要通过增信定价来体现，因此增信定价也就十分重要。综上所述，增信行业与信用风险的转移及其定价管理密切相关，增信的本质特征应该包括以下三个方面：信用风险、信用风险转移、定价管理。

本节所分析的信用增进是从狭义增信的角度展开，即仅与固定收益证券产品相关，不涉及其他金融产品（如股票、期货）的信用水平。固定收益证券到期可否按约兑付，是否会发生信用违约，违约发生的概率是多少，发行人的信用等级如何，都会影响某一特定固定收益证券的信用风险，需要进行信用评价并给予信用等级，通过各种渠道提升信用等级、降低融资成本形成了增信行业的需求。

从信用风险转移角度看，如果一个固定收益证券的信用风险发生转移，就一定需要另一方来承载信用风险，也就是说，这一转移过程必然涉及一个承载从固定收益证券转移出信用风险的载体。这个承载信用风险的载体，就是增信载体，它可以是增信机构，也可以是具体的增信合约或信用衍生品等，如果增信载体是其他非固定收益证券的权益产品，那它也可能是创新型的增信产品。

最后，实现信用风险转移需要运用价格手段。增信载体去承载转移出来的信用风险，涉及信用风险转移及其定价管理。增信定价不简单等同于信用风险的定价，而是关于信用风险转移的对价，不仅包括信用风险定价，还包含信用风险的转移成本、信用风险载体的管理成本等层面。

由于在固收产品中银行信贷以及债券是主要的融资方式，因此增信市场主要围绕信贷以及债券的信用风险分担、转移、保险或担保展开。其中，融资担保行业具有主要针对小微企业融资的特殊性，在美国、欧洲特别是德国等国家主要利用政策性银行或金融机构来实现对小微企业进行补贴，而我国却存在大量的融资担保公司，以银担合作的形式实现对小微企业或个人的金融服务下沉，因此本章并不对融资担保行业进行重点分析，而将其归类为广义的信用管理行业并在下一章略加介绍。

### （二）增信的原则

信用增进的原则就是分担、对冲信用风险所应遵循的基本原则，具体分为宏观原则和微观原则两部分。

增信的宏观原则主要区分为主动性承担原则、选择性承担原则和预防性承担原则三种策略取向。第一，主动性承担原则是指有意识地把信用（违约）风险从固定收益证券中分离出来并进行第三方承担。在美国，地方政府债和"两房债"等债券形式都是以主动性承担原则为主的，即政府机构或证券发行人通过购买信用保险等形式主动提升相关产品的信用等级。融资增信产品也大多遵循主动性承担原则，比如海外金融机构提供的创新型单一增信产品、复合增信产品及其集合增信产品（Standard Credit Enhancement Product，SCEP）等，是由第三方增信机构将信用风险再次转移其他资金方。第二，选择性承担原则是指信用风险带来的相关成本，需要由分散或递延等方式来进行缓释的原则，属于规避信用风险的承担原则。对于上市公司银行贷款、上市公司债券及其他债务融资工具，因其透明度较高，可以按照选择性承担原则，即采取分散或递延的承担方式。现行增信产品大多是遵循选择性承担原则，比如 CDS、信用风险缓释工具（Credit Risk Mitigation，CRM）。第三，预防性承担原则是指信用风险需要以预防方式来承担，也是属于规避信用风险的承担原则，比如 ABS 产品内部增信过程中采取的超额利差，其实是对信用风险进行了预先"缓冲"。为了应对信用风险的随机概率性质，融资增信产品通过价格管理及其模式管理，可以有效地预防、消化、吸收这种随机概率性的违约风险对资本市场的意外冲击。

增信的微观原则同样包含三方面内容，分别为风险分散承担原则、风险概率与集中覆盖原则和资本效率与规模支撑原则。

首先，针对某个风险价格可以量化的增信项目，应采取分散承担原则。如果增信市场都是单一增信机构对单一价格量化的增信项目进行增信，并且因担保限制或合约限制无法转让、让渡，那么这种增信仅仅只是将风险从一个主体部分地转移到了另一个主体，一旦发生信用违约，必将对增信机构产生重大损失。在 CDS、CRM 等现行增信产品中，某个价格量化的增信项目，既可以由多个产品卖家进行增信，也可以由单个产品卖家进行增信后再分拆给多个产品卖家，分散了某个价格量化的增信项目的所有信用风险，并由多个产品卖家分别按量承担增信义务进行赔偿。在创新增信产品中，无论是单一增信产品、复合增信产品还是集合增信产品，都是由单个增信机构先进行

风险承接再批发给增信产品发行人，通过增信产品的市场发行并分散增信项目的信用风险。

其次，增信应当坚持风险概率与集中覆盖原则。对于 CDS、CRM 的卖方也就是增信者来说，信用风险（信用事件）的发生尽管可以分散承担，但还是产生投资损失，除非可以组成结构优化的增信资产池，才可足以抵御单一资产因随机概率发生的信用风险。创新增信产品、复合增信产品及其集合增信产品，都以结构优化的增信资产池作为增信产品的基础支撑，用于抵御单一的随机概率发生的信用风险对创新增信产品及其投资者所带来的冲击和震荡。

此外，增信过程也需要坚持资本效率与规模支撑原则。在固定收益证券市场规模化发展的今天，增信需要在资本效率最大化的条件下达到支撑固定收益证券规模发展的目标。如果不讲资本效率，只讲规模支撑，增信本身可能也将无法存在。截至 2021 年末，我国债券市场存量规模已达 130.4 万亿元人民币，如果按照资本金 10 倍杠杆率计算，增信机构的资本金至少需要十万亿元人民币，增信机构和增信业务本身的风险较大，资本金本身就涉及资本的使用效率问题。

### （三）增信对象

增信对象，也可称为担保对象、信用保护对象，这些不同名称反映了信用风险所赖以存在的不同形式和不同载体。信用风险又通过信用事件、信用等级调整、信用利差及其违约率来反映。增信对象主要包含三个层面：信用风险本身、融资工具、固定收益证券的发行人或融资者。

信用风险是增信对象的根本、核心内容。在所有涉及固定收益证券、信用产品及其衍生产品等方面，增信均是以降低信用风险为核心。信用风险可以存在于固定收益证券之中，也可以存在于固定收益证券发行人／融资者自身，需要从不同角度、不同载体来评估分析，例如信用事件发生的背景及影响、信用等级变动、信用利差走势、违约回收率大小、风险资产情况等。固定收益证券是信用风险的产品载体，其他金融产品均无法承载信用风险，因此，固定收益证券作为信用风险的载体也可被称为增信对象。作为固定收益证券的发行人，不仅是固定收益证券的载体，也是信用风险的主体载体。在涉及担保对象，或者 CDS 或 CRM 的标的资产时，都以信用风险的主体载体作为增信对象，或者作为信用保护对象。

除了上述一般的增信对象外还有一些特殊的增信对象，比如由于国家、

地方基础设施建设需要进行融资以发行地方政府债和市场债，或者因为国际战略规划投资需要所发行的以其他国家币种计价的他国债券或他国项目债，由于这些固定收益证券财务透明度不够，仅依靠市场化途径难以在正常资本市场上获得融资，此时可以采取法定增信的方式提高其信用水平，比如在美国市政债的发行过程中，证券法规定其需要购买市政债保险来进行信用增进。

### 三、增信的目的和作用

#### （一）增信的目的

增信首先是对固定收益证券的信用风险进行有效预防和化解，实现损失最小化、降低发行成本、易于发行等功能。同时，增信在维护具有市场重要性的金融产品的同时，可助力化解此类金融产品出现信用事件时导致的市场风险，有助于维护资本市场的稳定性、防止信用风险对资本市场形成过大的冲击与震荡。意外冲击或震荡是指固定收益证券信用违约在不可预见的条件下发生，可能对资本市场造成严重的负面影响并诱发风险在不同金融机构、金融市场间相互传导扩散。因此，在增信产品设计中，可以通过设置不同影响系数、不同规模的信用触发事件，并将避免信用违约作为信用触发事件的底线，以减少信用违约对资本市场的意外冲击。

#### （二）增信的作用

信用增进降低了债权人的预期损失，提高了金融市场的资金配置效率。金融交易的实现建立在双方对信用水平和风险损失透明、认可的基础上，由于信用信息不对称导致部分交易无法达成，信用增进在一定程度上缓解了对于风险的过度担忧，有助于扩大信用交易。信用增进机构或相关产品将额外的信用注入金融市场，提高了既有金融市场的信用水平，推动了更多金融交易得以实现，提高了金融市场的配置效率。

信用增进有助于降低金融市场发生系统性风险的概率。我国企业融资结构总体仍然以间接融资为主，以银行机构的信贷融资为主。在银行信贷中，由于一些企业难以满足资产抵押要求，很多贷款采取互联互保的方式。当宏观经济出现向下波动时，互联互保则成为风险加速放大的机制，甚至对区域性银行机构带来一定的风险。信用增进可以帮助斩断互保风险的传导链条，也避免了银行机构出现损失从而避免带来区域性的资金供给谨慎或减少，降低了系统性金融风险发生的概率。

信用增进推动了金融市场的创新和发展。在美国，CDS 等金融衍生工具

正是在信用增进的逻辑基础上创新而来的。在我国，中国银行间市场交易商协会在 2009 年推出了中小企业集合票据，由于发行人的主体信用等级普遍较低，难以满足投资者的授信要求，第三方增信机构则通过注入信用使得该类金融产品创新获得一定市场。

信用增进有助于减少金融市场波动，稳定投资者预期。再以我国的中小企业集合票据为例，当 2010 年起开始出现发行人无力偿付本息的问题时，由于外部增信机构的迅速介入、履行增信责任义务或提前代发行人兑付了债券本息，避免了市场由此出现较大波动。从上述案例看，信用增进在金融市场上也具有一定的稳定器功能，有助于减少投资者的担忧及其负面预期，分散了一定信用风险，降低了风险的扩散程度。

# 第二节　信用增进的方式

增信除了根据增信主体的不同可以分为内部增信与外部（第三方）增信，还可以根据具体的操作手法分为不同的类型，本节对不同的增信方式进行简介。

## 一、内部增信和外部增信

内部增信，是指固定收益证券的发行人、融资者及其关联人提供增信，即非独立第三方提供增信。内部增信范围较广，包括关联担保、股权融资以及资产证券化等形式。

关联担保是由固定收益证券发行人及其关联人（如股东，实际控制人等）进行的担保。股权融资对债权融资也有风险对冲作用。内部增信的另一种表现，是资产证券化（Asset Backed Securities，ABS）以及与之相关的"内部增信工具"，即次级权益（凭证）、现金抵押账户、超额抵押、利差账户／现金抵押账户、资产出售方提供追索权等。

内部增信看似具有某些增信作用，但是却没有发生风险转移，或者支付风险转移对价。内部增信一般都是企业根据资产支持证券化的投资风险不同，将资产划分为不同的级别，以满足不同投资者的需求。资产证券化运作中多数的证券结构设计不仅使用一种技术，而是通过以上介绍的多项技术的组合使用来加强信用增级效果。例如，一些发行方将债券担保技术和高级／次级债

券设计结合起来进行信用捆绑，创造出能够有效隔离第三方风险的"超级高级债券"，同时也能够提高次级债券的信用评级。对于资产支持证券发行者来说，选择信用增级方式的目标是要能够找到最能够符合实际和成本最低的方式，使资产支持证券达到想要的评级和价格。

外部增信，是指独立第三方为固定收益证券进行增信，由外部担保机构提供担保。当发行人的信用评级低于借款的要求时，第三方可以对一定量或者一定比例的信用损失进行担保。发行人在基础资产产生的超额现金流中提取一部分作为对第三方提供信用增级的报酬。同时，资产出售方将提供追索权，并主要被用于非银行发行者，这种方法用资产出售方的特定保证来吸收基础资产一定范围内的最大信用风险损失。

从外部增信的种类来看，作为外部增信公司的业务包含金融担保或融资担保（Financial Garranty，FG），金融资产远期买卖（Financial Asset Forward Trade，FAFT）；若增信为市场化的产品，则有信用风险缓释合约，信用违约互换，信用风险缓释凭证及其衍生增信产品等。外部增信，不仅为无关联的第三方（增信载体）增信，而且支付与信用等级相应的风险转移对价，是市场中增信的重要组成部分。

## 二、一般产品增信与结构化产品增信

### （一）一般产品增信

一般产品增信方式主要包括抵押和担保两种形式。

抵押是指抵押人以同一抵押物为债权进行抵押时，这些抵押所担保的债权等于或小于抵押物价值。超额抵押是另一种常用的信用增级形式，其特点为抵押所担保的债权大于抵押物价值。超额抵押的信用增级结构，使得利用额外利差来支付债券本金成为可能。这种支付结构也可以被称为涡轮结构，因为它加速了债券本金的偿还流程，为可能的损失建立了一个超额抵押的缓冲。在设置有超额抵押的资产支持证券中，如果资产支持证券未来的现金流出现问题，最先承受风险损失的是超额抵押部分，从而起到为资产支持证券提供风险缓冲的作用，以保护投资人的原收益。部分证券化产品会约定在证券偿还期间，抵押资产价值下降到预先设定的某一规模时，发行人必须增加抵押资产从而恢复超额抵押状态。比如梅赛德斯—奔驰汽车金融公司发行的"速利银丰中国 2016 年第一期汽车贷款支持证券"就约定每个支付日的目标超额抵押金额为初始起算日的变动后资产池余额的 10.77%。一般超额抵押也

多用于债权类基础资产，包括各类应收款、租赁租金债权、银行信贷债权等。

担保是目前主要的信用增进形式之一，通过经营风险的资本机构或现代增信机构的担保保证来实现信用风险转移。无论转让信用还是让渡风险，抑或受让信用还是受让风险都属于担保行为。企业债券担保是指担保机构利用自身的良好信誉，为企业发行债券出具担保函，为债券到期本金、利息的及时偿还提供连带责任担保。债券担保的对象为固定收益证券发行人/融资者，担保主体为增信机构。担保合约是开展担保业务或融资担保业务的主要形式。区别于民事担保，金融担保建立了及时偿付这一商事担保的核心法律责任。

**（二）结构化产品增信**

结构化产品的增信方式主要包括信用分层、差额支付承诺、回购承诺以及超额利差四种形式。

第一种信用分层。即利用内部分层结构控制信用风险，是常见的内部增信手段。优先/次级分层是指在资产支持证券端构建一个优先/次级结构，使证券在实现本息兑付或损失分配安排上具有优先与劣后的顺位区分，实现风险的再分配，通过次级资产支持证券为享有优先权的优先级资产支持证券提供信用支持。其现金流收益由优先至次级分配，而损失由次级至优先承担。具体而言，证券化交易在进行收益分配时，在支付税收和相关费用支出后，会先行兑付优先级资产支持证券的各期预期收益及未偿本金余额，只有当其全部得到兑付时，才会进入次级资产支持证券的兑付。在特殊目的载体终止进行清算时，其资产在支付税收和相关费用支出后，也先用于支付优先级资产支持证券的预期收益和本金，在全部清偿完毕后，剩余资产分配给次级资产支持证券持有人。值得注意的是，次级资产支持证券往往由原始权益人或其关联方自行认购，以为优先级资产支持证券提供信用支持。信用分层如何划分需要考虑三个问题：其一，借款人违约损失的吸收次序如何安排、次级证券的"保护层厚度"相对于整体资产池余额而言该占多大比例；其二，是否考虑利用次级证券的利息收益向高级证券本金损失提供担保；其三，债务重组或不良资产处置的决策权如何分配。

第二种差额支付承诺。该方式是差额支付承诺人（一般为原始权益人或发起人）向特殊目的载体的受托人或管理人（代表资产支持证券持有人）的承诺，对特殊目的载体的基础资产所产生的回收款不足以按顺序支付完毕优先级资产支持证券的各期预期收益和未偿本金余额的差额部分承担补足义务。

第三种回购承诺。也称回售或赎回承诺，回购承诺可拆分为资产支持证券持有人的回售选择权，以及回售和赎回承诺人（一般为原始权益人或发起人）在特定条件下的赎回义务。前者是指在约定的回售申报期内，资产支持证券持有人有权选择是否将其所持有的资产支持证券全部或部分回售给承诺人。在发生资产支持证券持有人行使回售权的情形时，承诺人有支付回售资金的义务。后者是指当资产支持证券持有人行使回售权所回售的资产支持证券达到约定规模或达成其他约定条件，触发承诺人的强制赎回义务，承诺人须按约定对剩余部分或全部资产支持证券进行赎回操作。回售和赎回承诺为资产支持证券持有人创设了一种选择权，相比其他增信措施而言，兼具被动保护与主动保护的属性及功能。

第四种超额利差。超额利差与超额抵押在形式上类似，是指基础资产所产生的利息流入大于资产支持证券将支付给证券持有人的利息以及特殊目的载体所需支付的税收和相关费用的总和。具体而言，超额利差机制会建立相应的利差账户，用于归集上述利差部分，并在基础资产出现履行迟延或不完全履行等违约情形时给予流动性支持。

### 三、信用保险类型的增信

通过信用保险进行增信可以分为信用证与信用险两种方式。

信用证通常由银行出具，承诺在资产支持证券无法按时、足额兑付各期预期收益及未偿本金余额时，由付款行基于信用证履行无条件偿付义务，并根据风险程度以及信用支持的范围和期限收取相应费用。

信用险是保险公司根据投保人（一般为特殊目的载体）的保单为受益人（一般为投资人）的预期收益及未偿本金余额的回收提供担保并收取相应保费的一种保险。其中，美国的债保机构即是专业的担保公司，专为金融产品提供保险担保业务，目标产品一般为风险较小、已达到约定投资级别的证券，比如为美国的市政债提供保险。

### 四、信用衍生品交易

增信衍生品属于信用衍生品的一种，指金融产品通过合并形式承载了增信对象（固定收益证券）所转移出来的，并经定价的信用风险。这类产品主要为信用违约互换 CDS 以及中国的 CRM 系列 CRMA、CRMW。

CDS 是国外债券市场中最常见的信用衍生产品，也是最常见的外部增信

方式。CDS 实际上是在一定期限内，买卖双方就指定的信用事件进行风险转换的一个合约。信用风险保护的买方在合约期限内或在信用事件发生前定期向信用风险保护的卖方就某个参照实体的信用事件支付费用，以换取信用事件发生后的赔付。在信用违约互换交易中，违约互换购买者将定期向违约互换出售者支付一定费用（称为信用违约互换点差），而一旦出现信用类事件（主要指债券主体无法偿付），违约互换购买者将有权利将债券以面值递送给违约互换出售者，从而有效规避信用风险。由于信用违约互换产品定义简单、容易实现标准化、交易简洁，自 20 世纪 90 年代以来，该金融产品在国外发达金融市场得到了迅速发展，并在世界范围内逐步推广。

CDS 主要有三种形式：单一信用互换，一揽子信用违约互换和信用违约互换指数。单一经济实体的 CDS 是信用衍生品的最早形式，也是比较常见的一种。单一实体意味着参考资产只有一种，由买方向卖方定期支付预先商定好的保费或者票息直至合约到期，卖方承诺在参考资产发生违约事件时向买方提供索赔，一旦违约事件发生，合约即中止。一揽子信用违约互换，信用保护出售者可以出售多个资产的保护，在首次违约揽子互换中，互换的出售者在合约期内通过补偿资产揽子中第一个资产的损失来承担资产揽子的违约风险。即在合约期内通过出售已确定的一揽子资产的保护获得保费收入，而承担这一揽子资产的违约风险，直到其中有一个资产出现违约，合约终止，保护出售方支付违约资产的损失；若合约期内没有任何一种资产发生违约，则信用保护卖方赚了一笔保费。信用违约互换指数反映了由多个单一实体信用风险合成的资产组合中各个参考资产的 CDS 风险加权值总和随时间波动的情况。与一揽子信用违约互换相比，其标准化程度更高，包含的参考资产数量多，覆盖面也较广。目前信用违约互换指数主要包括欧洲指数，北美指数等。

在国外比较活跃的 CDS 市场交易量巨大，CDS 合约成为标准化的产品，交易价格时刻都在变动，对冲基金、投资银行等机构投资者参与 CDS 交易的动机还包括投机和套利，可以通过对错误定价的 CDS 产品的买卖来获取差价利润。由于 CDS 合约将信用风险与产品本身分离开来，通过 CDS 的买卖交易可以回避风险损失。

2010 年 10 月 29 日，中国银行间市场交易商协会公布的《银行间市场信用风险缓释工具试点业务指引》（以下简称《指引》）及相关配套文件，创设了一种信用衍生品，即信用风险缓释工具（CRM）。信用风险缓释工具是指信

用风险缓释合约（CRMA）、信用风险缓释凭证（CRMW）及其他用于管理信用风险的简单的基础性信用衍生产品。这类似于信用违约互换，标志着我国信用风险管理工具的诞生，是中国版的 CDS。

我国第一笔贷款信用风险缓释合约的发行是在 2010 年 11 月 5 日，中债信用增进投资股份有限公司与中国工商银行股份有限公司签署贷款信用风险缓释合约交易确认书，正式达成了以银行贷款为标的的"信用风险缓释合约"交易，共 7 笔，合计名义本金 5 亿元人民币，期限小于等于 1 年。我国首批信用风险缓释凭证于 2010 年 11 月 24 日开始在全国银行间债券市场交易流通，是由中债信用增进股份投资有限公司、交通银行和民生银行 3 家信用风险缓释凭证创设机构创设的 4 只 CRMW 共计 4.8 亿元组成。但由于参与主体单一、市场流动性不足等原因，信用风险缓释工具并没有大规模发展起来，总规模不大，当前存量不足百亿元。

# 第三节　信用增进市场的产业经济分析

增信可以分为内部增信与外部增信，其中内部增信主要依靠相关固收产品的发行人或关联方通过资产证券化等方式来实现，并不属于典型意义上的增信行业，因此本节主要针对外部增信市场加以简要分析。

## 一、增信风险与增信定价

### （一）增信风险的分类

增信风险，首先是信用工具的信用风险本身，因为增信载体自身就是用于分担信用风险；其次是增信定价风险，如果增信定价不准，不仅难以转移、承载信用风险，而且难以覆盖信用风险所带来的违约损失，由此造成增信载体的亏损或破产风险。

增信风险主要分为主体风险、物权风险和产品风险。

主体风险是指信用风险转移至增信主体，两者结合后产生增信主体风险，增信主体风险包括定价风险、管理风险、随机概率风险三个方面。

定价风险方面，由于转移信用风险的增信形式主要表现为某种担保合约，以担保合约为媒介所开展的担保业务无论是金融担保还是融资担保，都面临一定形式定价失准的风险。所谓形式定价，就是担保机构利用评估机构所给

予的高信用等级与担保对象的低信用等级之间所形成的信等差，并以信等差所支持的信用利差为增信定价，这种仅以两个形式"差"作为增信定价基础的定价，可称为形式定价。形式定价并不以增信主体所承载的随机概率化的信用风险（随机违约率）作为增信定价基础，而是以形式定价作为增信定价基础，这种定价策略实际上并没有比外部评级机构提供更多的信用信息揭示，因此，具有一定的失准风险。

管理风险方面主要包括增信额度管理风险、对外投资风险、经营业务风险等。这几个风险都涉及资本金亏损所造成的管理风险。以美国为例，增信行业（如债券保险）资本金的杠杆率在监管中最大为 10 倍，增信额度则受制于资本金及其 10 倍杠杆率。如果增信额度过小，则使增信主体（增信机构）无法实现三大效益最大化的投资追求；如果增信额度过大，则使增信机构的增信风险越过了金融监管的红线，可能形成或积累巨大的增信风险。

随机概率风险指的是固定收益证券及其发行人／融资者的信用风险在测算上具有概率化特性（违约率），而且是随机概率化的。因此，即使 AAA 信用等级的违约率为较低，由于随机性可能造成的"肥尾现象"，即正常预期的概率押后发生、违约事件提早来临等不均衡概率现象。AAA 或 AA 信用等级的总体违约率尽管是相对确定的，但由于某一具体产品的违约发生概率还是具有随机性，难以测算在多大的增信额度范围内发生违约损失，以及发生的违约损失有多大。这样增信机构在实际业务中是携带有限资金（资本金）在有限时间（经营时间）内与市场（增信额度）进行博弈，其结果是增信机构在"肥尾现象"支配下，资本金面临损失的风险较大。因此，增信机构必须坚持长期经营的原则，不能主要依靠短期投资甚至投机活动获利。

物权风险，指的是增信对象的信用风险转移至物权之中，或者由物权承载信用风险，即为增信物权。物权作为经过一定登记或告知程序，转变为担保物权或增信物权。在担保（增信）业务中，产生增信物权这一现象是常态的。对于固定收益证券持有人来说，增信物权风险在于价值及其变现风险。如果物权价值大于增信对象的价值，则风险较小；如果物权价值小于增信对象的价值，则风险较大。关键问题在于，有的物权价值随着时间变化而不断变化。如果增信对象发生违约时物权价值向下调整，就可能无法覆盖违约损失。如果为变现能力强的物权，增信物权风险则小；如果为变现能力差的物权，比如物业资产或流动性较差的房产，增信物权风险则大。此外，有的物权变现需要经过一定的法律程序，使得物权变现时间与增信效果追求的及时

偿付相抵触。对于固定收益证券及其发行人／融资者来说，增信物权风险在于物权使用成本与流动性风险，比如将银行票据作为增信物权，那么该物权的流动性较好，但仍然存在一定的使用成本风险。

产品风险可以细分为共同风险和独特风险。

共同风险包含定价管理风险、市场交易风险、道德风险。首先，如果产品定价不合理，增信产品可能无法成立。比如我国的 CRMW 产品有时出现远期利率与近期利率的倒挂现象，这样违约互换本身就失去了交易的基础，因此总体市场规模难以提升。其次，增信定价模型是多样的，在违约损失与增信收益之间平衡的是随机违约率，对此违约率各个增信定价模型往往各执一词。在随机违约率的条件下产品定价不一致带来价格波动范围较大，定价风险居高不下。在市场交易风险方面，早期市场交易风险表现为交易对手风险，即交易对手不能足额清偿头寸的风险。现在已通过清算中心替换了交易对手，交易对手风险基本已经退出市场交易风险。当前的市场交易风险主要为：其一，在金融市场整体风险上升时增信产品投资者／交易者可能因惧怕风险而退出交易市场，由此导致现行增信产品的市场交易缺失或消失。这种交易缺失或消失可能导致风险资产持有人，包括固定收益证券持有人、CDS 卖出方因无法对冲风险而使风险无法分散。其二，脱离增信功能的"裸交易"CDS。在美国次贷危机发生期间，因部分金融机构高层管理者追求近期利益开展了大量的 CDS 裸交易，并进一步对 CDS 进行再次结构化，从而形成了巨大的市场泡沫，最终演变成一场金融赌局。中国 CRMW 作为 CDS 一种调整版本，已经对"裸交易"CDS 有所制约。道德风险方面，在增信产品交易中存在以下道德风险：其一，增信产品投资机构的管理者与关联交易对手进行交易，帮助关联交易对手实现套利目标，损害自身机构的投资利益。其二，作为标的公司（增信对象）的相关管理者由于了解自身机构的风险，配合关联交易对手进行交易获利。

独特风险指的是由于某一具体增信产品出现问题而引发的系统性风险，其中最著名的是 CDS 在引发美国次贷危机中所起到的导火索作用。美国 CDS 市场规模从 2005 年第一季度的 3124 亿美元至 2008 年第四季度的 15897 亿美元，增长逾 4 倍。美国的信用衍生品市场规模在次贷危机之后的一两年内仍然维持平稳态势，这是因为在金融危机爆发的初期，信用风险的加剧刺激了交易商通过购买 CDS 来进行套期保值，CDS 市场规模未出现大幅缩减。随着 CDS 市场的迅猛发展，CDS 从最初的信用保护和套期保值工具逐渐演变

信用产业概论

成一种投机工具，缺陷逐渐暴露出来，国际互换与衍生品协会（ISDA）吸取金融危机中的经验教训，在2009年发布了"大爆炸"协定书（Big Bang Protocol），对CDS市场进行了一系列改革，其中包括调整CDS的外在交易结构（并非彻底变革CDS基础交易结构），由清算中心（所）替换交易对手等。2013年之后美国的CDS市场进入了震荡调整阶段，市场规模开始出现下滑。

**（二）增信定价一般以信用利差为参考**

增信定价一般以信用利差作为参考。增信机构或增信产品卖方以及增信对象的信用等级一般来自外部信用评级机构。赖以开展增信业务或进行增信的基础，既需要考虑增信机构的主体信用，也需要考虑增信对象的信用风险。一项融资工具在经过增信步骤之后，再由信评机构进行信用等级评估，既是主体信用的客观表现（违约率），又是主体信用的价值反映（信用利差）。在增信业务中，不但涉及增信对象的信用等级，而且涉及增信机构的信用等级。

信等差[①]与信用利差、增信收益呈正相关，信等差越大、信用利差越大，增信收益越大。比如，一家AAA信用等级的债保公司可能会对某一具体债券的信用等级提升较大，那么该增信的增信收益就越大，通常来讲，该债保公司对该项业务的费率收取也较高。特别是，在违约率历史数据因各种原因无法真正体现时，违约率对信用利差、信用等级的影响是非常有限的，而非决定性的，在这种条件下信用等级及信等差便成为决定信用利差和增信收益的主要原因。对于新兴产业、新兴企业及其固定收益证券，信等差所形成的利差也往往成为该类增信产品的定价基础。

在信用数据积累过程中，违约率永远都是一个参照性的、预计样本概率，而不是确定不变的。因此，在一个如同中国这样的固定收益证券新兴市场上，无论对于过去式固定收益证券及其发行人，还是对于现在和未来的固定收益证券及其发行人，在信用历史大数据面前，有关信用数据及其违约率当前仍处在较为初级阶段，后续随着增信量的扩大以及债券市场的发展，或者信用历史数据的扩展，违约率不仅越来越准确、误差率越小，甚至违约率本身也可能逐渐由大变小。

**（三）增信定价与价值管理**

长期以来，关于增信定价的研究实际上处于空白状态，增信理论与定价方法一般混同于固定收益证券理论与信用风险定价方法。固定收益证券是一

---

① 即高信用等级的增信载体为较低信用等级的增信对象进行增信，两者存在一个信等差。

个专门学科，研究对象是固定收益证券及其信用风险，而增信是一个新型学科，研究对象包括增信风险、增信形式、增信载体，两者应该是不同的学科。尽管增信研究对象之一是固定收益证券，但两者研究对象、原则、立场和研究角度却是不尽相同的。

在信用风险定价方法方面，主流理论是在分析信用风险以及信用违约的随机性及其概率分布的基础上建立数学模型，进而在一定条件下对信用利差及其波动做出风险定价。直至 2007 年美国次贷危机爆发后，CDS 定价模型才开始将交易对手风险引入。也就是说，信用风险定价模型从这时才开始关注增信者（增信机构、CDS 卖方、风险资产买方）的信用风险，并将其作为重要的定价因素。如今，国际互换衍生品协会（ISDA）为了防范交易对手风险将清算中心引入，这又将会产生新的成本和新的定价。这样，传统的信用风险定价方法才开始向增信定价方向靠拢。

基于增信理论的增信定价方法，尽管也注重信用风险／信用违约的随机性及其概率分布的研究，但更关注信用风险载体及其转移的风险成本，并通过产品分散风险的同时，扩大增信效用以降低违约率和误差率，从而创造增信价值。从增信历史纵向来看，增信定价从民事担保以行业规则或潜规则为基础的行业定价，到金融担保以信等差所形成的信用利差为基础的形式定价，再到真正增信产品以随机违约率为基础的单一产品定价，最终将过渡到以抵御随机违约率为基础的集合产品定价。从增信历史横向来看，对于拥有信用历史数据的增信对象（如传统行业、企业及其固定收益证券），增信定价应以随机违约率估算为基础，没有信用历史数据的增信对象（如新兴行业、企业及其固定收益证券），增信定价可以信等差所形成的信用利差为基础。

增信价格与增信价值不同。尽管增信价格是增信价值的外在表现，却是由增信价值依据市场供求关系通过交易而确定的，即交易价格。增信价格的变动因素只是现实市场化的利率与利差变化，增信对象的信用等级及其信用事件的发生。与增信价格不同的是，增信价值则取决于核心构成因素，包括信用体系、违约率（风险定价）、成本（风险）管理等。

在这些核心构成因素影响下，不同的增信方式与不同的增信载体会形成不同的增信定价。比如金融担保属于"担保行为"的一种，主要利用信等差所形成的信用利差的增信定价，这是初级阶段的增信定价方式。在现行增信产品（CDS/CRMW）中，增信定价却是形式上的信用（保护）买卖，实质上是风险资产交易，其交易价格更取决于市场供需，这是发展中的增信定价方

式。在创新增信产品及其增信衍生产品中，则完全实施以风险资产交易为基础的增信定价，这是高级阶段的增信定价方式。

**（四）增信定价方法比较**

信用风险定价方法主要有三种：复制技术定价、保险理论定价、随机模型定价，以下对于这三种定价方法做以简要说明。

1. 复制技术定价

这种定价方式需要逐一确定投资组合中所有头寸的价值，并利用相似产品的交易价格进行参照与复制。对于结构复杂的信用衍生产品来说复制技术定价难以实现。其实，该方法是基于对冲理论的定价方法适用某些对冲产品的需求，但不能完整地对信用风险进行合理定价。比如 CDS 有实现一定对冲风险的功能，因此复制技术定价方法有其价值的一面，但 CDS 的定价却往往偏离真实的信用风险损失。

2. 保险理论定价

这种定价方式是以信用历史数据或保险理论为基础的定价方法，主要是通过收集历史数据推断出信用利差及其违约数据，从而使利率及其利差与违约率挂钩，并为正相关关系。但该定价方法的问题是太依赖从信用历史资料（数据）得到的马尔可夫转换矩阵，这种定价方法不以模型为基础，只能对已经存在的信用历史数据及其违约数据的信用衍生产品提供保险，应用范围相对狭窄。

首先，以信用历史数据及其违约数据作为定价方法，适用于融资增信，但并不适用于投资增信。其次，信用历史数据及其违约数据的时间跨度越久、数据规模越大、涵盖的企业与行业越全面，信用利差和违约率及其误差率越低。相应地，增信产品的发展时间、市场规模也同样对增信定价影响显著。再次，作为零售业务的增信业务定价完全可以信用历史数据及其违约数据作为定价基础。因为增信业务不是用来确定固定收益证券价格及其信用等级、信用利差，而是面对拟发行或已发行的固定收益证券，可以运用信用历史数据及其违约数据进行对比、确认，分析如何将信用利差转化为增信收益，从而进行增信定价。最后，如果信用历史数据及其违约数据与增信产品之间建立一定量化关系后，则可以建立增信定价的数学模型。比如，在把零售增信业务打包成集合增信产品时，可以通过数学模型进行定价，从而为集合增信产品确定合适的价格。

3. 随机模型定价

这种定价方式认为信用风险是随机产生的，是不可预测的，或者是外生

因素所产生的。

以 CDS 定价为例，传统定价模型只是限于或基于信用风险，仅仅是对信用风险进行独立定价，并未从增信角度考虑信用风险承载者（增信者），即交易对手的信用风险。然而，CDS 在 2008 年美国金融危机中的催化剂作用，说明了即使再完美的定价模型，也无法改变 CDS 所具有的信用风险性质，即交易对手的信用风险。当前 CDS 定价模型已经加入了新的定价因素，即交易对手的信用风险，CDS 定价模型已经与纯粹的信用风险定价模型相去甚远，变得非常复杂难解，除了专业人士外，一般投资者无法理解，由此产生并拉大了产品供应者与一般投资者之间的信息鸿沟，并引起全球金融监管的关注者。如果能够改变 CDS 形式交易结构，CDS 也可以组合成为增信资产池，并通过加大风险资产总量（增信量）来创造增信价值。

**（五）增信成本管理**

成本管理属于定价管理的一部分，增信管理成本包括信用风险转移管理和载体管理的相应成本。

转移管理和载体管理，其实属于增信制度的顶层设计问题。首先，增信产品发行方和管理方应衡量以什么样的法律名义去转移信用风险交易成本最低，并同时可达到免税、节税的目的。其次，在美国，如以金融担保名义去转移信用风险，作为行业监管和持牌经营的担保行为必有经营担保的行业监管成本和持牌经营成本。最后，若以买卖名义去转移信用风险，即可省去这些行业监管成本和持牌经营成本，但相应的信用风险与交易对手风险相对较大。

信用风险的不同承载载体，具有不同的载体管理成本。

当信用风险转移至增信主体，增信主体作为企业自身就是市场交易成本之一。比如增信机构作为有限责任公司，不仅有投资回报最大化的需求，而且还有公司主体维持自身存在与发展的管理成本。作为行业监管和持牌经营的产物，还存在行业监管和持牌经营的维护成本。无论管理成本还是维护成本，均来自根据行业的市场竞争与经营现实所形成的行业定价。

当信用风险转移至增信物权，也会带来管理增信物权产生相应的交易成本，包括登记成本、财务成本、交易折扣成本以及可能的交易机会成本。

当信用风险转移至 CDS 等增信合约，虽然增信合约与增信主体、增信物权相比较成本相对低下，但是增信合约的基础交易结构，即形式上的信用买卖产生了交易对手风险成本。交易对手风险成本不可具体预测，是一种系统

性风险成本。

当信用风险转移至清算所，为了对付交易对手风险成本，由清算中心（所）的 CDS 合约替换交易对手的 CDS 合约，尽管信用风险表面上由交易对手承担，但最终承担者却是清算中心（所）。清算中心（所）作为一个主体存在，必然产生其职能（登记结算）所产生的管理成本。

## 二、增信市场结构、行为与绩效

### （一）海外增信市场主体及其市场结构

美国的传统债保公司总体处于行业垄断状态，主要原因是金融监管要求只有债保公司可以从事债保业务。但是，债保机构资本信用支撑不了美国固收市场规模发展需求。一方面，从历史和法律上看，债保业务并不限制债保人，只是金融监管机构以所谓风控理由进行行业监管，进而设立行业牌照，因此美国债保行业的垄断地位在经历 20 年左右的快速发展之后很快、也很容易被打破了，最终被现代增信产品 CDS 所取代。另一方面，在资本金投资效益管理条件下，债保机构的资本金无法满足美国固收市场规模化的发展需求，就必然会产生创新型的增信产品。债保机构为了开展债保业务而筹集了高额资本金，但债保收费并不足以满足资本金投资效益的需求，专业债保机构必然会强调资本金的投资收益。注重资本金投资收益是资本投资的必然选择，也迫使专业债保公司从事其他投资类业务。特别是美国的债保机构由于自身投资业务中购买了大量的 CDS 产品，在次贷危机期间损失惨重并退化为市场规模极小的行业。

1994 年 J.P. 摩根公司创新发行了 CDS 这种现代增信产品，并迅速成为美国增信市场的主流产品，即所有高信等的金融机构，甚至非金融公司都可通过出售 CDS 开展增信业务。这就意味着，美国的增信市场实际上是一个市场竞争较为充分、增信定价较为透明的市场结构。

欧洲的增信市场除了 CDS 产品，主要是由服务于信用资质较差的中小企业的担保机构组成的，其增信机构类似于我国的融资担保机构，且主要是采取担保银行的主体形式。以德国为例，截至 2021 年，德国共有 17 个担保银行，每个联邦州至少有一家。这些信贷担保银行都是私有的商业银行，政府在其中无任何股份。每个州的信贷担保银行只为本州企业的贷款提供担保服务，因此不存在业务上的竞争关系。信贷担保银行主要是为中小企业融资提供违约担保，帮助"健康"的公司及自由职业者取得贷款，这些企业及个人

往往不具备充分的银行可接受的抵押条件。中小企业是信贷担保银行主要的服务对象，同时每家企业最大担保额不能超过 75 万欧元。根据德国《信贷机构条例》的规定，提供担保是银行的业务，因此，德国担保银行虽然既不吸收存款，也不贷款，但仍然被称为银行，通过有效的风险分担机制、风险补偿机制和税收优惠政策，德国担保银行为德国中小企业债券发行发挥了非常重要的作用。

在日本，其债券市场结构长期以国债以及地方公债为主导，为了促进债券市场进一步扩容的同时并保证投资人的权益，日本 1990 年出台了《附担保公司债信托法》，即开始允许公司将资产委托给第三方信托机构作为一种担保，并通过专业信托的资产运作实现对于企业债的担保与信用增进。日本也是世界信托业发达的国家，因此也为债券信托提供了较好的发展土壤，此后日本也成立了专门从事债券信托业务的机构，如株式会社日本债券信托银行，进一步促进了债券信托的发展。除了通过债券信托（实质是担保的一种），日本还为地方公债设立了增信制度，即偿债基金制度。其操作原理为：政府每年都必须从国库中拨出一笔资金交由特定的机构管理，以专作公债偿付之用。有时政府也会在发行债券的时候以偿债基金作为担保，以此来提高公众对于政府债务的信任。

总体来说，日本与德国的增信市场有较大部分是通过担保这种方式来实现的，而担保机构往往又和银行机构、信托机构相互结合，虽然企业数量较多，但往往具有特定的服务范围，因此竞争关系较弱。在本书中，融资担保也可以归类为广义的信用管理行业。

**（二）我国的增信公司及其市场结构**

自 2005 年起，我国开始试点通过商业银行为 ABS 产品提供增信服务，此举打开了我国的增信市场。但是此后不久，中国银监会为了防范商业银行的业务风险，于 2006 年末发文禁止商业银行对 ABS 进行增信。近年来，我国大力发展包括债务融资在内的直接融资工具，债券市场保持快速发展势头，债券市场投资者结构和债券品种不断丰富，债券发行量及托管余额均呈现较快增长的态势。很多信用等级较低的中小企业面临着融资难题，需要提供信用增进服务，帮助企业提升信用等级，以便顺利筹集有效资金，在此情况下专注于债券等直接融资市场增信业务的信用增进公司从初步设立到逐步壮大，并在信用市场中扮演重要角色。

2009 年，中国成立了第一家增信公司——中债信用增进投资股份有限公

司。2012年8月，中国人民银行下发《关于发布〈信用增进机构业务规范〉等两项行业标准的通知》（银发〔2012〕204号），涉及《信用增进机构业务规范》（标准号为JR/T 0069—2012）、《信用增进机构风险管理规范》（标准号为JR/T 0070—2012）两项行业标准。此后，广东、山西、四川、陕西、天津等地先后成立了多家信用增进公司，在各省市及全国范围内提供专业化的信用增进服务。此外，随着2017年10月1日起《融资担保公司监督管理条例》（国务院令第683号）的实施，以国家发展改革委为主的部分发行管理机构要求将信用增进公司视同融资担保公司进行管理，并以此开始加强对此类公司的信息统计和监管。

截至2022年1月，根据全国企业信用信息公示系统的统计显示，中国银行间市场交易商协会共登记了23家增信担保类机构会员，其中有7家信用增进类型的公司。从增信公司的地区分布看，其市场结构已基本形成中债信用、中证信用覆盖全国，其余机构为所在地区提供信用增进服务的特点，符合党的十九大报告指出的"促进多层次资本市场健康发展"的要求。而且，各地也继续推进信用增进机构的设立，例如吉林也提出要组建吉林省信用增进投资股份有限公司，河南正在推动设立省级征信公司。

信用增进公司的设立满足了我国发展直接债务融资工具、解决低信用级别发行体特别是中小企业融资困境的市场需求，顺应了建立银行间债券市场风险分担机制、进行专业风险管理的发展趋势，提供了扩展市场发展空间、进行产品和制度创新的重要契机。其主要经营范围包括以下几个方面：（1）企业信用增进服务；（2）信用增进的评审、培训、策划、咨询、技术推广；（3）信用产品的创设和交易；（4）资产投资；（5）资产受托管理；（6）投资策划、投资咨询；（7）经济信息咨询；（8）人员技术培训；（9）会议服务等。如前文所述，中债信用还于2010年推出了中国第一个信用风险缓释凭证（CRMW），它是中国式CDS的规制产品或权证型增信产品，属于投资增信类型，但是较长一段时间内市场需求不足，其发行一度停滞。进入2018年后，我国面临经济下行的风险逐步加大，2020年又叠加疫情负面影响，企业整体信用实力有下降的风险，CRMA/CRMW再度使用，截至2020年末，已发行的CRMW只数已近250只，总规模已接近300亿元，对超过1500亿元的债券进行了信用增进。总体来说，中债信用推出CRMW有利于改善中国商业银行及其他金融机构的资产质量，也起到了一定的支小支微作用，但是由于中国利率市场化深度不够，CRMW/CRMA效果仍需要较长时间并在更为完善的

市场体系下，才能逐步显现效果。

综上所述，我国的增信市场特点为起步晚、发展快、业务广等。与此同时，增信公司作为增信业务的主要操作人，对于拓展债券投资市场、支持实体经济发展、维护金融市场稳定等方面有十分重要的作用。

首先，信用增进公司对在银行间市场、交易所市场发行的债券进行增信后，将增强债券的吸引力，降低实际违约率或减少违约损失率，从而降低债券持有人或贷款人承担的违约风险和实际损失，为债券投资者提供了一道防控信用风险的屏障，减少了投资者购买债券的顾虑、担忧，保护了投资者特别是中小投资者的权益，拓宽了投资者的债券投资渠道，给投资者带来更多的债券投资选择。其次，信用增进公司将自身经过放大的信用注入债券市场中，使自身信用不足又有融资需求的企业可以从债券市场上获得融资机会。通过信用增进，债券发行或借款主体可以提高自身在市场上的信用评级，打通了债券融资渠道，提高了债券发行成功率和融资效率，降低了企业债券融资成本。以市场化方式缓解了短期流动性压力，帮助解决企业融资难和融资贵问题，支持企业逐步走出流动性困境，促进实体经济持续、稳定、健康发展。此外，信用增进公司作为 CDS、CRMA、CRMW、CLN 等信用风险缓释工具以及信用保护合约、信用保护凭证等信用保护工具的交易商，开展信用风险缓释工具、信用保护工具业务，化解、转移企业存量风险。通过引入衍生品和创新型投资方式、建立信用风险分散分担机制，促进了信用增进服务的再流通，达到了信用增进效果，有利于增强金融市场的整体抗风险能力，尤其在目前防范风险的大环境下显得更为重要。

但是，信用增进公司在发展过程中仍然存在一些问题。

第一，法律法规、制度文件仍需进一步完善。目前信用增进行业仅有中国人民银行于 2012 年 8 月 21 日起实施的《信用增进机构业务规范》《信用增进机构风险管理规范》两项标准，整体立法较为滞后，对信用增进市场的发展或有一定负面影响，相关部门需尽快建立并完善信用增进公司管理办法或制度规章，促进和规范行业运行发展，助力更好地防范风险。

第二，监督管理机制需继续健全。根据《关于印发融资担保公司监督管理补充规定的通知》（银保监发〔2019〕37 号），信用增进公司开展债券发行保证、担保业务的，应由债券市场管理部门统筹管理，同时应向属地融资担保公司监督管理部门申领融资担保业务经营许可证，并接受相关业务监管。这一描述反映出信用增进公司的监管涉及多个部门，在具体监管时，可能面

临重复监管、互相推诿的可能性，或需要未来建立相关监管部门的联动联合监管机制。

第三，外部支持有限，风险补偿仍待加强。2018年以来，我国宏观经济下行风险有所加大，中小企业违约风险陆续开始暴露，信用增进公司在这样的环境中也面临着较大的自有资金代偿风险，但由于增信行业在我国属于较为新兴的行业，目前市场上对于信用增进公司开展业务的风险补偿关注较少，在风险爆发时，增信公司能获取的来自股东和政府的外部支持力度较小，不利于其完全发挥增信作用。

第四，目前我国信用增进公司数量过少，业务需求满足能力较弱。与我国上百万亿元的债券市场规模相比，仅有7家全国性的信用增进公司较难满足所有公开市场发债的增信需求，目前仅能在政策指导下针对重点领域重点企业提供增信。同时，一些地方虽然设立了信用增进公司，但这些公司注册资本金偏小、信用评级较低，且可能尚未取得信用风险缓释工具和信用保护工具交易商等各类资质，广泛开展信用增进业务有较大先天不足。

为了解决这些问题，我国需在完善法律法规及行业监管体系、加大政策支持、促进机构发展与产品创新上进一步加力提效。

第一，进一步完善信用增进行业的相关法律法规。增信机构向属地融资担保公司监督管理部门申领融资担保业务经营许可证时，属地监管部门应明确增信公司是否能够完全适用融资担保公司有关规定，并根据增信行业的实际，尽快研究制定增信公司监管配套细则。健全相应机制，推动增信公司管理办法的出台，规范公司设立门槛、业务范围、经营规则、风险控制与监督管理等各项业务规范，提高公司业务运营、风险管理能力，促进行业健康发展。

第二，进一步完善增信行业监管体系。增信公司开展的增信、投资、信用衍生品等业务的专业性强，金融风险高，建议尽快建立由债券市场监管部门、属地融资担保公司监管部门等共同参与的监督管理体系，以加强对行业的管理和规范。监管部门也要与中国银行间市场交易商协会、证券交易所等自律机构加强协作，在经营管理、产品创新等方面对增信业务提供指导，实施市场化的全方位监管。

第三，加大政策扶持力度。各级政府应通过财政补贴、设立引导基金或补偿资金等方式，安排专项资金对增信业务进行一定补助，对发生代偿的情况给予一定的风险补偿。为扩大业务资金来源，监管部门对增信公司申请同

业拆借、发行金融债等融资活动应予以支持。

　　第四，加大力度促进增信机构发展与产品创新。对尚未设立增信机构的地区，地方政府要积极鼓励有资质的企业加入增信行业。对现有的信用增进公司，通过原有股东现金增资、优质资产（如股权、土地、不动产等）注入、引入战略投资者、公开市场上市等方式增强公司实力，提升其自身的信用等级。随着我国债券市场与金融市场发展，力争推出一批主业突出、经营规范、实力较强、信誉较好、影响力较大的增信公司，支撑我国信用增进行业不断发展。对于增信公司自身而言，应加强对信用风险分散工具、信用风险转移工具以及信用增进方式的创新，形成多元化的信用增进模式，扩大增信业务的应用场景。

### （三）增信效果与增信效益

　　没有增信效果的增信是不可持续的，不可持续的增信就是没有经济意义的，即"伪增信"，它不存在对资本市场的贡献率。比如，担保过程中某一机构在法律规定中需承担"连带责任"，却并无担保合同的偿付安排，那么仍然难以达到增信效果。因为及时偿付在增信机构的业务中仍具有较大的执行弹性，在现实中往往出现避重就轻的状况，甚至增信机构与融资者之间诉诸法院。

　　如果增信业务中的增信合约能够顺利达成偿付安排，增信效果明显提高。但是偿付安排需要一定的资金筹集时间，必然要求增信机构的对外投资转化为增信准备金。在实际操作中，对外投资可能会对边际效益最大化有所影响。如果增信业务转向增信产品，比如CDS，并在增信产品制度中规定偿付安排，增信效果则非常明显，并可以达到杠杆效益、边际效益及其规模效益的提高。如果增信产品进一步走向权证产品（证券化），比如CRMW，或者其他创新型增信产品，增信效果有可能进一步提高。因此，增信领域当前的总体发展趋势就是从机构增信逐渐向产品增信转变。

　　评价增信绩效可以从以下几个维度展开。

　　（1）增信效果与杠杆效益。在以主体信用为基础的增信业务中，杠杆效益与增信效果成反比，但与增信效益成正比。从资本金10倍杠杆率的合同约定，到债券，再到现金，增信效果逐步加强，但杠杆效益逐步降低，当然，增信效益也同步下降。在以市场信用为基础的增信产品中，杠杆效益不仅与增信效益成正比，而且与增信效果也成正比。通过增信产品的偿付安排，不仅大大加强了增信效果，对偿付安排的力度越大，增信效果越强，而且增信

效益也随着增信效果放大而迅速提高。

（2）增信效果与边际效益。在以主体信用为基础的增信业务中，对外投资与增信效果呈相反关系。增信资本金越集中于增信业务，增信效果越好；增信资本金越多元化投资，增信效果越差。因此，增信资本金对外投资与增信效益成正比，但与增信效果成反比。但如果持牌经营的增信机构向高信用等级的大型机构转化，不仅意味着增信资本金的整体充足，对增信效果有正向作用，而且有利于增信业务由行业管理转向价值管理。其中，对增信效果的追求，是增信价值管理的重要组成部分。

（3）增信效果与规模效益。在以市场信用为基础的增信产品中，规模效益与增信效果呈正相关关系。规模效益越大，增信效果越好；规模效益越小，增信效果越差。规模效益最大化和增信效果最佳化，是创新增信产品的基本要求。但是，利用CDS等增信产品进行风险转移的过程中要注意评估交易对手的信用，在信用交易阶段，要构建稳定的核心交易商。此外，如果创新型增信产品可以向权益产品转化，可使增信效果与规模效益相辅相成。

# 第六章　信用管理

除征信、评级、社会信用体系建设以及信用增进四个板块外，信用产业还包括信用管理板块，指信用交易过程中所涉及的由第三方提供的信用保险、融资担保、信用衍生品及保付代理等业务，这些行业和领域服务于信用产业的下游环节或再加工环节，也是信用产业生态不可或缺的一部分。本章从信用管理的定义与分类、信用管理产品、信用管理产业经济分析以及信用管理技术与应用场景四个方面加以简要介绍。

# 第一节　信用管理的定义与分类

信用管理有广义和狭义之分，本书中的信用管理仅指狭义的信用管理行业，并可按照其功能区分为金融类的信用管理服务与非金融类的信用管理服务两类。

## 一、信用管理的定义

广义的信用管理是授信者对信用交易与信用风险进行科学管理以控制风险及其损失的过程及体系。信用管理有广义和狭义之分，广义的信用管理除涵盖信用产业的所有业务内容外，还涵盖银行等金融机构、各个商业机构自身的风险控制与合规流程。狭义的信用管理是信用产业以及信用服务的下游环节，特别指在信用风险得以揭示与评估之后，进一步对信用风险进行控制、分散与转移的过程。

以保理行业为例，它是商业贸易中以托收、赊账方式结算货款时，卖方为了强化应收账款管理、增强流动性而采用的一种委托第三者（保理商）管理应收账款的行为。美国还有一个被普遍接受且较为严格的保理定义：保理业务是指承做保理的一方同以赊销方式出售商品或提供服务的一方达成一个带有连续性的协议，由承做保理的一方对因出售商品和提供服务而产生的应收账款提供以下服务：（1）以即付方式受让所有的应收账款；（2）负责有关应收账款的会计分录及其他记账工作；（3）到期收回账款；（4）承担债务人资不抵债的风险。

信用管理对于经济运行具有重要的意义。以交易对手之间进行账款赊欠周转的信用贸易为例，我国由于信用贸易比例较低，丧失了很多市场机会。美国的信用贸易比例高达 90% 以上，我国与之相比还有很大差距，这种现象在国内贸易中更加突出，严重制约了经济发展。我国即使信用贸易比例较低，可是坏账率很高。美国企业的账款拖欠期平均是 7 天，我国平均是 90 天左右。西方很多国家对逾期应收账款的处理有明确规定，一般超过半年就必须作为坏账处理，有的更短至以 3 个月为限。3 个月内，由企业自行追收，超过 3 个月，则寻求外部专业机构追收，超过 6 个月，则会采取法律行动追收。我国很多企业对应收账款超期一年、两年或两年以上都没有按照坏账进行处理。

如果以超过半年作为坏账处理，则我国企业坏账率可能高于国外几十倍，可见加强信用管理已经成为企业的当务之急。

当前我国经济已经不由自主地迈进了信用经济的门槛，但我国的信用市场、信用体系建设在部分领域仍然滞后，企业的信用管理状况和能力也有较大的提升空间。很多企业在市场经济中有战战兢兢如履薄冰之感，就是由于市场信用相对缺失造成的。信用管理在现代经济中必要性凸显，并且信用管理在经济社会中具有积极作用。

## 二、信用管理的分类

根据信用管理的定义和主要功能，我们将信用管理分为金融类信用管理服务与非金融类信用管理服务。

### （一）金融类信用管理

金融类信用管理主要涉及信用风险的分散与分担，与信用增进行业在业务类型上有一些重叠，具体而言，包括信用保险、信用担保、信用衍生品三类。

根据我国《保险法》，现代商业保险分为人身保险和财产保险，其中财产保险又分为财产损失保险、责任保险与信用保证保险。信用保证保险是以信用风险为保险标的的保险，它实际上是由保险人（保证人）为信用关系中的义务人（被保证人）提供信用担保的一类保险业务。在业务习惯上，因投保人在信用关系中的身份不同，信用保证保险分为信用保险和保证保险两类。因此，信用保险与保证保险共属信用保证保险范畴。其中，信用保险是指权利人作为投保人向保险人投保，如果权利人因为义务人不履行义务而遭受经济损失，保险人应当按照保险合同规定赔偿权利人，即被保险人通过缴纳保费将可能因义务人不履行义务而使自己遭受损失的风险转嫁给保险人。在信用保险中，权利人既是投保人，也是被保险人。信用保险是典型的财产保险，与财产损失保险、责任保险构造相似。保证保险则是指义务人作为投保人向保险人投保，如果由于义务人的行为导致权利人遭受经济损失，在义务人不能补偿权利人损失的情况下，由保险人替代义务人补偿权利人的经济损失。在保证保险中，义务人是投保人，权利人是被保险人。根据该定义，本节所涉及的信用保险仅指狭义的信用保险，其中包括专门针对资本市场的债券保险。

担保是指在借贷、买卖、货物运输、加工承揽等经济活动中，债权人需

要以保证、抵押、质押、留置和定金担保方式保障其债权实现的合同。按业务属性，担保分为融资担保和非融资担保。本节中所讨论的信用担保仅指融资担保。从我国的情况来看，根据 2017 年国务院颁布的《融资担保公司监督管理条例》，融资担保是指担保人为被担保人借款、发行债券等债务融资提供担保的行为。非融资担保包括诉讼保全担保、投标担保、工程履约担保等。在国内环境下，按担保人的性质，融资性担保又可分为银行融资担保和非银行融资担保，其中银行融资担保包括贷款担保、票据承兑、保函、信用证担保等形式，非银行融资担保主要是债券、信托等融资活动中关联方、非关联方和担保公司的担保。

信用衍生产品指从基础资产上分离然后转移信用风险的各种工具和技术，并可以从一个实体转移至另一个实体的金融合约，其基础资产包括公司债券、高杠杆银行贷款和同质化的小型贷款等。信用衍生产品对信用风险转移主要有两种手段：一是转移基础资产的现金流，二是标的资产发生各类信用事件时，可以由保证方依据规定向受益方进行损失偿付。商业银行、投资银行、信用评级机构、保险公司、证券公司以及对冲基金等是信用衍生产品的主要参与方。商业银行持有多种信贷资产，通过将其所持风险资产证券化，打包成信用衍生产品，将信用风险部分或者全部转移出商业银行。投资银行在经营过程中承担了信用风险，同样可以通过信用衍生产品对冲其信用风险，此外投资银行还基于次级贷款等资产发行信用衍生产品。由于信用衍生产品具有较长的资产证券化产业链，普通投资难以对信用衍生产品进行客观评价，因此，需要信用评级机构进行评级，而信用衍生产品发行者对风险资产重组和打包的目的也是获得更高的信用评级。

### （二）非金融类信用管理

非金融类信用管理包含的范围比较繁杂，主要分为与商账管理相关的保付代理行业，与信用咨询相关的信用咨询、反欺诈预警等其他一切与信用服务相关的行业。由于信用咨询一般也是征信行业所覆盖的业务范围，只不过有一些小型、区域型的信用服务企业也在同时补充市场需求，本书不再重点涉及，而仅对保付代理行业略加介绍。

如前所述，保付代理也称为保理，一般是围绕应收账款管理而提供的第三方服务。保理的一部分业务内容也与金融服务相关，特别是当商业银行兼营保理业务时，可以以应收账款作抵押为供应商提供融资服务。一般情况下，企业通过转让赊销形成的应收账款的部分或全部收益权，金融机构以此为标

的向企业提供相对应的贷款服务，同时负责企业应收账款的管理、催收工作，并提供坏账担保，企业可借此更高效率地收回账款，降低坏账发生概率从而加速资金周转。收账款的保理本质上是利用第三方的有偿服务来规避风险。对应收账款规模较大的企业，由第三方承担应收账款的催收业务能够在很大程度上免除企业管理应收账款所需的资源投入。

# 第二节　信用管理产品

信用管理行业主要包括信用保险、融资担保、信用衍生品及保付代理四大子行业，本节对上述四类行业的定义与作用加以简单介绍。

## 一、信用保险

信用保险在广义中适用于财产保险的一种。在信用产业中我们主要关心的是债券保险。债券保险是指债券发行人向第三方的专业保险机构支付一笔保费，保险公司承诺当债券发行人无法偿还合约中约定的债券时，代为偿还本金和利息。债券保险是一项由债券保险商为债券的发行方提供的金融保险服务，一旦债券发行方无法履行偿还义务，债券保险商负责偿清剩余债务。保险服务的目的是令债券具有同债券保险商一样的超高信用评级，从而降低债券的实际利率，降低融资成本。

债券保险有以下几个特征，首先，其承保的是信用风险，补偿因信用风险给权利人造成的经济损失，而非承保物质风险——补偿由于自然灾害和意外事故造成保险标的的经济损失。涉及三方利益关系，即保险人（债券保险公司）、权利人（债券投资人）、被保险人（债券发行人或承销商）。其次，债券保险为证券市场提供保险产品，因而保险公司的经营基本取决于证券市场发展状况。通常主权信用等级、债券市场规模、利率机制是债券保险机制能否建立并起到应有作用的三大约束因素。再次，作为"专类产品"的债券保险，之所以能发展起来，制度因素是重要的原因。例如，美国保险监管制度明确规定，从事多产品业务的一般保险公司不得直接从事债券担保业务，必须通过资本分离的子公司才能经营金融担保业务。最后，付款的及时性对于债券保险行业尤其重要。对于经营传统多产品的保险公司而言，按惯例，在合同争议解决时期，保险人常常推迟索赔付款的支付，如果有再保险，还须

等待再保险对索赔进行证实后才支付，而这一惯例对于固定收入投资者来说可能是很高的代价，因为推迟付款会严重影响投资者对流动性的要求，特别会对某些机构投资者造成不应有的损失。债券保险商的出现则解决了这个问题，在信用事件发生时可以及时履行符合保险合同约定的支付责任，满足债券保险权利人的要求。

债券保险公司是指为债券发行人或者承销商提供信用担保的专业机构，专业的债券保险公司主要分布在美国。

## 二、融资担保

融资担保是指担保人为被担保人向受益人融资提供的全部或部分本息偿还担保，是担保业务中最主要的品种之一，是一种涉及三方信用关系的一种信用中介行为。

融资担保业务可分为间接融资担保和直接融资担保。间接融资担保包括银行贷款担保、民间借贷担保、应收账款保理、商业票据承兑、信用证担保、融资租赁担保和信用证担保等。直接融资担保包括资产证券化担保、基金担保、债券担保和信托计划担保。融资担保的资本具有产业资本和金融资本的属性，能够切实地解决当前中小企业和小微企业融资难、融资贵的问题，在资本市场上具有重要的作用。融资担保服务的对象风险较高，融资担保资本面临较大的风险，主要体现在以下三个方面：一是被担保企业经营风险。被担保企业经营风险是融资担保中最大的风险，中小企业在经营过程中容易受到国内外经济环境变化、政策变化等影响，在取得融资后经营可能难以达到预期的效果，资金无法收回，进而导致流动性枯竭，甚至出现破产的情形，因此给融资担保公司带来了严重损失。二是融资担保公司自身经营风险，当前市场上部分融资担保公司属于国有企业，在地方招商引资、产业调整、稳定就业等方面发挥着重要的助力作用，因此，在经营过程中可能对担保企业的部分财务标准审核不够严格，从而带来一定风险隐患。此外融资担保公司为了扩大业务，可能放宽审核标准，从而加大经营风险。三是外部环境风险。融资担保公司在经营过程中受到产业政策、财政政策和货币政策的影响。

融资担保公司面临的风险客观存在，需要通过外部防范和内部控制来控制风险。从外部防范来看，融资担保企业要及时了解相关产业政策和宏观经济政策，根据相关政策调整业务结构和方向。从内部控制来看，首先要完善公司内部风险防范制度，根据目标客户的特点制定相应的风险评估制度，完

善内部工作的业务流程，此外针对意外的风险制定应急准备政策；其次引进和培养专业的业务人才，同时强化公司业务人员的风险意识，从而降低业务风险；最后要做好融资担保业务的日常管理业务。

2018 年 4 月，为配合《融资担保公司监督管理条例》（国务院令第 683号）实施，中国银行保险监督管理委员会等七部门联合印发了《关于印发〈融资担保公司监督管理条例〉四项配套制度的通知》（银保监发〔2018〕1号），将融资担保业务界定为借款类担保业务、发行债券担保业务和其他融资担保业务三类。其中，借款类担保业务按照业务性质可分为政策性担保业务和商业性担保业务。其他融资担保指为被担保人发行基金、信托、资产管理计划、资产支持证券等提供担保。非融资担保是指不直接与资金有关的经济担保活动，一般包括工程投标担保、合同履约担保、工程预付款担保以及诉讼保全担保等。其中，信用增进机构也提供债券担保服务。目前在有债券担保余额的担保公司中，除了重庆市的民营担保公司——瀚华担保股份有限公司、深圳市的中外合资担保公司——中合中小企业融资担保股份有限公司、股权分散的中证信用增进股份有限公司，其余担保公司均为国有企业，其中中债信用增进和中投保是中央企业。

## 三、信用衍生品

以 CDS 为代表的信用衍生品在此前的章节中也有所涉及，信用风险衍生品最原始的形式是担保，现在发展更为多元化，主要有以下品种：信用违约互换（CDS）、总收益互换（TRS）、信用联结票据（CLN）、信用价差期权（CSO）、CDS 指数（CDS Index）、担保债务凭证（CDO）、信用风险缓释合约（CRMA）和信用风险缓释凭证（CRMW）等产品。

信用违约互换是在一定时期内，买卖双方就指定的信用风险达成一个合约。卖方获得买方支付的固定费用，买方则在信用风险发生时获得卖方赔付的损失。总收益互换是买方支付一个确定的利率，换取卖方标的资产的收益权，卖方对标的资产没有处置权，同信用违约互换相比，总收益互换不仅转移了信用风险，还有其他风险。信用联结票据同信用违约互换类似，不同的是投资人是信用保护的卖方，在未发生信用风险时取得本金的利息和信用违约互换保费的双重收益，在发生信用事件时用认购的本金向发行主体进行担保赔付。信用价差是向投资者补偿标的资产违约风险的一个高于无风险利差，信用价差期权则是在信用利差基础上产生的期权，允许到期时的购买者根据

条款单方面选择支付或者不支付利差。CDS 指数是一揽子参考实体信用违约互换的组合。担保债务凭证是债务债券抵押产品，打包所有的抵押后重新包装，再推向市场。信用风险缓释合约类似于信用违约互换，同时信用违约互换针对发债主体整体信用风险不同，信用风险缓释合约针对的是具体某一项债券或债务。信用风险缓释凭证引入标的资产之外的第三方机构创设，为凭证持有人就标的资产提供信用风险保护，同时具有可交易流通的属性。

保险公司、对冲基金和养老基金等公司是信用衍生产品的卖方，银行等金融机构为主要的买方。虽然信用衍生产品有助于风险管理，但并不是万能的，一旦信用衍生产品被滥用，反而会推动资产价格泡沫的形成，给投资者甚至整个宏观经济带来风险。

### 四、保付代理

保付代理即保理业务的历史也非常古老，最初主要应用于国际贸易领域。保理商作为供应商的代理人，代理内容除现代保理服务提供的所有内容外，还包括商品销售以及物流。17 世纪末的英国已初具现代保理业务的雏形，当时受工业革命的影响，英国纺织业飞速发展，并迅速向海外扩张销售纺织工业品，由于出口商对于进口商的经营状况及其所在地经济发展并不了解，因而选择将货物寄售给进口商，进口商负责存储、销售、收款，有时也会一并提供担保或者融资服务。到了 19 世纪末，英国因大量向其海外殖民地美国销售消费品而选择当地的一些机构专门做一种商务代理，主要负责销售和回收款项，因此，在美国才逐渐形成一种新型贸易结算方式的保理制度。随着技术和经济的发展，这些商务代理机构逐渐取消部分服务，专门做收款结算、担保或融资，也就是现代保理业务的服务范围。现代保理业务诞生的标志性事件就是 1889 年，美国纽约澳尔伯·多梅里克的保理公司第一次对外宣布不再提供销售和存储服务，专门提供收购应收账款债权和担保付款服务。

现代商业保理的主要业务操作流程如下：（1）卖方以赊销的方式向买方销售货物；（2）卖方将赊销模式下的结算单据提供给保理公司，作为受让应收账款及发放应收账款收购款的依据，保理公司将收到的结算单据的复印件提交给合作银行，进行再保理业务；（3）银行在审核单据，确认无误后，将相关融资款项划至保理公司的账户中；（4）保理公司将收到的银行融资款项划至卖方在合作银行开立的账户中作为应收账款购买款；（5）应收账款到期日，卖方向保理公司回购应收账，偿还应收账款债权。

从保理业务的分类来看，依基础交易当事人及基础交易行为是否跨境可以分为国内保理和国际保理。国内保理（Domestic Factoring）是指基础交易当事人及基础交易行为仅限于同一国家境内，或者说保理财产只限于同一国家范围内转移的保理。国际保理（International Factoring）是指基础交易当事人及基础交易行为已超出同一国家的范围，产生了保理财产在国与国之间转移的保理。国际保理可以细分为进口保理与出口保理。进口保理（Import Factoring）是指保理商与债务人位于同一国家，为供应商因进口而产生的应收账款提供的保理。出口保理（Export Factoring）是指保理商与供应商位于同一国家，为供应商因出口而产生的应收账款提供的保理。

依保理商行业管理不同可分为银行保理和商业保理。银行保理（Bank Factoring）是指由商业银行开展的保理。商业保理（Independent Factoring）是指由非银行的商业机构开展的保理。国际上提供保理服务的机构一般统称为保理商（Factor）。区分银行保理与商业保理，主要是出于国情考虑，国内的银行保理主要由银行业监督管理机关进行监管，商业保理主要由商务主管机关监管。二者之间存在着市场准入门槛及审慎经营原则的不同。

依保理商是否提供贸易融资可以分为融资保理和非融资保理。融资保理（Financial Factoring）是指保理商以受让权利人因提供货物、服务或设施而产生的应收账款为前提，提供贸易融资的保理。非融资保理（Service Factoring）又称服务保理，是指保理商不向权利人提供贸易融资，只提供销售分户账管理、客户资信调查与评估、应收账款管理与催收、信用风险担保等服务的保理。

# 第三节　信用管理市场的产业经济分析

信用管理各子行业市场定位与功能不同，产业经济特征差别较大，本节分别对信用保险市场、融资担保市场、信用衍生品市场及保付代理市场的产业经济状况加以简要介绍。

## 一、信用保险市场

如前所述，在美国，信用保险行业主要表现为债券担保保险市场。债券担保保险是指债券发行人或投资者向专类保险公司支付保费购买的一份合

同，约定当债券发行人无法偿还本金或利息时，由保险公司无条件、不可撤销、及时履行偿付义务。债券保险的标的为信用风险，保险人为专业保险公司（只能从事债券保险业务），被保险人为债券发行人，权利人为债券投资者。该行业在2008年国际金融危机之后被信用衍生品所逐步取代。

我国的信用保险业起步较晚，而且主要以出口信用保险为主，虽然在一段时期内发展迅速，但仍不能说是尽善尽美的，仍然存在很多的缺陷，当然这种缺陷不仅仅是由信用保险制度本身产生的。由于我国的信用保险仅停留在出口信用保险上，而且多是由国家政策支持的，有很强的政策性，商业性质的信用保险并没有在我国真正地展开。我国的出口信用保险是在20世纪80年代末发展起来的。1989年，国家责成中国人民保险公司负责办理出口信用保险业务，当时是以短期业务为主。1992年，人保公司开办了中长期业务。1994年，政策性银行成立，中国进出口银行有了办理出口信用保险业务的权力。出口信用保险业务开始由中国人民保险公司和中国进出口银行两家机构共同办理。截至2021年末，中国出口信用保险公司（简称中国信保）是我国目前唯一一家专业经营出口信用保险的机构，处于垄断的地位。

## 二、融资担保市场

从行业性质来看，融资担保行业的主要功能是为解决中小企业信用不足的缺陷。经过100多年的发展，国外融资担保行业有关的担保机构及其运行机制也不断完善，逐渐成形。从担保机构的出资人性质来看，有政府出资建立的社团法人性质的公益性机构，也有商业银行和自然人出资成立的股份有限公司。从成立的目的来看，可以分为政策性担保机构和商业性担保公司。

政策性担保机构有政府财政作后盾，主要目的是为本国中小企业提供资金支持，促进企业的发展壮大。如美国的联邦小企业局（Small Business Administration，SBA）、加拿大的《小企业融资法》管理委员会、日本的中小企业信用保证协会和作为再担保机构的中小企业信用保险公库、韩国的信用保证基金（Korea Credit Guarantee Fund, KCGF）。这些机构在缓解中小企业融资困难，促进中小企业发展方面起了很大的作用。跟政策性担保机构不同，商业性担保公司是以盈利为目标的机构。商业性担保公司在其一个多世纪的发展历程中，一边和银行密切合作，一边又和银行对立竞争。

在其最初的发展时期，商业性担保公司的经营范围也存在贷款担保业务。后来随着信用体系逐渐建立和完善，同时由政府出资设立并承担终端风险的

政策性担保机构开始从事特定政策导向的贷款担保业务，商业性担保机构已经基本退出了贷款担保业务。伴随着"二战"后 20 世纪四五十年代建筑行业发展高峰的到来，合同担保成为商业性担保公司长期经营的主营业务之一。

由独立的专门机构经营中小企业信用担保业务有利于提高效率并能降低经营风险。在欧美模式中，多由专门的政府部门通过银行等金融机构承担中小企业信用担保业务，如美国联邦小企业局、英国贸工部。而东亚模式中，普遍是在政府部门之外设立专门机构，这类机构多为独立的公益法人，如日本的信用保证协会、韩国的信用保证基金。两类模式的共同之处是，均由独立的专门机构从事中小企业信用担保活动，这种由专门机构遵照担保行业的特点开展业务，有利于保障信用担保的安全、高效。

担保行业政策属性强、高风险、低收益特征明显，资本金与风控成为重要判定标准。融资担保业在我国承担支持中小企业发展的政策属性，公共物品属性导致其风险远高于所获得的收益，这种背景下担保公司自身的资本金与风控实力成为判定担保公司能力的标准。此外，我国担保机构多背靠地方国资委，对于金融体系的特殊性也使得国家或地方政府将为其提供支持，外部支持也成为我国现有担保体制下特殊的判断维度。

国内融资担保行业的快速发展始于 2009 年，受监管不成熟以及政策调整影响，业内机构数量一度快速增加，2012 年达到 8590 家的历史高点。2012 年以后，随着国内宏观经济下行，中小企业经营困难，担保代偿情况持续增加，加之行业内非法集资、骗贷等风险事件频繁发生，行业经历数次整顿之后，企业数量持续下降，截至 2020 年末，下降至 5139 家左右，其中实际开展业务的融资担保公司预计不足 10%，且多为国有控股企业，整体看行业仍将呈现"减量增质"发展趋势。

从债券融资担保市场来看，城投债作为核心底仓，考验各担保机构区域配置及资质下沉布局。我国债券融资担保机构业务同质性较高，多进行城投债配置，尽管城投风险尚未暴露，但各家机构的区域分布、资质下沉、层级布局反映出各自的风险把控程度，城投收紧后区域城投风险可能呈现进一步分化，并向担保机构传递，因此对各家担保机构的风控水平、担保实力提出了更高的要求。全国性担保公司认可度相对较高，地方性公司存在资质分化。具体来看，全国性公司资本雄厚、风险控制相对较好，而地方性担保公司的期限分布、风控能力与市场认可度个体差异较大，且政策性强的公司能获得区域更大力度支持，江苏再担保、中原再担保、安徽担保等获得了市场较高

认可，而重庆兴农、四川金玉、陕西信增等公司则代偿风险相对较高。

### 三、信用衍生品市场

美国信用违约互换市场主要历经了四个发展阶段：第一阶段为 20 世纪 90 年代初至 2004 年，是 CDS 的诞生与平稳发展阶段；第二阶段为 2005 年至 2008 年，是美国 CDS 市场快速扩张阶段，在这一阶段，美国的信用衍生品市场规模逐年大幅扩张，从 2005 年第一季度的 3124 亿美元至 2008 年第四季度的 15897 亿美元，增长逾 4 倍；第三阶段为 2009 年至 2013 年，CDS 市场进入了稳定发展阶段，国际掉期与衍生工具协会（International Swaps and Derivatives Association，ISDA）吸取金融危机中的经验教训，对 CDS 市场进行了一系列改革，CDS 市场规模逐渐缩减；第四阶段为 2013 年至 2021 年，CDS 市场规模总体进入下降阶段，其中 2020 年因新冠肺炎疫情冲击影响 CDS 发行量略有回升，但整体市场规模已从 2013 年的 4.9 万亿美元下降至 2021 年末的 3.3 万亿美元，CDS 产品在信用衍生品市场的占比也在逐渐回落。

CDS 市场参与者中，银行为最主要的参与者（买方），其他参与主体的多样性也不断增强，主要的卖方为保险公司与对冲基金。不同参与主体的需求和交易动机也有较大差异，银行作为最主要的交易主体，主要是出于对冲贷款风险、节约资本金、缓释风险资本的目的。在欧美 CDS 市场上，基本上呈现五大跨国银行买方垄断的市场特征，花旗银行、摩根大通、汇丰银行、美国银行以及高盛集团长期持有全球 CDS 规模的 90% 以上。

在我国，由银行间市场交易商协会主导的信用风险缓释工具共有四种，分别是信用风险缓释合约（CRMA）、信用风险缓释凭证（CRMW）、信用违约互换（CDS）以及信用联结票据（CLN）。其中 CRMA 和 CRMW 分别为盯住债项的合约类和凭证类产品，CDS 和 CLN 分别为盯住实体的合约类和凭证类产品。2010 年中国银行间市场交易商协会首次推出信用风险缓释工具，包括 CRMA 和 CRMW，就约定的单一债务进行保护；应市场需求影响，2016 年新增 CDS 和 CLN，将保护对象扩大到参照实体的"一揽子"债务或信用事件，2019 年又推出了信用保护合约和信用保护凭证，试点阶段其债券保护范围主要是交易所债券。2018 年 11 月 2 日，上交所推出信用保护工具试点，支持民营企业债券融资，12 月 27 日上交所发布《中国证券期货市场衍生品交易主协议（信用保护合约专用版）》，随后相继发布信用保护工具业务管理试点办法、业务指引和配套规则等，并于 2019 年 12 月 6 日发布《关于开展信用

保护凭证业务试点的通知》。

在银行间市场开展信用风险缓释工具业务的市场参与者，必须首先成为银行间交易商协会的会员，同时需要向银行间交易商协会备案成为核心交易商或一般交易商。其中，核心交易商可与所有参与者进行信用风险缓释工具交易，一般交易商只能与核心交易商进行信用风险缓释工具交易。核心交易商包括金融机构、合格信用增进机构等，一般交易商包括非法人产品和其他非金融机构等。对于已获得核心交易商资质的金融机构，若想开展信用风险缓释凭证或信用联结票据业务，还需要向交易商协会备案成为凭证创设机构或票据创设机构。

截至 2021 年 12 月，我国信用风险缓释产品全口径发行共计 386 只，其中 CRMW 有 347 只，占比接近 90%，CLN 和信用保护凭证分别发行 4 只和 36 只。参考主体以 AA 至 AA+ 级别的民企为主，所处行业多为工业、材料等实体经济领域且多坐落于东部沿海省份（如浙江省、江苏省）。随着市场的逐渐成熟，市场机构参与者对于信用保护工具的需求会持续上升，信用风险缓释工具市场还有较大发展空间。

### 四、保付代理市场

各国保付代理行业大致呈现出充分竞争的状态，其一是银行机构及其分支机构众多，且大多具有开展保理业务的资质，因此银行保理领域的竞争是相对充分的。其二是商业保理机构，特别是从事国际保理业务的机构数量众多，属于充分竞争的市场。

以我国为例，2014—2016 年，我国保理行业市场规模逐步下降，主要是银行保理市场下跌导致的，原因有两个：一方面是银行自己的业务决策，减少了在保理行业的风险敞口；另一方面是由于相关监管政策的收紧，银行在进行业务决策时，将风险偏好从激进转向相对保守，因为不良贷款率在 2016 年末达到近 5 年高点，为 1.91%。同时，2012 年和 2014 年发生了几起融资欺诈丑闻，因此 2014 年中国人民银行发布《商业银行保理业务管理暂行办法》，限制了应收账款融资范围，受银行保理市场规模下降拖累，2014—2016 年，全国保理行业市场规模持续下降。从 2017 年开始，保理行业市场规模有所恢复。

2018 年，面对全球贸易局势紧张、金融局势动荡以及地缘政治局势趋紧等内外部因素及市场不确定性的增加，中国银行业的保理业务在困难中前行。2018 年中国保理行业业务规模（指保理行业所涉及的商账金额）约

为 3.2 万亿元，同比增长仅为 1.50%。2019 年保理行业业务规模约 3.1 万亿元，同比增长为 –3.1%。其中，2019 年中国银行业保理业务量也是负增长，尤其国际保理业务量依旧下降明显。保理专业委员会统计数据显示，2019 年保理专业委员会全体成员单位保理业务量 1.75 万亿元人民币，同比增长为 –8.85%。其中国际保理业务量 264.76 亿美元，同比增长为 –25.30%，国内保理业务量 1.56 万亿元人民币，同比增长为 –7.14%。因 2020 年新冠肺炎疫情冲击，企业间的商账赊欠活动有所增加，当年保理行业市场规模显著上升至 4.7 万亿元。

截至 2019 年末，全国已注册商业保理法人企业及分公司存量共计 10724 家，相较 2018 年末的 11541 家减少了 7.08%。这是自 2012 年成立商业保理行业试点以来，首次出现下降。2019 年，随着行业监管体制和规则逐步明确，各地普遍收紧了商业保理企业注册政策，并加快现有企业的清理规范工作，在 2019 年下半年，行业已出现一定规模的企业集中清退，存量数量较 2019 年中净减少 1357 家。2020 年，随着商业保理行业清理规范工作的深入和疫情冲击影响，全国商业保理法人企业及分公司存量再次大幅下降。截至 2020 年末，全国存续的法人企业及分公司共计 8568 家（不含 2020 年已注销的 1677 家，已吊销的 70 家，已转行的 580 家），其中法人企业 8350 家，分公司 263 家。2020 年末存续的企业数量较 2019 年减少了 20.1%。随着没有业务量或业务量较少的保理机构逐步退出市场，保理行业的市场出清仍有延续的趋势，企业家数或将进一步减少。

# 第四节 信用管理技术与应用场景

## 一、信用管理技术

信用管理领域涉及众多产业类型和产品类型，每一细分市场都有独特的业务操作流程与技术规范。但从本质上而言，除信用衍生品这一特殊领域外，信用管理行业与征信行业、评级行业以及增信行业的业务对象又没有根本性的差别，都需要通过对相关数据、信用活动以及信用信息进行收集、分析、判断进行信用风险评估，并以此进行信用定价，最后再寻找信用风险的分散、控制与管理方法。

### （一）信用保险技术

信用保险属于财产保险的一种，基础的财产保险技术就是运用大数定律对损失进行概率分布描述并在此基础上设置"公平费率"，即使得保险购买者的预期效用与预期值的效用相等，此时购买者获得了效用最大化并锁定了风险，而保险机构则可以实现风险的完全分散。

但债券保险行业则不同，按照传统保险产品的定价方式，依托大数定律对损失的准确预测进行定价比较困难并且定价风险较高：一是由于高风险信用债券的违约波动幅度较大，债券保险定价所需要依托的历史数据不足，难以形成合理定价的基础。二是不同于其他保险产品，债券保险的保险标的金额巨大，少则几千万元多则几百亿元，费率厘定的些微误差即会带来巨大的资金差距。三是在债券保险发展初期，信用保护买卖双方间的信息不对称和认知偏差共同导致产品定价的分歧。

以上原因不仅导致债券保险的精准定价难以实现，一旦定价出现偏差，可能导致保险公司严重亏损，从而降低保险公司参与债券保险业务的积极性。除此之外，定价不合理还会影响保险合同的顺利签订，往往需要行政力量的推动才能促成保险合同生成。由此可见，定价是债券保险的核心问题之一，新型的定价与经营模式的建立迫在眉睫。

当前有些债券保险机构尝试采用动态定价的方式缓解定价风险。即为解决债券保险的定价问题，可以考虑依照发行人实际信用风险厘定费率，即根据债券到期是否违约来确定保费的大小。对于发生债券违约的发行人，将支付更多的保费，而对于没有发生债券违约的发行人，将支付较少的保费。为保证保险公司收取足额的保费，采用先收费后返还的模式，在发行人投保时，统一收取高于平均费率的保费，待到一个保险期间结束后，根据是否违约确定返还保费的多少。如果违约，则返还较少的保费，甚至不返还；如果没有违约，则返还更多的保费。该模式可以实现差别化定价，让风险高的发行人支付更多保费。

这种以到期风险是否发生来确定保费的保险模式可称为结算型保险模式。结算型债券保险有机结合了汽车保险的分级定价策略和市政债券偿债准备金制度的预支付模式，充分保障了保险公司的利益，解决了债券保险中的定价分歧。其既避免了保险公司因定价过低导致的亏损问题，也避免了定价过高降低低风险投保人参保意愿的问题，可在一定程度上覆盖保险公司的承保风险与经营风险。

　　与银行保险机构、信用增进机构、融资担保等其他金融机构类似，债券保险机构除了定价风险，还需要严格把控投资过程中的信用风险，充分利用外评及内评手段严格控制风险，避免再次重蹈美国次贷危机期间行业整体萎缩的覆辙。

### （二）融资担保技术

　　从融资担保的实际操作来看，其业务规范及技术流程主要包括客户管理技术、担保倍数管理技术以及投资业务风控技术三大方面。

　　从客户管理技术来看，融资担保机构需要对以下三个方面进行管理与技术把握：（1）客户集中度。一般来说，若融资担保企业的客户集中度过高，则意味着风险将过于集中，单一客户出现信用风险事件对于其资本金侵蚀的程度将越大。根据 2018 年 4 月国务院令第 683 号《融资担保公司监督管理条例》（以下简称《条例》）及其相关配套制度要求，融资担保公司对同一被担保人的融资担保责任余额不得超过其净资产的 10%，对同一被担保人及其关联方的融资担保责任余额不得超过其净资产的 15%。（2）行业分布。融资担保公司开展担保业务呈现出明显的行业分化。需对批发零售业、农林牧渔业、制造业、采矿业以及住宿和餐饮业等银行贷款违约率较高的行业担保比例较高的担保公司予以关注。（3）区域分布。除少数全国性融资担保公司之外，多数融资担保公司为区域性的，业务集中在某一省份或者市区等，因此，融资担保公司的区域集中度普遍很高，此时需关注自身经营所在的区域情况，并尽量参考银行不良贷款率的情况制定自己的风控规则。

　　担保放大倍数方面，该指标能够体现融资担保公司总体承担的代偿风险水平，同时也能体现其潜在的业务发展能力。根据银保监会的规定，担保放大倍数不得超过 10 倍。融资担保公司需在符合监管要求的前提下，保持合理的杠杆水平以提高其盈利能力。

　　投资业务风险方面，根据《条例》配套制度的要求，融资担保公司根据资产的流动性和安全性，将资产分为Ⅰ、Ⅱ、Ⅲ级，以上三级资产中，Ⅲ级的资产流动性最低，投资风险最高。根据规定，"Ⅲ级资产不得高于资产总额扣除应收代偿款后的 30%"。融资担保公司的资产投向比例需符合监管要求，除此之外，融资担保公司在开展业务时要时刻注意对资产投向的底层资产情况进行分析，以综合判断投资业务的风险水平。

### （三）保理技术

　　保理业务一般是以卖方为核心服务对象的业务，因此，选择适合保理业务的卖方是至关重要的。对卖方的考察主要从两个方面入手：一是从企业本身入手进行考察，包括对企业财务报表的考察分析；对企业销售分户账的分析；与企业管理层的面谈等。二是从企业外部进行考察，包括从卖方主要往来银行获得相关信息及其对卖方的评价；从专业机构了解卖方所属行业的基本情况；以及通过对卖方客户（买方）的考察印证买卖双方所建立的业务关系等。

对卖方考察的目的是要对卖方是否适合保理业务做出结论，同时，也要对卖方在未来的保理业务中可能出现的风险做出评价。针对卖方的风险评价体系主要围绕应收账款的风险水平展开，其中主要包括两方面的内容。

一是评估应收账款的可转让性：应收账款在债权上是完整的，没有任何法律上的限制，比如贸易合同规定禁止转让，代理销售，已将资产抵押给银行或第三方都构成了法律意义上的债权不完整。二是评估应收账款的可收回性：保理商给予卖方融资，一旦卖方出现财务危机甚至是破产，还是是否能够根据应收账款收回融资。这需要保理机构对以下几个方面展开评估与把控：

（1）权利的完整性：最适合保理的是那些简单的，没有特定附加条件的产品，也就是说，只要产品为所订购的品种，数量正确，质量合规，按时装运，正确出票，则买方就必须付款，在合同中不存在寄售、安装证明、分期付款、权利保留等条件。

（2）买方的分散程度：权利的完整并不意味着保理商可以收回款项，最可能的原因就是出现坏账和争议。为了降低可能造成的不利影响，要寻求那些客户群体分布较分散的卖方。

（3）买方的资信：如果买方资信较差的话，会给保理商收款带来严重的问题，实际上买方资质低也是卖方资质差的一种表现。我们可以对应收账款进行账龄和坏账的分析，从而揭示买方的总体质量。

（4）债权稀释：指所有买方可以合理地从付款中扣除的部分，包括贷项清单、提前付款折扣、总体折扣（买方年购买量达到某一数字后获得的折扣）、双向贸易等。此外，争议也可能导致债权稀释。债权稀释的影响是减少了应收账款的价值，削弱了保理商的安全性。我们必须能够将所有的扣除项目量化，并据此计算融资比例。

通过对交易对手双方及相互间的商账往来情况有了详尽的分析之后，才可以为保理费用确定合适的比例与价格。

### （四）信用衍生品设计技术

信用衍生品的核心技术也是信用风险的定价技术。关于信用违约互换的定价，通常有两种相互竞争的理论。第一种，称为"概率模型"，采取了一系列非违约概率的加权现金流的现值，这种方法表明，信用违约互换应以比公司债券低的利差进行交易。第二种模型，由达雷尔·达菲、约翰·赫尔和艾伦·怀特提出，使用了无套利方法。

1. 概率模型（probability model）

信用违约互换使用概率模型定价时，需要输入四个指标，即发行溢价（issue premium）、回收率（recovery rate, 名义违约偿还率）、参考实体的信用曲线（credit curve）以及伦敦银行同业拆借利率曲线（libor curve）。

如果没有发生违约事件，那么信用违约互换的价格只会是一笔折扣溢价的总和。因此，信用违约互换的定价模型必须考虑到，该公司在合同有限期内发生违约的可能性。

2. 无套利模型（no-arbitrage model）

由达菲、赫尔和怀特提出的无套利模型，假定不存在无风险套利。达菲使用伦敦银行同业拆借利率作为无风险利率，而赫尔和怀特使用美国国债作为无风险利率。两种分析都做出了简化假设，然而市场多用达菲的方法来确定理论价格。

根据达菲的构建，信用违约互换的价格，也可以通过计算债券的资产互换利差来获得。如果债券的利差为 100 个基点，违约利差为 70 个基点，那么一个信用违约互换合约应该在 30 个基点左右。但是，有时因为技术原因，情况会有所改变，这可能会，也能不会为精明的投资者提供套利机会。信用违约互换的理论模型和实际价格之间的差异被称为基础差异。

## 二、信用管理应用场景

信用管理的应用场景较为广泛，既可应用于企业内部的信用政策，也可应用于上下游企业间的供应链金融，还可直接应用于资本市场的风险分散与分担。

### （一）企业或机构内部的信用管理

企业是所有社会经济活动的细胞，是社会信用活动中最活跃的层次，是巨大的信用需求者及供给者。在错综复杂的社会信用关系中，一个极其重要的组成部分就是企业信用，它是各种社会信用关系的构成基础。在当今社会，

随着企业信用活动的日趋频繁，信用交易的不断扩大，信用风险也相伴而生。要提高企业信用管理水平，就必须加强信用管理，制定行之有效的信用政策。所以，企业信用管理和信用政策是信用管理重要的应用场景。企业信用管理是对本企业的受信活动和授信决策进行科学管理，包括客户信用评价管理，赊销与应收应付账款管理等。

无论企业规模大小，合理有效的信用政策都能为其信用交易的顺利开展提供保障。如果企业制定的信用政策不符合其业务需要，那么企业也就很难在合理的期限内回收账款。企业信用政策的制定，要兼顾主观愿望与客观现实，并坚持稳定性和灵活性相统一的原则。一个企业采取或宽或严的信用政策，与其所处的市场环境、竞争对手情况、产品特点等因素息息相关。

### （二）商业银行与供应链金融信用管理

从全球范围内来看，各国商业银行的经营活动是信用管理重要的应用场景：一方面，商业银行基于风险性、盈利性和流动性的原则，在风险控制的动因和内外监督管理下，对企业授信。另一方面，近年来，基于贸易链融资基础上发展变化而来的供应链金融——银行等金融机构或物流机构在供应链运作的全过程向中小企业客户提供的结算和融资服务，在世界各国广泛兴起，并呈现出日益加速发展的趋势。尽管供应链金融兴起的初始动机和具体操作方法在国内外各有不同，但本质上都是为了解决相对弱势的中小企业融资问题。这种为中小企业量身定制的供应链金融，由于可以为大量的中小企业和风险企业提供及时的资金融通，随着供应链金融的业务量增大，对信用管理的需求也随之增加。

信用管理的核心是信用风险的评估。信用风险评估作为商业银行信用风险管理的首要工作和关键环节，关系到银行的健康运转与社会稳定，因此它很早就被各国政府、监管部门以及金融机构所重视。经过多年的研究，国际上对银行信用风险度量技术的研究已经取得了丰硕成果，并不断付诸实际应用。例如韩国的新韩银行与美国波士顿咨询公司合作，建立了一套完整的风险控制系统，其中"客户信用评级""融资工具风险评级"是核心，对于该银行的风险控制起到了重要的作用。20世纪90年代以来，由于银行业的激烈竞争金融衍生产品的不断涌现，信息技术的快速发展以及《巴塞尔新资本协议》（即巴塞尔协议Ⅱ）的推动，国际上出现了一些新的信用风险量化模型。国际上比较有影响的信用风险量化模型主要有四个：瑞士银行金融产品开发部的信用风险附加模型、美国穆迪KMV公司（创始人Kealhofer，McQuown

和 Vasicek 首字母缩写）的 KMV 模型、麦肯锡公司的信用组合观点模型和
J.P. 摩根银行的信用度量模型。

供应链金融可以被总结为"1+N"的金融模式，其中的"1"是指供应链
中的核心企业，"N"是指核心企业上下游的供应链成员企业。由核心企业的
信用对贷款提供信用担保，使银行对中小企业的贷款的信用风险得到了极大
的降低，并同时将银行的授信对象扩展到整个供应链，并且对不同地位的企
业，例如供应商、生产商、经销商，采用不同的融资方式，近几年来我国供
应链金融的创新和深化方向主要集中在存货和预付款融资领域。供应链金融
风险管理是商业银行风险管理的一个特定领域，供应链金融的风险管理应该
与金融机构全面风险管理的目标和原则相匹配。

**（三）资本市场信用管理**

资本市场本质上是信用市场，上市公司或者债券发行企业的募集报告、
财报、重大事件临时报告等信息披露，券商、评级等中介机构出具的研究分
析报告以及各类投资参考信息，都是围绕企业信用来展开。由于资本市场的
不确定性和风险相比产品和劳务市场较多，其市场特性以及运行机制上的特
点，决定了资本市场在本质上应是最大的诚信市场，金融行业发展对诚信的
要求远远高于一般的商品类或其他服务类企业。

此外，资本市场与金融市场还往往具有高出一般产品及服务市场的波动
性，需要通过信用管理行业进行信用风险的分散或者分担。信用保险及信用
衍生产品等下游信用产业的出现，本身就是为了满足资本市场与金融市场的
风险管理需求，因此资本市场是信用管理最重要的应用场景。加强资本与金
融市场的信用管理也是稳定投资者信心，保证资本市场健康发展的必由之路。
根据国家社会信用体系建设的总体要求和部署加强资本市场信用建设，已经
成为我国建设高标准、高质量市场体系的重要内容。

# 第七章 信用与金融危机

理解信用危机的产生及危害，对于理解信用产业的产生、作用及其未来发展具有重要意义。全球债务浪潮在布雷顿森林体系瓦解之后日益突出，特别是 2008 年国际金融危机发生之后全球债务水平快速攀升，根据国际清算银行（Bank for International Settlements, BIS）统计，截至 2021 年第二季度，全球实体经济部门债务占 GDP 的比例已经达到 273%，这意味着信用产业的市场范围在总体上不断扩展，信用产业也将在信用风险识别及防范领域发挥越来越重要的作用。

# 第一节　债务浪潮与金融危机

信用产业的产生和发展与金融危机特别是债务危机的发生密切相关，可以说，正是由于债务危机的出现才催生了对于信用产业的需求，发挥信用产业的作用，预判信用产业的发展趋势，离不开对于债务浪潮与金融危机的认知与理解。

## 一、全球债务浪潮涌现

经济波动是使经济学家着迷的永恒话题。美国经济学家约翰·贝茨·克拉克曾经说过："现代世界关注经济周期就像古代埃及人关注尼罗河泛滥一样，这种现象间断地反复出现，它对每个人都极为重要，而它的自然原因却无法理解。"在历次经济大幅波动中，1929 年大萧条是信用危机与经济危机交织互动的典型。此后的经济危机越来越多地以金融危机或信用危机的形式出现，特别是布雷顿森林体系瓦解之后，美元与黄金脱钩，由此美元发行量大幅增加，流动性过剩加大了国际资本流动与债务规模。

第一次全球债务浪潮：1970—1989 年。从 20 世纪 50 年代至 70 年代中期，西方发达国家经济增速有所放缓，大量的流动性过剩促使发达国家的商业银行在全球范围内重新寻找投资机会。第二次世界大战后拉美国家开始全面推进工业化和城市化，使得经济迅猛发展。同时为了更加快速地赶超发达国家，在发达国家实际低利率政策的刺激下大规模对外举债。因此，资金充裕的发达国家商业银行非常愿意借钱给经济快速发展且急需资金的拉美国家，流入新兴国家的贷款一半以上都在拉美国家。1970 年拉美国家债务余额仅有290 亿美元，到 1978 年债务余额已增至 1590 亿美元，其中 80% 为主权债务。

1979 年伊朗发生伊斯兰革命后，石油价格暴涨引发通胀，美联储提高利率使借贷成本短时间内增加了 42%，拉美国家的债务偿付负担越来越重。随着债务水平越来越高，信贷来源开始枯竭，债务无法滚动展期。1982 年 8 月，墨西哥首先宣布无力偿还债务，随后巴西、委内瑞拉、阿根廷、秘鲁和智利等国也相继宣布终止或推迟偿还外债。各国实行的盯住美元汇率制度使本币被严重高估导致大规模资本外逃，最终墨西哥等国本币兑美元大幅贬值。1989 年，美国政府启动布雷迪计划（指由时任美国财政部长布雷迪提出的解

决拉美债务问题的方案），通过债务减免和经济改革为拉美债务危机画上了句号。

第二次全球债务浪潮：1990—2000 年。20 世纪 60 年代以来，亚洲国家依靠劳动密集型产业和大量投资保持了较高的经济增速。在此期间，东南亚各国加快了金融自由化改革的步伐，却缺乏配套有效的监管机制。经济高速增长与资本账户开放，使得亚洲国家继拉美国家之后，成为国际资本争相追逐的新战场。1996 年，韩国、印度尼西亚和马来西亚三国的国际资本占 GDP 的比重分别达到 5%、6% 和 7% 以上，泰国的该指标在 1994 年就已超过 14%。国际资本进入亚洲国家主要是依靠短期借贷，银行借入大量资金投入证券市场和不动产市场进行逐利，各国出现泡沫式繁荣。1996 年，美联储为抑制通胀提高利率使美元升值，而东南亚国家由于实行盯住美元的汇率制度，本币被迫升值致使出口失去竞争力，以出口为导向的亚洲经济急速放缓，金融市场的繁荣与实体经济的疲软暴露了东南亚国家经济的脆弱性。善于洞察的国际炒家在脆弱且缺乏防范机制的亚洲金融市场中嗅到了绝佳的"资本猎杀"机会，并在外汇市场上大量抛售东南亚国家货币并买入美元，带来大量外资流出亚洲。亚洲各国有限的外汇储备未能保住汇率，导致固定汇率机制崩溃与各国货币贬值。7 月 2 日，泰国宣布泰铢自由浮动，到 10 月 24 日泰铢贬值幅度达 60%。随后菲律宾比索、印度尼西亚盾、马来西亚林吉特相继贬值。货币危机波及至韩国等地区和国家，东南亚金融风暴演变为亚洲金融危机。

第三次全球债务浪潮：2001—2009 年。假如说 2000 年之前的全球债务浪潮是以全球金融自由化，以及其带来的主权债务积累为主要特征，那么 2001 年美国互联网泡沫之后的全球债务积累则转为以各自国家自身的债务积累为主要特征，各国债券市场规模也在此阶段有了长足发展。

2001 年，美联储为应对互联网泡沫破灭以及"9·11"恐怖袭击事件的冲击而大幅降息，其他发达经济体也采取了相对宽松的货币政策。美国、欧洲等发达国家以及发展中国家的债务均大幅增加。宽松的信贷环境加上国际收支顺差以及外汇储备持续增加，使中国、德国、日本和中东资源国将巨额经常账户盈余投向美国，美国私人部门总债务增长异常迅速，尤其是家庭部门的债务。大量的信贷涌入房地产市场，信贷标准的降低使非购房者也可通过房屋净值贷款增加债务，"次级"抵押贷款占据了 20% 的市场份额。2006 年美联储开始加息，家庭部门的偿债负担加重，"次级"贷款风险逐渐暴露。2007 年 8 月初，持有美国"次级"贷款的各大银行亏损惨重，随后资产价格

暴跌。2008 年 9 月 7 日，美国政府宣布接管"两房"（Fannie Mae 与 Freddie Mac），9 月 20 日，雷曼兄弟公司宣布破产，标志着次贷危机正式演变为金融危机，金融海啸席卷而来并迅速波及各个国家，引发国际金融危机。

第四次全球债务浪潮：2010 年至今。自 2008 年国际金融危机以来，各国央行为提振经济开启量化宽松政策，均推行超低利率甚至零利率或负利率，直接导致全球债务不断膨胀，特别是为应对 2020 年新冠肺炎疫情全球蔓延的冲击，主要经济体纷纷采取了量化宽松政策，使得全球债务水平升至高位。以美国为例，美国货币当局从 2020 年 3 月 14 日开始在短短 5 天内总计向市场注入 6.2 万亿美元的流动性。强有力的救助使流动性危机暂时缓解，但在上一轮宽松政策尚未退出之际，美国再次启动史无前例的降息加宽松政策，导致美国财政的债务利息支出急速增加，债务风险进一步累积，疫情全球大流行的冲击和影响还未完全显现，美国未来财政政策和货币政策的空间已非常有限。国际金融协会（IIF）数据显示，截至 2021 年第二季度，全球债务总额高达 296 万亿美元，是 2008 年的两倍多。美、欧、日等发达国家也陷入"重债富国"的困境。美国财政部数据显示，截至 2022 年 1 月末，美国未偿还公共债务总额为 30.01 万亿美元，占 GDP 比重超 130%；根据日本财务省的统计，截至 2021 年末，日本政府债务占 GDP 的比重为 180%；欧盟的债务问题至今尚未得到解决，同时还面临着严峻的老龄化问题。IIF 的报告还显示，截至 2021 年第二季度，在政府借款的推动下，新兴市场债务余额上升至 92 万亿美元的创纪录水平，环比增加了 3.5 万亿美元。显而易见，此次债务浪潮是四次债务浪潮中规模最大、范围最广、增长最快的一次。

我国的债务积累也正是在本轮周期中加速上升的。2008 年第四季度我国出台了对冲危机的规模达 4 万亿元的经济刺激计划，中国经济增长的主要引擎由出口转换为投资。投资拉动的增长模式容易带来债务积累的问题，特别是 2008 年之后我国地方政府通过隐性负债以及银行信贷等模式融资以加大投资规模，为后续我国的地方政府隐性债务问题以及信贷扩展问题埋下了伏笔。根据国家资产负债表研究中心的统计，2008 年第三季度至 2010 年第三季度，我国实体经济部门债务占 GDP 比重快速攀升了 40 个百分点至 180%，是我国宏观杠杆率上升速度最快的时期。

面对不断攀升的债务风险与信用风险，我国在次贷危机之后逐渐开始重视"风险防范"在宏观政策操作中的重要性。特别是 2014 年我国债券市场出现了第一只公开违约的债券，即上海超日太阳能科技股份有限公司 2011 年公

司债券违约，至此，我国资本市场前期积累的信用风险开始逐步释放，宏观政策对于整体信用风险的判断也出现了重大变化，并在 2016 年末通过去杠杆政策控制了信用风险的快速释放。2020 年面对新冠肺炎疫情的猛烈冲击以及欧美经济体大规模的经济刺激计划，我国货币政策保持了相当的定力，并在疫情得到一定控制之后逐步常态化，充分体现了宏观调控操作"稳增长、防风险"兼顾的双底线思维。

## 二、"双底线思维"是中国避免出现金融危机的重要保障

西方经济理论难以解释改革开放以来中国从未发生典型的经济与金融危机现象。经济与金融危机是催生宏观经济理论范式革命的重要力量。1929 年大萧条催生了凯恩斯革命，20 世纪 70 年代出现的滞胀带来了卢卡斯革命以及真实经济周期理论，但 2008 年国际金融危机的出现又使得传统宏观经济理论面临困境，无论是古典经济学、凯恩斯革命还是卢卡斯革命，都在解释金融危机方面存在缺憾。西方经济理论无法较好地解释西方为何会出现金融危机，也自然无法解释中国为何没有出现经济与金融危机。改革开放以来，中国经济也发生了诸多波动，但并未发生西方经济学所定义的典型经济与金融危机，比如，1988 年和 1994 年前后我国曾出现过的较大规模通胀；1991—1994 年伴随人民币汇率的剧烈波动而呈现出资本大量外逃风险；1997 年和 2008 年的外部金融危机也对中国贸易、金融等领域造成了一定冲击，但上述经济波动并没有带来中国经济出现衰退，即便是 2020 年的疫情冲击下我国经济增长也仅在一个季度出现负增长。

笔者认为，我国没有出现金融危机与我国坚持宏观调控的"双底线思维"有重大关系。2008 年始于美国并逐渐蔓延到全球的金融危机是我们研究宏观经济和宏观政策必须关注的一个重要节点，是中国宏观经济的分水岭。2008 年上半年，我们施行的是防止经济过热的政策。当我们在奥运圣火熄灭之后再看全球经济的发展时，世界已是满目疮痍。我们的首要任务调整为应对美国及其他国家的救市政策对中国的影响。从这时开始，中国这个没有发生金融危机的国家所采取的政策以及这些政策所产生的效应，既改变了中国的经济格局，也改变了世界经济的格局。就对中国经济的影响而言，笔者在 2009 年发表的题为《次高速增长阶段的中国经济》①的报告中已经提出，金融危机

① 毛振华.次高速增长阶段的中国经济，中国人民大学中国宏观经济论坛演讲报告，2009.

后支持中国经济超高速增长的因素已经衰减甚至逆转，但韧性犹在；除惯性因素外，结构转型也会带来一些新的增长动力，中国经济将告别超高速增长而进入次高速增长阶段。这个提法曾被官方采用，只是后来被"中高速""新常态"等表述所替代，但表达的内容大体上是差不多的。可以说，国际金融危机之后，中国潜在经济增长平台下移已经是不争的事实。这虽然有金融危机冲击的影响，但更多的是改革开放最初三十年支撑中国经济增长的全球化、人口、资源等传统红利逐步衰竭带来的必然结果。

　　除了对经济运行的影响，金融危机对中国宏观政策的影响是另一个值得深入研究的课题。2008 年国际金融危机对经济理论和宏观政策提出了很多新的挑战，欧美等发达国家纷纷启动货币宽松政策以挽救经济。相比之下，中国并非金融危机的风暴中心，所受影响相对可控，但随着欧美等经济体陷入萧条，欧美等国居民依托高负债支撑的超出实际支付能力的消费难以为继，外需大幅下滑，国内 GDP 增速也一度出现断崖式下跌。虽然当时中国经济内生增长动能仍在，通过结构调整转型升级或仍有望使经济保持较快增长，但 GDP 增速短期快速下滑使各界对中国经济增长过度悲观，同时发达经济体大幅量化宽松的氛围也鼓励了国内政界学界通过政府干预稳定经济的热情。为了对冲国际金融危机可能给中国经济带来的进一步下行的风险，中国启动了以"四万亿元"投资计划[1]为主要内容的一系列经济刺激政策，由此进入"债务—投资"驱动的经济增长模式。从金融危机开始直至 2016年，保增长、稳增长一直是中国宏观调控政策的主要内容。值得一提的是，虽然这一时期的政策更偏向于稳增长，但金融危机时的保增长措施本身就以防范风险、应对危机为出发点，本质上仍然与防风险有着重要关联。并且在保增长、稳增长的过程中，政策仍然对防风险予以了高度关注。例如，在危机之后，随着通胀压力、资产泡沫开始显现，货币政策又开始调整。2011年，中国人民银行明确将货币政策取向由适度宽松的货币政策调整到稳健的货币政策。

　　在 2008—2016 年稳增长、保增长措施的带动下，中国经济实现了全球率先企稳，为中国经济发展赢得了难得的窗口期。中国经济保持次高速增长，与西方国家错峰，我们成为世界第二大经济体、最大的贸易国，并在 2014 年

---

① 　为应对美国次贷危机带来的外部冲击，2008 年 11 月 5 日，国务院常务会议上正式提出"进一步扩大内需的十项措施"，一般将这些措施统称为"四万亿元"投资计划。

成为资本输出国。中国经济从此站在近代史以来最高的平台上。但稳增长下"债务—投资"驱动的经济增长模式也导致宏观风险尤其是债务风险快速积聚。根据中诚信的测算，截至 2016 年末我国宏观总杠杆率已经达到 265%，较 2008 年增幅超过 120 个百分点，虽然低于日本、法国、加拿大，但已超过美国、韩国，也高于同等发展水平国家。其中，非金融企业部门杠杆率高达 180%，居于全球首位；政府部门杠杆率也持续增长。此外，为稳增长投放的巨量货币在房地产、股市、债市伺机流动，导致房地产结构性泡沫问题突出、资金"脱实向虚"加剧等。

　　2016 年，随着全球经济的复苏和中国经济的稳中向好，中国宏观政策迎来了调整窗口期，有机会在稳增长政策的边际效用下降和风险累积到相当程度的情况下开启一轮以控风险为主要目标的政策调整。2016 年年中，笔者又发表了以《中国宏观经济政策必须转向防风险》为题的报告①，第一次把金融危机以来中国的宏观政策浓缩为"稳增长、防风险的双底线思维"。报告提出，金融危机以来长期的稳增长政策取得了良好的效果，但同时也积累了债务居高不下、金融机构不良资产率攀升等诸多风险；随着美国经济复苏，欧洲经济企稳，国际市场需求回升，宏观政策应转换至以防风险为重心。这个报告通过中国人民大学的智库渠道提交给中央并获得了领导批示。此后政策的调整与转向也在一定程度上印证了笔者的判断。2016 年 7 月举行的中央政治局会议提出要"抑制资产泡沫和降低宏观税负"；2016 年末的中央经济工作会议提出稳增长、防风险，这个思想在 2017 年的"两会"也有所体现；2017 年 10 月举行的党的十九大把"防范化解重大风险"列为三大攻坚战之首。2016 年下半年至 2017 年，相关监管部门持续出台防风险、去杠杆的政策，宏观杠杆率增长出现边际放缓势头，风险有所缓释。一系列宏观政策的调整表明，如笔者之前所预期和建议的，宏观调控重心转向了防风险。2018 年至 2019 年，在中美博弈加剧、中国经济运行外部不确定性增加的背景下，宏观政策再度加大了对稳增长的关注。2018 年 6 月的中央政治局会议提出"稳就业、稳金融、稳外贸、稳外资、稳投资、稳预期"的"六稳"政策，并在此后的多次重要会议中予以重申。但在政策变中求稳的同时我们并未放弃防风险。2019 年末的中央经济工作会议在"稳"字当头的同时明确强调要继续打好三大攻坚战。

---

① 毛振华，等.稳增长和防风险双底线的宏观经济 [M]. 北京：中国社会科学出版社，2016：121-131.

2016 年以来，中央关于经济政策依然有多个目标，但经常浓缩为稳增长和防风险，至此双底线思维逐步定性。

回顾 2008 年以来十余年中国宏观政策所走过的路，笔者认为稳增长、防风险的双底线思维是中国宏观经济稳定的重要保障。但也应该看到，截至 2021 年末，我国宏观杠杆率为 288.2%，长期以来累积的债务风险仍然处于高位，且信用风险释放的压力较大，除了中国特色的宏观政策继续发挥作用，信用产业的发展也应当成为维持我国金融市场稳定的重要力量。

### 三、信用产业的"贯穿周期"与"顺周期"

历次债务浪潮大多以金融危机或债务危机的形式作为尾声，其间也不断涌现企业层面的信用危机或违约事件，比如 20 世纪 70 年代"宾州中央铁路公司破产案"成为当时美国金融史上最大的债务违约事件。债务浪潮与信用危机使得投资者对于信用产业的需求高涨。以信用评级行业为例，1929 年大萧条之后信用评级行业开始为金融监管所采纳，20 世纪 70 年代的债务浪潮涌现使得美联储开始加大对于信用评级结果的引用，并规范信用评级行为，从而建立了 NARSOs 认证体系。

同样以信用评级行业为例，上述四次债务浪潮期间都对应着企业或证券发行人的违约高潮，从而出现信用危机的结局。但是，如图 7-1 所示，经济与金融危机期间较高信用等级的企业的违约率要显著低于投机级主体，且波动幅度也显著低于投机级主体，这表明信用评级行业实际上起到了一定"贯穿周期"的作用，对于信用风险状况能够进行一定的识别和区分。一个理想而完美的评级体系，是评级公司所下调评级的债券恰好是信用基本面恶化和违约风险实质性上升的债券，而评级公司没有调整或者上调评级的债券，则全部是信用风险没有变化或者降低的债券。但是实践中，由于宏观信用风险与经济波动的发生很难提前进行规避，再加上信用风险的复杂性，关于信用风险的相关信息是逐渐累积发生，并被分析师所逐步理解，因此评级体系并不能在宏观和微观两个层面穷尽对于信用风险的揭示，否则将会出现一个完美的金融市场。

狭义的征信行业与信用评级行业对于微观主体的信用状况揭示也面临类似的问题，信用揭示有时会在准确性与稳定性之间出现一定的冲突。正是这种冲突带来了对征信行业，特别是信用评级行业的质疑。

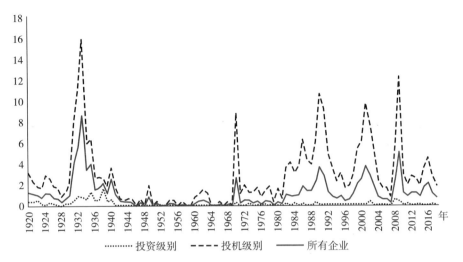

图 7-1　穆迪公司全球发行人加权企业违约率

以欧债危机为例，欧盟认为三大评级机构下调希腊主权债务的节奏与时机把握是错误的，是引发欧洲债务危机的导火索。但如前所述，评级机构对于信用级别的调整如果一味地坚持贯穿周期的理念，意味着评级机构的评级变化可能会存在不及时的情况，从而导致市场对评级产品准确性的质疑。而如果评级机构为了追求准确性而部分的牺牲稳定性的要求，有时又会对金融市场带来"顺周期"的推波助澜的影响。

因此，信用产业往往需要在准确性与稳定性之间做出权衡，特别是注意维持长期信用基本面较好的市场主体的稳定性，充分发挥信用产业"贯穿周期"的作用，减少信用危机发生时因"金融加速器"原理而对金融市场及实体经济带来的损失。

# 第二节　信用产业与信用危机治理

在大萧条之后，学术界普遍将 2008 年国际金融危机看作一场由信用产业崩盘而引发的信用危机，并由此展开了金融危机的信用机制研究。不论是马克思的信用和危机理论还是西方经济学里的失衡危机理论，都将信用危机的起因归结于信用不合理的膨胀、扩张。而在对信用危机预防机制的探索中，抛去经济政策与经济体制的影响，部分学者认为应重新审视信用产业的功能与作用，有效发挥其风险揭示及风险预警的基础作用。本节将以征信行业和

信用评级行业为代表，分析信用产业在经济体系中的定位，阐述信用产业预防信用危机的机理与效果，为更好地发挥信用产业功能提供参考和建议。

## 一、征信是金融体系重要基础设施

征信产生、依附和服务于信用活动，为解决信息不对称问题建立，是市场经济必不可少的组成部分。美国、欧盟等西方发达国家和地区的经验表明，征信体系是现代金融体系运行的基石，是金融稳定的保证，在金融发展中发挥着基础性推动作用。

### （一）反映市场主体信用历史

征信体系最直接的功能就是通过征信机构提供的产品和服务，以信用报告的形式全面反映个人、企业和其他组织的信用历史。信用历史被征信机构记录在信用数据库中，是个人、企业和其他组织最为全面的信用信息，有助于交易对手了解对方的信用状况，也为信贷机构评估借贷者信用风险提供支持，有效地提高了金融交易效率。征信机构的核心服务对象是银行类金融机构，其提供的产品和服务被广泛应用于信贷业务，涉及贷前审批、贷后管理、商账催收、客户营销等多个环节。如贷前审批环节，金融机构可以依托征信产品对申请贷款者的身份进行核实，对其信用状况进行调查和评价，判断是否给予贷款以及贷款的利率和额度等；贷后管理环节，金融机构可以依托征信系统对借贷者的信用状况进行跟踪，根据信用状况的变化情况调整信贷额度，并在信用状况恶化时进行预警。如果借贷者发生违约，还可通过征信系统进行催收，并配合贷款催收办法，如记录违约情况、限制消费、追踪债务等。

征信行业提供的产品和服务形式多样，最具代表性的是信用报告和信用评分。前者通过对个体、企业和其他组织的信用信息精简、整理、汇总等形成各种格式的信用报告，如银行的个人信用报告等；后者利用数理统计的方法对个体、企业和其他组织的信用行为进行分析，并利用具体的分数表示信息主体整体或特定方面的信用风险，如美国个人征信的 FICO 评分等。征信机构可以依据金融市场需求提供基础性、增值性、个性化的信用产品和服务，全面反映个体、企业和其他组织的信用历史，既有助于解决信息不对称问题，也有助于及时监测市场主体信用风险，预防信用危机发生。

### （二）扩大信用风险监测范围

征信机构不但能够为金融市场的参与主体提供信用评估报告，还能为实施金融监管、维护金融稳定和促进普惠金融发展等提供有力支撑。一方面，

征信体系能够有效促进普惠金融发展，将信用风险评估下沉到个体和小微企业。比如，通过为中小企业、偏远地区人群建立信用档案，帮助金融机构和监管机构建立对小众群体的信用状况分析，降低金融机构向弱势群体提供贷款的成本，促进资金资源流向有明确资金需求的人群，有效拓展金融机构服务的广度和深度。根据世界银行的调查，有无征信机构对中小微企业是否受到融资制约和能否获取银行贷款具有显著影响，一般来说，存在征信机构的国家，中小微企业获取贷款的概率显著提升。征信体系的建立有助于解决信贷市场的信息不对称问题，降低金融交易成本，从而提升金融资源供给的公平性，推动普惠金融发展。

另一方面，金融监管当局可以依托公共征信系统得到信用风险监测的基础信息。金融监管当局可以基于征信系统数据展开分析，监测银行类金融机构资产质量，重点关注容易产生不良贷款的企业和行业，通过信用报告、信用增值产品和服务对某个行业的信用风险进行跟踪监测等。以我国金融信用信息基础数据库为例，监管当局可以根据政策目标，按区域、行业、机构和人群等口径进行数据分析，统计不同口径下的违约概率分布，为制定监管政策和宏观调控提供支持。

### （三）打破"信息孤岛"

征信业除促进信贷市场发展外，还通过收集非银行类信息，为其他行业提供基础信息支持。以我国的金融信用信息基础数据库为例，在收集信贷行为信息基础上，还收集了水电煤气费缴纳、司法执行、缴税欠税、交通违章等多方面信息，此类信息不仅用于衡量个人、企业或其他组织信用状况，还能应用于行政管理、干部选拔、优秀评选等工作。发展征信系统可以有效打破行业垄断和信息孤岛，实现信用信息全面共享。

从整个社会角度看，征信业提升了社会参与主体的信用意识，有助于全社会养成良好的信用习惯，避免出现违约行为。否则，不良信用记录将会对信息主体产生严重的负面效应，如失信人被限制乘坐飞机、高铁等公共交通工具，被限制高额消费等。征信体系通过信用信息共享，构建完善的守信联合激励、失信联合惩戒机制，有助于弘扬诚信文化，从根本上改善社会信用环境。

## 二、评级是资本市场信用风险的"看门人"

评级机构发布的信用评级结果作为一种准公共品，具有较强的社会导向，

评级结果为包括监管部门、投资者及发行方等各方使用，能够影响社会公众的投资判断和选择。信用评级作为债券市场重要的基础设施，发挥着降低信息不对称、揭示信用风险、发挥风险定价等功能，是债券市场健康稳定发展的"看门人"。

**（一）解决信息不对称，降低交易成本**

在市场经济中，信息在决策中起着至关重要的作用。但在现实的经济环境下，市场主体在决策时面临着信息滞后、信息不足、信息失真等信息失灵的问题。信用评级的存在，较好地解决了交易双方信息不对称的问题，并能有效降低交易成本，提高资本市场效率。一方面，评级机构以其专业能力大量收集并分析债券发行人的信用资料，向市场提供信用风险观点，并对信用风险进行持续动态监测，大大降低了投资者信用信息搜寻成本，同时，投资者在进行债券投资时，参考外部评级信息进行风险定价或调整自身的投资组合；另一方面，债券发行人也因信用评级而在发行定价中得到公平对待，并能在拓展融资渠道、稳定融资来源、提高债券发行效率和树立良好信用形象等方面收获多重好处。

在债券创新品种推广中，信用评级降低信息不对称、提高市场效率的优势更为凸显。评级机构针对监管及市场推出的各类债券创新品种，能够快速响应并研发创新评级方法，帮助市场各方了解创新债券品种信用风险特点。以资产证券化产品发展为例，证券化产品有着远比其他融资工具复杂的交易结构和信用特征，更为依赖评级机构专业的信用分析能力。国内资产证券化早期发展过程中，评级机构对证券化产品的信用风险特征进行深入研究，研发专门用于评价资产证券化产品信用风险的评级技术模型，并在证券化产品估值、交易结构设计等方面给予专业建议，在资产证券化产品发行、推广中扮演着重要角色，有力地推动了国内证券化产品蓬勃发展。

**（二）区分主体风险差异，防范金融风险**

在国内投资者风险偏好普遍偏低的背景下，对于那些风险偏高的拟发债主体，评级机构会避免承做信用风险较高或评级达不到受评对象期望的客户，从而间接将一些潜在违约风险主体排除在债券市场之外。同时，在评级业务开展过程中，评级机构通过初始评级、定期跟踪及不定期跟踪等评级行动及时向市场传递债券及主体的信用资质变化情况，能够使投资者较早警惕相关债券违约风险，并减轻违约真正发生时所造成的市场波动。受评主体信用评级下调在一定程度上能够引起市场对其违约风险的关注，合理引导市场预期，

当违约事件真正发生时，降低违约事件对市场的冲击，避免恐慌抛售等连锁反应，防范区域性、行业性乃至系统性风险共振，有效缓释金融市场风险。

### （三）衡量信用风险，辅助债券定价

债券定价基本因素包括无风险利率、信用风险溢价与流动性风险溢价。信用评级作为对信用风险的有效评估，可从信用风险溢价角度，为市场提供债券定价的重要参考。债券发行利差及交易利差[①]是信用风险溢价的重要反映，从近年来债券利差的表现可以看到，不同信用等级债券的利差表现呈现明显差异，以中期票据为例，2020 年 3 年期中期票据 AAA 级发行利差与交易利差均值分别为 118.01bp、118.41bp，较 AA+ 级发行利差及交易利差均值分别低 72.94bp、72.1bp，其余等级同样呈现信用等级越高对应发行利差及交易利差越低的特点，具体见表 7-1。整体来看信用级别对信用风险的区分作用较强，可作为评估信用风险溢价的重要参考。

表 7-1　2020 年中期票据主要期限品种发行利差及交易利差表现

| 项目 | 名称 | 3 年期中期票据 | 5 年期中期票据 |
|---|---|---|---|
| 发行利差均值（bp） | AAA | 118.01 | 118.41 |
| | AA⁺ | 190.95 | 164.31 |
| | AA | 279.69 | 241.65 |
| 交易利差均值（bp） | AAA | 118.41 | 118.71 |
| | AA⁺ | 190.51 | 162.81 |
| | AA | 276.62 | 231.27 |

### 三、信用衍生品分散转移信用风险

信用衍生品产生的直接推动力是信用风险规避，虽然对于衍生品的无序使用反而起到了放大信用风险的负面效果。

### （一）以合约形式转移信用风险

CDS 的产生可以追溯至 1994 年。埃克森美孚公司遭遇原油泄漏危机，迫切需要向摩根大通申请贷款。由于贷款金额巨大，且根据巴塞尔协议对银行贷款 8% 的资本储备的要求，这笔贷款接近占用摩根大通 4 亿美元左右的资本储备金，并因此面临巨大的流动性压力。但摩根大通不想错失这个大客户，因此联合欧洲开发银行达成了一笔开创性的交易：双方约定由欧洲开发银行

---

① 利差指发行利率或交易利率减去对应期限基准收益率。

对该笔贷款提供信用保护，如果埃克森美孚违约，由欧洲开发银行赔付摩根大通的损失；摩根大通方面则定期向欧洲开发银行支付信用保护费。这种安排将摩根大通从埃克森美孚的信用风险中挣脱出来，将信用风险分割并转移出去。

市场参与者们普遍认为信用衍生品可以快速转移信用风险，而只需付出较小的成本；其定制化的合约条款灵活性强，可以满足不同当事人的需求；信用增进功能为债务人提供间接担保，增加市场的信贷资金，降低成本融资。在安然、世通等公司破产案件中，CDS 扮演了风险分散者的角色，许多银行成功利用 CDS 转移了信用风险，从而避免了"被破产"的命运。

### （二）信用衍生品有助于化解不良资产

信用保护买方通常是银行机构，在实践中由于一些中小企业的信用信息难以甄别获取，导致银行发放贷款时对于借款人的信用水平无法充分评估或评估成本较高，银行为了降低风险而不愿意放贷。信用违约互换可以帮助银行通过互换合约形式，将风险转移给愿意承担的卖方，信用保护卖方为了自身的利益会对借款人进行额外的信用评估并卖出相应合约，信用保护买方应当支付的费用也反映出了信用风险的价格，从而体现了信用违约互换自身的价格发现功能。

有了信用违约互换，银行可以通过签订合约将自身可能遭受的风险分散到其他愿意承担这一风险的金融机构身上，这样银行本身承担的风险就大大降低，对于一些存在信用风险的中小企业也更愿意放贷。这样，一方面有助于缓解银行"惜贷现象"，另一方面减少了中小企业筹集资本的成本，带动了经济的发展。此外，对于银行自身存在的一些信用风险，也可以通过信用违约互换转移给愿意承担的一方，从而化解内部存在的不良资产，促进资金的流动。

# 第三节　进一步发挥信用产业风险防范功能

我国信用产业伴随市场经济成长、成熟，与金融市场发展相辅相成，在揭示信用风险、防范信用危机中发挥着重要作用。近年来，在金融市场和信用产业发展过程中，出现了一些对信用产业风险防范作用的诟病，质疑信用产业风险预警不及时、信用评估失灵等。一方面，信用产业发展过程中自身积累的诸多问题，成为制约信用产业健康发展的重要因素；另一方面，当前

金融市场在制度体系、市场结构等方面的问题，也是制约信用产业发展的瓶颈所在。现阶段，立足金融市场高质量发展目标，须正视信用产业发展问题，通过信用机构、监管机构、投资者、市场信用主体等各方多措并举，进一步发挥信用产业风险防范作用，助力金融市场高质量发展。

### 一、强化征信行业风险揭示功能

征信行业有效发挥风险揭示功能的前提是信息准确。如果个人、企业和其他组织能够提供真实、准确、完整的基本信息、财务信息、经营信息或交易信息等数据，征信机构站在独立的第三方立场上，就可以客观公正地把相关信息进行整理、加工，如实反映经济主体的信用状况，金融机构也可根据信用报告或信用评分进行正确的信贷决策、交易决策。一旦出现信息主体或征信机构造假的情况，信息传导将出现偏差和失误，就会导致征信功能失灵，造成对市场主体信用风险的误判，信用风险不断累积，最终将引发金融系统的信用危机。如 2008 年国际金融危机中，美国征信体系功能失灵造成了信用风险的快速传播。2008 年之前，美国的银行大量推行零首付按揭贷款，由于贷款申请人虚报收入等信息，导致信贷总额过度膨胀，而银行将这些资产直接打包销售，以减轻自身不良贷款压力，评级公司又给予打包资产虚高的评级，最后导致整个链条失控。因此，信息造假带来的局部征信失灵，极易引发信用危机等严重的后果。

我国征信行业除信贷信息基本实现共享外，大量准金融类信息和非金融类信息仍存在较为突出的割裂问题，严重影响了征信产品的风险揭示功能。征信结构一般都将主要征信数据视为企业自身核心业务，在没有明确法律强制规定和利益激励机制下，机构大多不愿意主动共享信息，使得信用评估的准确度由于数据缺乏而陷入瓶颈，进而影响对市场信用风险的判断。

根据我国市场经济发展水平以及金融市场发展需求，征信行业仍有很大的发展空间，可从技术、平台、制度建设等多方面入手，优化我国征信体系功能，更好地发挥其风险揭示作用。

### （一）重视金融科技和先进技术应用，提高风险监测水平

作为数据密集型行业，技术进步对征信行业的推动作用至关重要。随着互联网技术的发展，大数据、云计算、人工智能、区块链等先进技术被广泛应用于金融行业，众多研究也展开了先进技术与征信行业融合发展的探索。近年来，少数征信公司正在试点开展区块链技术应用，但应用场景十分有限。

总的来说，我国征信行业在大数据分析、新技术运用、人工智能探索等关键领域竞争力较弱。加之大数据下，个人信息泄露等安全事件层出不穷，征信信息安全面临严峻挑战，一定程度上阻碍了金融科技和先进技术在征信行业的应用。尽管如此，也不应束缚征信行业的创新探索，应加快区块链、人工智能、云计算、大数据等技术与征信行业的融合，推动征信行业在信息收集、信息质量、信息存储、信息共享等方面的革新，创新开发先进的征信技术和评估模型，辅助征信机构开发高水平的信用产品和服务，及时高效地监测市场主体信用风险，从而发挥其信用风险防范功能。

**（二）促进征信信息内外部融通，深化信用风险评估**

大数据时代，个人、企业和其他组织的信用信息范围快速扩大，信用风险评估不能仅限于传统信用信息分析，应采取措施推动征信信息共享，深化信用风险评估维度。首先，在保证征信机构独立性原则的前提下，进一步明确征信信息共享的边界和标准，建设有效的激励约束和收益分配机制，协调行业利益与机构利益的矛盾，引导和鼓励接入机构依法合规共享征信数据。其次，借鉴中国人民银行征信中心运作模式，加快构建适应大数据时代统一的信用信息数据库，对征信业务涉及的信息采集、整理、加工、保存、使用及异议处理和信息安全等具体流程进行标准化管理，加强信息安全建设。最后，在全国统一的信息共享平台机制下，对重点地区、行业、机构开发具有特色的信用产品，考虑不同层次的信用风险监测需求，同时，研究建立征信逆周期调控机制，优化征信服务实体经济新模式，支持征信行业更精准地预测企业和个人信用行为，建立信用风险监测数据库。

**（三）全面加强社会信用体系建设，提升全社会信用意识**

有效发挥征信行业信用风险揭示功能，需要全社会正确认识征信的重要性，积极配合征信体系建设，进一步建立风险防范意识。一方面，要提升社会信用意识。随着征信应用场景越来越广泛，社会公众对征信的了解逐渐加深，但在信息保护心理下，难免对征信行业产生误解。因此，政府及相关机构应加大宣传力度，提升社会公众、企业和组织对信用的认识，加强诚信教育，普及信用知识，使社会公众主动维护并提升自身信用意识，形成信用机构和市场主体之间的良好互动，有力保障社会征信数据的真实性、准确性和完整性。另一方面，要持续完善守信联合激励、失信联合惩戒机制。信用体系的良好运行需要严格的奖惩机制配合，政府和信用机构可以通过调查个人、企业和其他组织的信用记录，制定联合奖惩措施，生成模范典型和案例典型，

督促个人和企业真实填报信用数据，促进个人和企业加强诚信体系建设，并在市场经济领域有效落实。

## 二、提升信用评级行业风险预警能力

信用评级在揭示信用风险、协助进行投资决策、提高债券市场发行效率以及降低交易成本等方面发挥了重要作用，然而美国"安然事件"引发了市场对信用评级机构的不信任和担忧。次贷危机及欧债危机后，国际三大评级机构更是陷入了公信力危机，暴露出一系列问题。相比美国百年评级历史，我国评级行业发展不过 30 年，随着债券市场刚性兑付被打破，市场在越来越重视信用评级的同时，也放大了评级行业存在的一些问题，特别是近几年违约风险加速释放背景下，市场对评级机构的质疑也越来越多。

评级公司未能在大公司破产和历次金融危机前及时做出风险提示，反而在事后下调评级级别，未能充分发挥评级应有的风险预警功能。如安然、雷曼兄弟等大型公司破产之前，其信用等级仍保持在投资级别以上，直到公司破产后，评级机构才匆忙下调评级；2002—2007 年，国际三大评级机构将绝大多数的美国房贷抵押债券评为最高级别 AAA 级，直到危机爆发后才大规模下调评级，未能及时预警到危机发生。我国评级机构也存在评级行动滞后、预警能力不足的问题，特别是高等级主体违约，评级公司几乎都是在风险事件暴露或者违约事件发生的同时或之前很短的时间内采取连续大幅的降级行动，例如华晨汽车在违约前一个月内被两家评级机构从 AAA 等级火速降至 A+ 和 BBB。此外，评级机构在个别高等级主体违约前未采取任何负面评级行动也受到市场质疑，例如中国民生投资股份有限公司、河南永城煤电集团有限责任公司在首次违约时仍保持 AAA 等级，甚至在其全面违约甚至破产重整后公开市场等级仍维持 AAA 或在较高等级上不动。

随着《中华人民共和国证券法》（2021 年 5 月）的颁布与实施，中国资本市场步入新的历史阶段，评级行业发展也面临重要机遇期，应重新审视评级行业定位与重要性，多措并举提升评级行业风险预警能力。

### （一）重视评级行业发展，国际国内两手抓

随着我国日益提升的经济与金融地位，评级行业发展迈入新阶段，应高度重视评级行业发展，提升我国评级机构在国际市场的影响力。从国际视角看，应持续推动评级行业对内对外开放，外资评级机构进入有助于我国债市更好地满足国际投资者跨国资产配置需求；国内评级机构"走出去"有助于

进一步熟悉和理解外资评级机构的业务模式和执业规则，通过竞争对话提升评级技术和评级质量。从国内视角看，应加强信用评级行业规范管理，完善评级信息披露制度，明确披露的内容、时效等，强化年度报告制度；对信用评级机构实施统一的准入管理，提高准入门槛，实施市场化评价制度，建立健全违法违规处罚及退出机制；强化评级过程质量控制，完善以违约率为核心的评级质量审验制度；运用现代监管科技，提升评级监管效率。

（二）构建基于声誉约束下的有限竞争市场结构，增强评级机构的独立性

其一，应着力构建声誉约束下的有限竞争市场结构。随着国内债券市场违约逐步增多，不同评级机构的声誉资本已经呈现出一定的差异。未来，应着力构建声誉约束下的有限竞争市场结构，完善适度竞争环境，激发评级行业和评级机构自身的活力。其二，强化监管，防止"价格竞争"、评级作业不规范等可能导致的市场无序竞争问题。应进一步统一和完善评级行业的监管政策，强化对各评级机构的监管。规范各市场主体行为，加大对评级机构各类违法违规行为的查处惩戒力度，对市场上存在的级别竞争、价格竞争及严重违反利益冲突管理的现象应严惩不贷。其三，还可借鉴国外先进经验，尝试建立评级机构独立性保护制度，建立多方"共同市场维护"机制，有效约束评级机构自身及发行人、承销商等其他机构对评级独立性产生严重干扰。

（三）加强利益冲突监管，强化评级机构合规体系建设

从监管层面看，建议监管机构出台相关法律、法规、制度、规范、指引等，制定利益冲突管理的专门文件，细化评级行业利益冲突管理的范围、情形等；针对利益冲突管理中突出的付费模式问题，建议监管机构进一步完善评级业务报备制度，建议建立统一报备、覆盖所有融资产品的报备制度；强化评级从业人员利益冲突管理意识，在执业考试中，将利益冲突管理的要求作为评价合格评级从业人员的重要准入指标。从评级机构层面看，目前，国内评级机构普遍建立了回避制度、防火墙制度，并对于离职人员利益冲突审查、分析师轮换等做出了相关规定，但相关制度及落实机制有待一进步细化；此外，还可设立利益冲突管理委员会，合规负责人对利益冲突的管理工作负责，可直接向公司董事会、利益冲突委员会报告公司及员工利益冲突管理情况。

（四）正确认识信用评级，客观看待行业问题

所有的组织形式都有缺陷，如交易成本经济学家约翰·威廉姆森所说，在没有更好的替代方式下，现有组织形式就应该被看作是有效的。不仅评级

行业，所有金融中介服务行业都存在各种各样的问题，辩证地看待行业问题，是解决问题的前提。随着我国债券市场的快速、深化发展以及违约事件的出现，监管部门和市场主体逐渐认识到降低外部评级依赖的重要性。近年来，监管机构陆续出台各项法规政策，取消强制信用评级，逐步降低对级别门槛的设置和使用。此外，还应加强市场宣传与教育，纠正市场对信用评级认知的误区，引导发行人、投资者正确使用评级结果；监管部门应持续加强评级行业自律管理，引导评级机构提升评级技术与方法体系，更好地发挥风险揭示功能，促进评级行业和债券市场高质量健康发展。

### 三、加强信用衍生品的监管

次贷危机之后，欧美各国加强了信用衍生品的监管机制与体系，其中合约标准化、中央清算和中央信息存管成为危机后美国改革信用衍生交易监管的重要抓手。具体来看：

首先，完善的法律法规体系既是中央对手清算机制构建的基础，同时也是市场参与者合法权益强有力的保障。尚未建立中央对手清算体系的国家短期内可以采取司法解释的方式明晰中央对手清算机制相关要求，之后再修订完善法律条款，出台具体实施细则。除此之外，还需从法律层面明确监管机构职责目标，加强对金融衍生品的业务监管。

其次，要稳步推进场外衍生品集中清算进程，引入中央对手清算机制。这样一方面可以降低资本金要求，提高资金使用效率；另一方面，可以减少双边清算模式中的交易对手违约风险，有效防范金融系统崩溃。目前国内实践中，港交所的附属公司香港交易所场外结算公司是唯一可接受有香港分行的内地银行成为直接结算会员的境外中央对手方，上海清算所也建立了符合国际标准的中央对手清算服务体系。

最后，健全信息披露与报告制度。场外金融衍生品普遍存在信息不对称问题，集中清算的信息披露和报告制度能够有效增加市场透明度，便于市场参与者做出理性的投资决策，有利于维护交易主体对金融衍生品市场的信心。监管机构可以及时掌握场外衍生品的持仓状况，从而实时监控累计持仓量对于衍生品市场或宏观经济带来的风险影响。

# 第八章　信用行业监管

信用行业所覆盖的产业大多具有一定的专业性与准公共性，有时也涉及相关的数据产权权属与个人隐私，往往需要满足较严的法律、执业等方面的准入门槛与运营规范，特别是信用产业涉及金融基础设施的建设，对于整体金融市场的运行影响巨大。因此，信用产业的良性发展离不开监管政策、监管部门对于良好市场环境的指导和规范。本节对征信、评级等主要产业当前的监管政策进行介绍与梳理，并对重点产业监管方式的转变加以简要分析与论述。

# 第一节　征信业监管

征信业监管分为企业征信监管与个人征信监管。征信业监管的难点主要在于企业及个人的信用信息产权、数据产权的制度构建，以及对个人隐私的保护。因此征信业监管与信用信息立法具有密切的关系。本节对美国、欧洲、日本和我国的征信业监管实践加以简要介绍。

## 一、国外征信行业监管

### （一）主要国家的企业征信监管

由于政治体制和市场发育等原因，美国的信用管理体系呈"双级多头"的管理状态。"双级"是"联邦＋各州"，指除了联邦监管，各州都设有各自的信用监管机构。美国并没有设立一个统一的监管部门，而是由多个部门从行政和司法方面对金融和非金融机构进行监管再加上民间行业协会组织的管理自律，最终形成"多头"监管的格局。

美国对征信市场的监管以法律监管和行政监管为辅，以行业自律为主。

在立法监管方面，1970 年美国国会出台《公平信用报告法》，该法经过多年的完善与修订，在 1996 年形成了《客户信用报告改革法》。此外，2003 年国会制定的《公平和准确信用交易法》和美国消费者金融保护局（Consumer Financial Protection Bureau，CFPB）制订的《监管指引》（*Regulation V*）等具体规则相继出台，用于规范信息使用、维护信息安全。在征信业相关法律制定的过程中，相应的征信监管机构也被赋予不同的监管权力。

在行政监管方面，美国负责监管的主要机构有联邦贸易委员会（Federal Trade Commission，FTC）、消费者金融保护局（Consumer Financial Protection Bureau，CFPB）、国家信用联盟管理办公室（National Credit Union Administration，NCA）、储蓄监督办公室（Office of Thrift Supervision，OTS）财政部货币监理署（Office of Comptroller of the Currency，OCC）、联邦储备系统（The Federal Reserve System，FRS）、联邦储蓄保险公司（Federal Deposit Insurance Corporation，FDIC）。

美国的征信行业自律性机构主要包括全国信用管理协会（National Association of Credit Management，NACM）、消费者信用协会（Consumer Data

Industry Association，CDIA）和美国国际信用收账协会（The Association of Credit and Collection Professionals，ACA International）。[1]

总的来说，美国在市场化机制的引导下，以"保护消费者权益"为中心，各行业自律组织、联邦和州立监管机构按照自己的管辖范围，依照法律对征信行业的相关从业机构和人员进行逐条监管。

欧洲的征信业为公共模式或中央信贷登记模式。其征信系统由两部分组成，一部分是由各国中央银行管理，主要采集一定金额以上的银行信贷信息，目的是为便于中央银行监管和商业银行开展信贷业务服务；另一部分由市场化的征信机构组成。欧洲对于征信的立法最初是源于对数据、个人隐私的保护，因此与美国相比，欧洲具有较严格的个人数据保护法律。在法国、希腊和土耳其，征信机构是由政府监管部门出资设立的，称为公共征信机构。在法国，从事企业信用调查和个人信用调查的机构是作为中央银行（Banque de France）的两个部门建立的。企业信用登记系统是以每月为间隔，向所有金融机构采集他们向公司发放超过一定额度的贷款信息，采集的范围既包括正面信息，也包括负面信息。德国的公共信用机构（巨额信贷登记署）是由德国中央银行于1934年建立的，根据《德意志联邦银行法》的规定，德国所有的信用机构及国外分支机构都要按季向德意志银行上报3年中借款在一定额度以上的企业的负债数据。德国最大的私营征信局成立于1927年，它是一个由贷款人协会组建的会员制形式的机构，该机构的会员之间通过互惠方式实现信息共享，允许提供信贷数据的成员访问与它所提供的数据同级的数据。换言之，只提供了负面数据的机构从征信局也只能得到负面的数据；提供了正面与负面信息的机构可从征信局获得正面与负面信息。

日本政府对征信行业只在市场发展初期进行适当的监管，当市场进入成熟发展阶段后，政府的管理功能会逐渐弱化。日本征信法律制度的建设与征信市场的发展是同步进行的。日本有对企业商业秘密进行保护的法律条款，因此征信立法主要以个人数据保护为目的，涉及企业征信的内容较少。完善的法律制度对保护个人信息、促进征信行业规范化起到重要作用。1993年日本行政改革委员会提出《行政信息公开法纲要》，对征信机构收集政府部门保有的信用信息提供法律依据。在行政监管方面，日本政府没有专门的个人征信监管机构，且随着征信的日渐成熟，政府在企业征信层面的监管也在逐渐

---

[1] 中国人民银行征信管理局. 现代征信学 [M]. 北京：中国金融出版社，2015.

弱化。

**（二）主要国家的个人征信监管**

美国作为全球征信业发展最成熟的国家，从 19 世纪 60 年代全美第一家个人征信机构成立到现在的 100 多年时间里，对个人征信形成了一套完善的法律体系和监管机制。法律上以《公平信用报告法》为核心，监管上联邦和州立并行机制较为完备。

最有特色的是其有效的行业自律机制。美国形成了关于数据采集、信用报告制作和信息使用等行业自律组织，它们通过制定行业规章和标准，促进会员间交流，开展专业教育和培训，举办从业资格考试等方式对征信行业进行规范和监管，成为政府监管和法律监管的有力补充。

与美国不同，欧盟国家个人征信监管有以下三个特点：

第一，设立专门的独立的政府监管机构。依照欧盟个人数据保护指令规定，采用欧洲立法模式的国家均设立了相应的监管机构，对个人信息实施强有力的保护。

第二，欧盟 1981 年颁布了《个人数据自动化处理的个人保护公约》，1995 年颁布了《关于涉及个人数据处理的保护以及数据自由流通的第 95/46/EC 号指令》（以下简称《数据保护指令》）（资料来源：中国法院报，2021 年 11 月 26 日，曹盛楠，《欧盟个人信息保护制度》）。

第三，中央银行既是征信系统的运营者又是征信活动的监管者。在采用政府主导模式的欧盟国家中，中央信贷登记系统是政府出资建立的，通常由各国中央银行直接管理，该系统本身就是中央银行的组成部分，信息的收集与使用等方面的监管制度也相应地由中央银行制定并监督执行。

日本的个人征信管理中，行业协会发挥了重要的作用。在个人征信方面，日本并没有专门的监管机构，主要是通过行业协会进行自律管理。政府的监管主要体现在立法方面。1983 年政府相继颁布了《贷款业规制法》和《分期付款销售法》，规定三大信用信息中心为官方的个人征信机构，并对个人信用信息的收集和使用等行为作了初步的规定。2005 年出台《个人信息保护法》，该法以个人信息的保护和合法利用为宗旨，确立了个人信息保护的基本原则及方针，明确了国家及地方政府，以及行业机构的责任和义务。在行业协会监管方面，首先各行业协会都制定了各自的会员章程，依据会员章程对会员的准入、退出等行为进行管理。所有会员享有平等的权利，承担同等的义务。其次，会员间信用信息的共享一般采取"查询＋数据报送"并行的方式，这

样可以有效地避免会员查询的随意性，加强提供共享信息的及时性。此外，各信用信息中心会根据行业信贷业务的特点和风险控制技术的要求，对信息数据进行针对性的采集和处理，并按照统一的数据规范为行业会员提供共享和查询等服务。对于任何违反法律或者协会规章的会员，协会将对其进行处罚，包括通报批评甚至取消会员资格等。

### 二、我国征信行业监管

征信行业监督与征信业的发展是相辅相成的，征信业的监管伴随着征信业相关法律、法规的出台而逐渐加强。中国人民银行是中国征信行业的监管部门。监管依据主要是"一法规两规章"。"一法规"是 2013 年时任国务院总理温家宝签发的《征信业管理条例》（国务院令第 631 号）；"两规章"中一是 2013 年中国人民银行时任行长周小川签发的《征信机构管理办法》（中国人民银行令〔2013〕第 1 号），二是 2021 年中国人民银行行长易纲签发的《征信业务管理办法》（中国人民银行令〔2021〕第 4 号）。

#### （一）我国的企业征信监管

在企业征信监管方面，2013 年，国务院颁布《征信业管理条例》（以下简称《条例》）为征信业搭建基础框架，对相关的职责和征信规范进行了说明，中国的征信立法才迈出了实质性的一步。《条例》对征信机构的设立条件和程序、征信业务的基本规则、信息主体的权益，金融信用信息基础数据库的法律地位及运营规则、征信业的监管体制和法律责任等内容进行了规定，解决了征信业发展中无法可依的问题。

此后，中国人民银行为《条例》配套的部门规章和制度陆续出台。2013 年 11 月发布《征信机构管理办法》，以规范征信机构设立、变更和终止为主线，以征信机构公司治理、风险防控和信息安全为管理重点，做出了具体的制度设计；由于对数据安全性和完整性的高度重视，在 2014 年发布了《征信机构信息安全规范》（银发〔2014〕346 号），对征信机构的信息安全进行重点关注和整治，囊括所有个人和企业征信机构。同时，对征信机构的业务规范、信息安全运作等方面提出了具体要求。2015 年 10 月制定《征信机构监管指引》（银发〔2015〕336 号），针对个人征信机构、企业征信机构以及金融信用信息基础数据库运行机构进行了进一步规范；2018 年 8 月中国人民银行印发《企业征信机构备案管理办法》（银发〔2016〕253 号），进一步加强了对相关机构的管理。上述一系列的规章和文件成为征信业务监管的常态化发

展的重要立法基础。目前，征信行业的监管逐渐收紧，2021年中国人民银行发布《征信业务管理办法》，以进一步加强对于征信业的业务规范和监管。

**（二）我国的个人征信监管**

在对个人征信的监管主要体现在强化对个人征信信息的保护，对个人征信机构实施许可制度。

根据我国法律规定，个人信息严格受法律保护。机关单位和金融、医疗、教育、商业、交通、电信等企事业经济组织，对掌握的个人服务对象和个人客户信息应当保密；若要对外提供，则须符合有关法律法规的规定。

《条例》将个人征信业务限定在信用信息领域，并赋予了个人信息主体的知情权、同意权、查询权、异议权及投诉权。

《条例》颁布以前，中国人民银行出台了一系列规章和规范性文件。针对个人信用信息基础数据库出台了《个人信用信息基础数据库管理暂行办法》（中国人民银行令〔2005〕第3号）、《个人信用信息基础数据库数据报送管理规程（暂行）》（银发〔2005〕62号）、《个人信用信息基础数据库金融机构用户管理办法（暂行）》（银发〔2005〕62号）等文件。

在8年来对征信机构管理逐步规范的基础上，2021年中国人民银行又颁布了《征信业务管理办法》，对国内快速发展的征信行业做出新的规范。

中国人民银行副行长陈雨露提出未来中国征信市场的三个关键词：严监管、强供给、保安全。其中的"严监管"部分，强调将所有为金融经济活动提供服务的，用于判断企业和个人信用状况的信息服务，全部纳入征信监管，实行持牌经营；对非法从事征信业务的行为，依法依规严肃查处。"持牌经营"四个字，对从事个人征信业务的机构有重大影响。《征信业务管理办法》通过明确信用信息的定义和规范征信业务全流程，将进一步提升征信业市场化、法治化和科技化水平，助推征信市场健康有序发展。

最为重要的是，在立法方面，2021年8月20日，十三届全国人大常委会第三十次会议表决通过《中华人民共和国个人信息保护法》，并于2021年11月1日起施行。《个人信息保护法》作为个人信息保护领域的基础性法律，解决了个人信息层面法律法规散乱不成体系的问题，与《中华人民共和国数据安全法》（自2021年9月1日起施行）、《中华人民共和国网络安全法》（自2017年6月1日起施行）、《中华人民共和国密码法》（自2020年1月1日起施行）共同构建了我国的数据治理立法框架。《个人信息保护法》厘清了个人信息、敏感个人信息、个人信息处理者、自动化决策、去标识化、匿名化的

基本概念，从适用范围、个人信息处理的基本原则、个人信息及敏感个人信息处理规则、个人信息跨境传输规则、个人信息保护领域各参与主体的职责与权力以及法律责任等方面对个人信息保护进行了全面规定，建立起个人信息保护领域的基本制度体系。

**（三）对我国征信行业监管的建议**

近年来，随着一系列法规制度的陆续出台，我国征信业法律法规体系框架初步形成，但对比世界各经济大国乃至部分发展中国家，我国征信业监管政策的完备程度及其监管效能仍存在一定差距，征信行业的数据应用也更显不足。为此提出以下三条主要建议。

1. 加快出台征信业法律，完善配套法律法规体系

目前，《中华人民共和国信用法》还处在起草和征求意见阶段而尚未出台。这部上位法涉及面广需要审慎，但可以制定下位法《征信法》。我国已形成以国务院《征信业管理条例》行政法规为基础，以中国人民银行颁布的部门规章及《上海市社会信用条例》（上海市人大常委会公告第 54 号）、《湖北省社会信用信息管理条例》（湖北省人大常委会公告第 214 号）等地方性法规为补充的征信业监管体系，但仍缺少一部具有顶层设计功能的法律。

在制定《征信法》基础上，建议继续制定关于规范征信服务、信用信息公开与信息主体的隐私保护等相关的配套法律法规，详细规定征信建设的主要内容，包括规范政府信息公开、征信内容、征信机构、保护征信客体权益和征信数据使用和管理方面的法律法规。

2022 年 3 月 29 日，中共中央办公厅、国务院办公厅印发《意见》出台，其中第二十条提出："加快推动出台社会信用方面的综合性、基础性法律，修订《企业信息公示暂行条例》等行政法规。鼓励各地结合实际在立法权限内制定社会信用相关地方性法规。建立健全信用承诺、信用评价、信用分级分类监管、信用激励惩戒、信用修复等制度。"这是从当前实际出发的应急措施，也是很好的，但是，我们认为，《征信法》的立法进程还是应当加快推进。

2. 以市场化为导向，加大对征信行业的政策支持

中共中央办公厅、国务院办公厅《意见》第十七条提出要培育专业信用服务机构。"加快建立公共信用服务机构和市场化信用服务机构相互补充、信用信息基础服务与增值服务相辅相成的信用服务体系。在确保安全的前提下，各级有关部门以及公共信用服务机构依法开放数据，支持征信、评级、担保、

保理、信用管理咨询等市场化信用服务机构发展。加快征信业市场化改革步伐，培育具有国际竞争力的信用评级机构。"

现代征信体系是现代金融体系的基石，第三方征信机构作为征信市场的支柱，在现代市场经济条件下扮演着至关重要的角色，是信息不对称情况下扩大市场交易规模的必要前提。

建议同步加强对征信行业的政策支持力度，引导征信数据的广泛化应用，扶持发展第三方征信机构，以规范化标准积极推动征信机构的发展创新，运用市场纪律约束的力量，协调征信机构之间、征信机构和监管机构之间的关系，促进征信行业技术和业务交流，有助于征信市场的健康持续发展。

3. 明确征信数据应用边界，推动征信数据开放及共享目录的编制与实施

《意见》第二十一条提出："编制全国统一的公共信用信息基础目录和失信惩戒措施基础清单，准确界定信用信息记录、归集、共享、公开范围和失信惩戒措施适用范围。根据失信行为性质和严重程度，采取轻重适度的惩戒措施，确保过惩相当。"

征信行业的核心在于征信数据，征信数据的核心在于开放。受限于政策、行业、技术障碍等因素，各类征信数据并没有得到充分整合，导致资源共享困难重重，征信数据的使用率和覆盖面无法达到相应的高度和广度。

在对征信信息主体隐私予以充分保护的前提下，征信行业规范发展应以征信业法律为遵循，进一步覆盖更多细分领域，细化征信数据的分类分级、开放范围、开放方式、共享目录、共享对象等内容，完成配套的技术规范或行业性标准，明确为征信数据的收集、处理及分析提供必要的标准化指南，提升征信业务可控性，加快征信数据的共享步伐，通过规范数据记录、整合、应用和管理等行为，实现隐私保护与数据应用的平衡，推动数据依法共享，提升征信数据的应用能力。

# 第二节　评级业监管

信用评级对信用风险等级起到了良好的区分作用，因此被广泛应用于金融监管领域。从各国对信用评级进行监管的目的来看，总体需要实现三方面目标：一要持续发挥其资本市场"看门人"的作用，二要降低评级依赖带来

的负面作用，此外还要防止国际三大评级机构对我国本土评级市场的控制与垄断。从监管层次来看，评级监管涉及准入监管、产品监管与市场监管等几个方面，本节对此分别加以简要介绍。

## 一、国外评级行业监管

### （一）准入监管

1. 美国准入监管：业务"全国认可模式"

美国、欧洲和日本等国外评级行业通常采用注册制的准入机制。在美国信用评级市场上，开展信用评级业务的主体分为信用评级机构（CRAs）和全国认可的统计评级机构（NRSROs），两者准入条件存在较大差异。美国定义信用评级机构（CRAs）为满足一定条件的任何人（any person），可以是个人，也可以是公司，只要满足：（1）通过网络或其他易获取方式从事有偿或无偿地发布信用评级结果的商业活动（不包含发布商业信用报告）；（2）通过定性或定量的方式进行信用评级；（3）评级费用源于发行人、投资者或其他市场参与者，以上三个条件即可。从美国证券交易委员会对信用评级机构定义的角度来看，信用评级行业门槛很低，只要从事信用评级业务，并且有相关配套措施保障业务正常运行，任何人或公司都有机会准入。

但信用评级机构在金融市场中的角色和地位决定了美国信用评级机构准入并非如此简单。美国证券交易委员会通过成立 NRSROs，提高用于监管目的的信用评级准入门槛。简单来讲，NRSROs 组织是美国所有信用评级机构中的佼佼者，美国证券交易委员会（SEC）将评级使用者广泛认可的佼佼者筛选出来，组成 NRSROs，这样 SEC 则可以放心地参考 NRSROs 发布的评级结果，并将该评级结果用于监管目的。例如，用于审批发行、判断金融机构风险保证金等决策的参考。根据 SEC 对 NRSROs 的定义，NRSROs 成员是满足一定条件的信用评级机构。SEC 在审核申请者是否符合加入 NRSROs 条件时，主要从以下几个方面做出考量：（1）从事信用评级业务年限不低于 3 年；（2）评级结果被使用者广泛认可；（3）健全的内控、业务制度、注重信息披露和利益冲突防范规定。因此，加入 NRSROs 对申请者并非易事，SEC 在信用评级机构的内控制度、业务制度、评级方法和模型等方面对申请者都做出严格要求。总体来看，进入美国信用评级市场门槛较低，但评级机构申请加入 NRSROs 时，则面临一定的监管准入门槛。

在具体实践中，评级机构主动向 SEC 申请注册加入 NRSROs，由其最终

决定是否同意其申请。具体步骤为：首先，评级机构向 SEC 提交申请注册加入 NRSROs 的注册表格，SEC 审核申请者所提供材料是否符合条件及是否属实，经认可申请者提供的材料符合要求后，申请者可注册成为 NRSROs 成员，以及所对应能够开展的评级业务类型。目前，可以注册的评级业务类型有金融机构评级、保险公司评级、企业评级、资产支持证券评级和政府与主权评级共五类。评级机构及其所开展的评级业务经 SEC 统一注册认可，则该评级机构在所注册业务类型所发布的评级机构结果可用于监管目的。也就是说，申请者必须申请具体评级业务类型，由 SEC 统一认可后方可在评级市场开展该类型评级业务，评级结果才会被用于监管目的。

2. 欧盟准入监管：注册制与认证制并存

欧洲评级行业发展与美国存在较大差异，最为重要的原因是欧洲评级行业大部分市场份额被美国评级机构占据，欧洲本土评级机构势单力薄。相较于美国，欧洲评级监管主体是欧洲证券市场委员会（ESMA），ESMA 针对欧盟境内和境外评级机构采用不同的准入机制，欧盟境内评级机构采取注册制的准入方法，境外评级机构采用认证制或背书制的准入机制。对于欧盟境内评级机构，ESMA 允许其通过注册制进入评级市场。在具体操作上，欧盟境内评级机构若进入评级市场开展评级业务，需要向 ESMA 申请注册，ESMA 对照《2009 年监管法规》及其修订规定，审核申请者是否符合 ESMA 的监管要求，评级机构经注册后可在欧洲市场开展评级业务，且所发布评级结果可用于监管目的。对于欧盟境外评级机构在境内开展业务情况，ESMA 规定通过境外评级机构所在国和欧盟国家在法律、评级监管制度等方面合作认证方式，允许境外评级机构在欧盟市场开展评级业务，或者通过已经在欧盟境内开展业务的评级机构为其评级结果背书的方式进入欧盟评级市场。ESMA 在审核申请者是否可以进入信用评级行业时，主要有以下要求：（1）要求评级机构保持评级独立性，重视利益冲突防范；（2）对分析师及参与评级活动人员能力、薪酬和分析师轮换等方面有所规定；（3）信用评级相关信息定期与非定期披露。

**（二）评级产品监管**

对于信用评级行业进行监管的原因之一，是由于作为金融市场的"看门人"，信用评级产品被广泛应用于各项金融监管措施或金融市场规则，因此评级结果的质量水平、稳定情况、应用范围以及金融监管对评级监管的要求变化，会对金融市场产生牵一发而动全身的传导性影响，如何促进金融监管与

评级市场之间的良性互动关系，是信用评级监管的重要内容。

1. 美国评级产品监管：从扩大应用到降低依赖

美国 1929—1933 年大萧条期间债券违约事件频发，相关学者对美国公司债券的研究发现，1932 年以前发行的、1932 年之后到期的债券中有 23% 发生了违约，但获得信用评级机构高级别评定的债券却很少违约，这使得投资者和监管者更加确信信用评级可以为投资者提供保护。在此背景下，美国证券交易委员会（SEC）和银行监管部门先后做出了具体规定，开始使用信用评级机构的评级结果作为投资的准则。例如 1931 年美国的货币监理署（The Office of the Comptroller of the Currency）明确规定，如果银行持有的债券按照面值入账，则该债券必须经过至少一家评级机构评级，且公开评级不得低于BBB 级，否则应按照市场价值进行减值，因此导致的账面损失的 50% 冲减银行的资本。1936 年，货币监理署和美联储进一步规定，禁止银行持有 BBB 级以下的债券，且银行持有的所有债券必须经过至少两家评级机构的公开评级。NRSROs 制度建立后，评级结果被广泛用于联邦及州的法律法规之中。在2005 年 6 月美国国会听证会的报道中，至少有 8 项联邦法律，47 项联邦条例以及 100 项州法令与评级相关，见表 8-1。

表 8-1　美国金融监管对评级结果的应用

| 年份 | 条例内容 | 最低等级 | 相关法律规则 |
|---|---|---|---|
| 1982 | 简化投资级债券的披露要求 | BBB | SEC 综合披露系统（修改号 6383） |
| 1984 | 简化非机构按揭证券的发行 | AA | 国会发布的二级按揭市场增强法案 |
| 1987 | 允许使用保证金贷款抵付按揭证券（以后的）外国债券 | AA | 联邦储备系统，T 条例 |
| 1989 | 允许抚恤基金投资于高等级的资产支持证券 | A | 劳工部对雇员退休收入保障法案地放宽（PTE89-88） |
| 1989 | 联邦储蓄保险法对投资级债券的要求 | BBB | 国会联邦储蓄保险法 |
| 1991 | 对货币市场共有基金持有的低等级票据进行限制 | A1 | 美国证券交易委员会，1940 年投资公司法案条例 2a-7 的修正案 |
| 1994 | 对银行和存贷款机构所持有的国际储备各部分的资产支持证券的资本支出进行强制性多样化 | BBB | 联邦储备系统、货币监理署、联邦存款保险公司、储蓄机构监管署。追索和直接信用替代品提案 |

资料来源："Credit Rating and Complementary Sources of Credit Quality Information"，Basel.Committee On Banking Supervision Working Paper，No.3–August 2000.

评级结果在监管中的广泛应用有其积极的作用，有效的评级结果应用可以降低金融系统的信用风险水平，合理控制金融机构对于高风险证券的过多持有。对于监管部门或证券自律机构来说，利用信用评级结果对相关金融活动进行限制可以有效降低监管成本。但是，信用评级结果的广泛应用也有一定负面效果。一方面，评级结果与金融监管深度融合下评级结果变化对市场冲击可能会有放大性的影响，特别是在金融关联关系复杂、金融风险传导性较强的现代金融市场上，评级符号变动释放的信息有可能会被市场过度解读，在一定程度上放大金融波动。另一方面，评级结果被金融监管广泛使用意味着发行人有更强的动机获得更高的评级符号，当发行人对评级结果的要求超过反映自身信用风险识别的需求时，可能加剧评级机构之间的过度竞争行为，这种过度竞争有可能带来所谓的"评级通胀"显现，即评级结果系统性的对信用风险揭示不足。

上述金融监管对于信用评级过于依赖的问题在 2008 年之后得到了系统性的反思。2008 年由美国次贷危机引发的国际金融危机爆发，国际三大信用评级机构在危机前维持大量次级贷款产品的 AAA 级别引起投资者不满。

2007 年 6 月及 2009 年 2 月，SEC 曾两度拟定对于 NRSROs 监管文件的修订版，提出了在信息披露、利益冲突和降低法规对信用评级的依赖等方面加强监管。其中部分规定已于 2009 年 4 月由 SEC 颁布实施。2009 年 6 月，美国政府正式公布全面金融监管改革法案，要求评级机构建立健全利益冲突管理政策，并强化跟踪评级程序，以提升评级程序的完整性，并要求评级机构区别对待结构化金融产品的信用评级等。2009 年 11 月和 12 月，SEC 再度就 NRSROs 规定提出修订意见，2010 年 6 月开始实施。2010 年 7 月，美国在全面总结次贷危机经验和教训的基础上，出台了《多德—弗兰克华尔街改革与消费者保护法案》（以下简称《多德—弗兰克法案》）。该法案第九章集中讨论投资者保护和改进证券业监管，其中的第三部分是完善信用评级公司监管，共分 9 个条款（Sec.931-Sec.939）对信用评级机构的监管体系提出新的规范性要求。SEC 根据《多德—弗兰克法案》通过的新规，在四个方面采取了降低评级依赖的措施：一是减少证券发行时使用信用评级；二是建立内部评估机制，减少外部信用评级结果对于货币市场基金的参考；三是对投资公司法中的回购协议条款进行修改，其中评估抵押证券的价值不再使用信用评级结果；四是证券经纪交易商的净资本计算不再依赖评级结果。

2.欧盟评级产品监管：从相对放任到降低依赖

欧洲的直接融资市场相比美国不够发达，而且欧盟在20世纪80年代推动了欧洲金融市场的资本自由流动，这使美国三大评级机构在欧洲快速取得主导地位，在欧盟成立之前，欧洲各国对三大评级机构的监管基本上处于自由放任的状态。

1999年6月，《巴塞尔新资本协议》的征求意见稿加大了欧洲金融市场监管对于信用评级的依赖。巴塞尔委员会为了确保银行部门对于信用风险贷款定价及资本使用的合理性，扩大了风险资产中信用风险权重，将采用外部评级机构的信用评级作为对风险资产的信用风险估计方法之一。2004年，《巴塞尔协议Ⅱ》更是将信用评级与银行所需的权益资本和融资的信用成本紧密地联系在一起，这实质上使欧盟的金融体系运作强烈地依赖于三大评级机构的评级产品。

2007年美国出现了次贷危机，随后出现的欧债危机则是与三大评级公司下调希腊主权评级直接关联，一些研究者认为评级下调是触发欧债危机的导火索。欧债危机发生之后，三大评级机构又迅速下调相关国家的主权评级，这再次引发市场指责其评级调整过于集中或不够准确，从而导致金融机构和投资者对风险的处置不当。欧盟对三大评级机构的评级调整提出明确抗议，并提出要建立欧洲自己的信用评级机构。国际信用评级行业在美国次贷危机和欧洲主权债务危机中遭遇了其诞生以来最大的信誉危机。这种反思带来的直接后果，便是欧洲的金融监管部门开始试图降低金融运作对于评级符号的依赖。

欧盟在《信用评级机构第1060/2009号监管法规》Article 5a、5b和5c中分别对金融机构对信用评级的过度依赖、欧盟监管机构和欧洲系统风险委员会对信用评级的依赖、联盟法对信用评级的过度依赖做出规定，例如要求监管部门不得在准则、建议和技术标准草案中提及信用评级，并在2013年12月31日前对现有的准则、建议和技术标准草案进行审查。

2013年5月，欧盟证券与市场管理局（以下简称ESMA）对《信用评级机构监管法规》再次修订，此修正案（后称CRA Ⅲ）作为目前欧盟信用评级监管框架，对减缓评级依赖、稳定主权评级、增强评级透明度发挥了重要作用。CRA Ⅲ主要包括三方面内容：一是完善注册制度。对进入欧盟评级市场的评级机构，按照注册机构和认证机构进行分类管理，即一类是在欧盟设立经营实体或者集团内部在欧盟有分支机构申请注册的评级机构，另一类是

欧盟认可其评级监管法规的第三国的评级机构。二是强化行为准则。作为监管总体指引，旨在防范利益冲突、提升评级质量、优化评级方法、增强评级流程及结果的透明度。三是明确监管主体。作为欧盟直接且唯一的监管机构，ESMA 对在欧盟注册的信用评级机构进行日常监管，监管内容主要包括监管主体的设置、评级业务全流程监督及对违法违规行为的处罚机制。

为控制过度依赖信用评级对维护金融市场秩序稳定的潜在风险，CRA Ⅲ 部分条款致力于平衡金融机构、金融稳定委员会（FSB）、欧洲监管机构（ESA）、欧洲系统性风险委员会（ESRB）等各方评级依赖度。一是金融机构层面。针对 FSB 监管原则强调，金融机构须建立健全自身的信用风险评估体系，禁止单一、机械地依赖外部信用评级对实体或金融产品开展信用评估。二是监管部门层面。要求行业监管部门避免在相关监管文件和技术标准中引用外部评级，若此种引用具有引发评级依赖的可能性，则 ESRB 不得在其各类产品中进行引用。同时，监管部门须监测金融机构适用内部信用风险评估程序的充分程度，并对特定合同中使用的信用评级进行有效监管。三是立法机构层面。要求欧盟委员会审查可能引发上市实体单一性、机械性依赖信用评级的欧盟法律，并通过推动确立、实施信用风险评估合理替代机制，以实现自 2020 年 1 月 1 日起删除所有欧盟法律中以监管为目的的外部信用评级引用。

根据 CRA Ⅲ，信用评级机构需要制定主权信用评级日程表，在未经主权国家邀约的情况下，对于某一欧盟成员国，信用评级机构每年最多仅能发布 3 次信用评级。发布评级时间应在欧盟金融市场交易周五关闭后，且至少在开盘 1 小时前。同时，信用评级机构被要求至少提前 1 个工作日通知被评级国家，使其有充足时间进行陈述并更正可能出现的错误。评级机构应在评级结果发布后告知投资者和被评级国家评级结果所基于的事实和假设，每 6 个月跟踪更新一次评级，这些措施旨在减轻主权评级对市场可能造成的冲击和影响，以维护金融稳定。

从全球性金融监管或自律组织的应对来看，金融稳定理事会（FSB）于 2010 年 10 月发布了《降低依赖外部评级机构评级的原则》，并于 2012 年设定了降低外部评级依赖的实施路线图。IOSCO 于 2014 年发布《资产管理中减少外部评级依赖的良好实践》征求意见稿，从金融操作层面降低对信用评级机构的依赖；2015 年再次发布《大型中介机构使用信用评级评估信用品质的替代方案》的征求意见稿，推进相关工作。同时，监管机构鼓励更多地采用内

部模型方法。在《巴塞尔资本协议Ⅲ》中，要求和鼓励商业银行根据其实际情况建立和用不同的内部评级法计算信用风险资产。

**（三）评级市场监管**

1. 美国评级市场监管：加大评级机构间的竞争、加强机构行为监管

美国对于三大评级机构的市场垄断地位基本处于认可状态，直至2001年安然事件的爆发。安然公司是美国最大的能源公司之一，2001年三大评级机构对其主体评级一直为投资级，但同年12月安然公司突然申请破产保护，评级机构在其破产前数日迅速将其债券降为投机级，从而直接引发了安然公司的破产。对此，SEC认为尽管评级机构注意到安然公司存在的问题，但其对安然公司财务状况的审核则远未达到审慎水平，评级机构自身运作的透明度需要提高，评级质量需要进一步提高。为保护投资者利益，提高信息披露的准确性和可靠性，美国参众两院于2002年7月25日通过《2002年公众公司会计改革和投资者保护法案》（又称《2002年萨班斯—奥克斯利法案》，简称SOX法案）。SEC根据SOX法案的要求，于2003年发布《信用评级机构在证券市场中的作用和功能的报告》，指出信用评级行业存在垄断和进入壁垒问题。从2003年开始，SEC开始批准新的评级机构成为NRSROs，包括加拿大的DBRS公司及专门对保险公司进行评级的A.M.Best公司等，利用NRSROs数量扩充的方式加大评级机构的竞争力度。

2008年国际金融危机之后，《多德—弗兰克法案》还提出降低评级依赖之外的9条市场监管意见：一是在SEC内部成立信用评级办公室，由合规官员及相关权威人士组成，专司信用评级行业监管之职，以提高信用评级结果的准确度；二是强化信息披露，提高信用评级的透明度；三是要求评级机构扩大信息来源，不应仅从受评对象处获取信息；四是加强利益冲突审查，要求评级机构审查离职人员是否加入了受评对象；五是加强对于评级机构的责任追究；六是对于出现严重违规或多次重大评级失误的评级机构可以取消其认可资格；七是加强对于评级机构人员的业务培训和教育；八是要求评级机构建立独立董事会；九是防止债券发行人有意选择较高评级的评级机构。

其中信用评级办公室每年至少对NRSROs机构进行一次检查，并就发现的问题发布年度报告。年度检查包括八个方面：一是既定政策、流程以及评级方法的执行情况；二是利益冲突管理；三是职业守则执行情况；四是内控机制；五是公司治理情况；六是指定合规人员工作情况；七是投诉处理情况；八是回顾审查机制执行情况。

2. 欧盟评级市场监管：致力于打破三大评级机构的垄断

与美国评级行业以本土评级机构为主且经过较长时期积累的发展路径不同，欧洲本土信用评级行业起步较晚，1978 年欧洲才出现第一家评级机构——国际银行评级机构（IBCA），其后以引进外部评级机构为主。截至 2020 年末，国际三大评级机构在欧盟市场份额约为 92.19%。在监管理念上，欧盟最初认为可依靠市场力量进行自我约束，但随着三大评级机构垄断欧洲信用评级市场，以及在金融危机中的影响越来越凸显，尤其是次贷危机和欧债危机的爆发使欧盟国家意识到，评级市场为三大垄断将会带来金融利益的损失，因此，欧盟对于评级机构的监管具有显著的反垄断特征。

欧盟分别在 2009 年和 2011 年通过了《信用评级机构监管法规》及其修正法规，构建了"以欧盟证券与市场管理局（ESMA）为主，以成员国主管机构为辅"的欧盟信用评级监管架构。其中，ESMA 负责信用评级机构的注册、认证、日常监管及处罚；成员国相应主管机构负责监管各类金融机构出于监管目的使用外部信用评级的行为，并配合 ESMA 对信用评级机构实施监管。在反垄断层面，ESMA 通过评级行业准入机制来实现本土评级机构的市场进入。在信用评级行业准入方面，欧盟建立了以注册制为主，以背书制和认证制为辅的准入机制。注册制仅针对在欧盟境内设立实体的评级机构；完成注册的评级机构可通过背书制度将其境外关联机构的评级结果用于欧盟境内；未在欧盟境内设立实体的信用评级机构可向欧盟申请认证，通过认证的评级机构由第三国直接监管，但第三国的评级行业监管法律制度需得到欧盟的认可。

截至 2020 年末，欧盟证券与市场管理局（ESMA）共有 27 家注册的信用评级机构和 4 家认证的信用评级机构。在 27 家注册的信用评级机构中，有 5 家（标普、穆迪、惠誉、AM Best 和 DBRS）以集团结构运作的信用评级机构在欧盟共有 14 家法人机构，这意味着在 ESMA 注册的信用评级机构总数为 42 家。其中，欧盟本土信用评级机构数量为 22 家。针对欧盟本土机构在市场竞争力和话语权处于弱势的现象，欧盟对于本土中小评级机构的倾斜政策也不少。ESMA 每年公布注册类信用评级机构市场份额，鼓励发行人采用双评级制度时选择至少一家市场份额小于 10% 的评级机构，若发行人不采用这项建议，则需要在 ESMA 备份这一决定。同时，在考虑增加评级机构市场多样性时，欧盟提出了评级机构市场的轮换机制。

为打破三大评级机构的垄断，促进评级行业竞争，最新监管制度从评级机构股权结构、轮换机制、双评级等角度提出了监管要求。一是禁止评级机构股东兼任。即同一股东不能同时拥有两家评级机构5%以上的股权，除非两家机构同属于一个集团。主要是为避免大型机构并购小型机构，从而维持评级行业多元化的业态形势。二是完善轮换机制。规定一家评级机构对同一发行人作主体评级的最高年限为3年，避免二者由于业务往来产生密切利害关系，对评级活动独立性和评级结果准确性造成不利影响。此项要求在一定程度上也可以为中小评级机构提供更多的市场参与机会。三是建立"双评级"制度。结构化融资产品由至少2家评级机构进行评级，并且鼓励发行人（或有关第三方）选择中小型信用评级机构（经欧盟注册或认证，且市场份额小于10%的信用评级机构）。四是建立"欧洲统一评级平台"。CRA Ⅲ 明确，欧盟拟建立一个统一的中央数据库，方便投资者对不同或同一评级机构历史业务数据进行比较分析。同时规定 ESMA 必须设立欧洲统一评级平台网站，以便公众查询有关信息。

除此之外，欧盟还致力于对海外评级机构加强行为监管，除准入制度外，ESMA 对评级机构的业务监管主要围绕保持机构和业务独立性、加强评级过程控制和强化信息披露要求三方面开展。

一是重视独立性及合规监管。（1）建立健全防范利益冲突的组织和制度保障；设置独立的合规管理部门；确保合规管理人员和评级业务人员的收入不与公司经营业绩挂钩等。（2）要求利益冲突管理贯穿业务全流程。如规定评级机构接受评级业务和开展业务时应回避的情形；禁止评级业务人员参与评级收费的谈判；制定定期轮换机制；禁止信用评级机构同时为被评对象提供咨询服务等。

二是强化评级模型和过程控制。（1）在评级方法模型方面，规定评级方法应具有审慎、系统、可持续和可验证的基本特征；定期检查评级方法、模型、关键假设及其运用的适当性。（2）在评级信息数据方面，要求评级机构应具备适当的系统、资源，保证评级信息数据的充分可靠。（3）在人员专业能力方面，要求评级机构高管和分析师拥有丰富的专业技能，以保证评级质量水平。（4）在过程质量控制方面，要求信用评级机构重视跟踪评级；因客观限制严重影响评级可靠性时，应撤销评级或避免发布信用评级；妥善保管评级业务档案和审计资料；每年至少开展一次质量检验。

三是细化信息披露要求。（1）常规信息披露，包括存在或潜在的利益冲突，内部行为规范、评级方法、评级模型、关键假设以及上述各项的重大变

化等。（2）定期信息披露，包括每半年披露一次评级历史违约率，每年披露重要客户名单，以及发布年度报告等。（3）信用评级报告发布，包括关键评级人员名字和职位、重要数据来源以及被评对象提供的信息质量，与被评对象的沟通情况、评级的主要方法、评级符号的基本定义、首次评级和上一次跟踪评级的时间、信用评级的局限性等。

四是ESMA对评级机构进行持续监督，可要求评级机构报送相关资料、开展现场或非现场检查；并可根据违规行为性质和情节严重程度，对违规机构施以公开谴责、责令改正、暂停执业、中止使用受罚对象出具的信用评级、吊销执照、罚款等处罚措施。2017年6月，ESMA即因过失违反信用评级机构监管条例（CRAR）等原因，向国际评级机构穆迪公司Deutschland GmbH（穆迪德国）罚款75万欧元，向穆迪投资服务有限公司（穆迪英国）罚款49万欧元，共计124万欧元。

此外，强化信用评级机构独立性，降低利益冲突CRA Ⅲ中独立性规则得到了更严格的体现，主要目的是降低利益冲突在评级驱动型交易中可能产生的误差。具体包括：要求信用评级机构建立有效的内部控制结构和标准作业程序；禁止直接参与评级人员涉及评级业务的费用环节，分析师和审批人员收入不与评级机构收益挂钩；强制实行首席分析师、分析师和信用评级审批人员轮换机制，CRA Ⅲ将适用于信用评级机构员工的利益冲突规定，扩大适用至评级机构中具有优势地位的股东或成员；禁止信用评级机构提供咨询或顾问服务，但也规定可以开展不存在利益冲突的市场趋势分析或价格预测等辅助性服务。

## 二、我国评级行业监管

随着金融市场特别是债券市场的发展以及金融市场的对外开放，我国评级行业监管也日益成熟，对于促进我国评级行业市场化、专业化与国际化起到了极大作用。

### （一）准入监管：从行政许可向备案管理转变

我国信用评级行业的监管框架初步成型于2006年。中国人民银行于2006年11月21日出台了《关于印发〈信贷市场和银行间债券市场信用评级规范〉的通知》（银发〔2006〕404号），附件包括《信用评级主体规范》《信用评级业务规范》和《信用评级业务管理规范》三大部分，该通知及附件为规范行业竞争、促进行业发展提供了重要的制度保障。

此后，各监管机构逐步建立和完善包括评级机构内部治理、评级人员及评级业务规范等在内的一系列管理制度，监管的标准化、精细化程度不断提升。其中，中国证监会为了促进证券市场资信评级业务规范发展，提高证券市场的效率和透明度，保护投资者的合法权益和社会公共利益，出台了《证券市场资信评级业务管理暂行办法》（证监会令第 50 号），该办法自 2007 年9 月 1 日起施行。此后，中国人民银行为了规范银行间债券市场信用评级机构的评级作业行为，于 2008 年 3 月 11 日出台了《关于加强银行间债券市场信用评级作业管理的通知》（银发〔2008〕75 号），该文的主送单位除了中国人民银行上海总部，各分行、营业管理部、省会城市中心支行等外，还包括 5家主要评级机构，其中有中诚信国际信用评级有限公司。在此期间，监管机构强化评级机构信息披露，注重评级一致性，监管深度不断加强。但另一方面，我国评级监管一度存在监管部门相对分割、监管标准不统一等问题。在债券市场多头监管的竞争与分工监管模式下，相关主管部门分别对各自监管领域中涉及的信用评级业务进行监管和规范。人民银行、发改委、财政部及证监会等在各自职责范围内通过对不同债券品种的监管而对信用评级机构进行主体和业务监管，形成了多头监管的格局。不同的监管机构按照不同的监管标准，认可评级机构资质并对评级机构的业务进行监管，因此该阶段我国的评级准入实际上执行的是行政许可后方能展业。

随着我国债券市场的发展以及债券市场刚性兑付的历史于 2014 年被打破，评级市场的运作及监管也随之发生了相应的变革。中国证券业协会为了规范证券市场资信评级机构从事证券评级业务活动，于 2015 年 1 月 6 日出台了《证券市场资信评级机构评级业务实施细则（试行）》。中国人民银行则于2016 年 10 月发布了《信用评级业管理暂行办法（征求意见稿）》，在评级准入方式、准入条件以及外资准入等问题上进行改革。该征求意见稿明确信用评级机构准入方式的变化主要是实施备案制，银行间债券市场评级监管机构将评级机构准入从审批制向备案制转变。根据规定，在银行间债券市场开展评级业务的评级机构在所在地中国人民银行省会（首府）城市中心支行以上分支机构备案。在备案制的准入方式下，备案流程、审核机构、所需提交材料等方面均做出简化，有利于评级行业市场化发展。

与此同时，评级市场多头监管的情况也得到纠正。为了规范信用评级业务，保护当事人合法权益，促进信用评级业健康发展，2019 年 11 月 26 日监管部门联合出台了《信用评级业管理暂行办法》（中国人民银行　国家发改委

财政部　中国证监会令〔2019〕第 5 号），共七十二条，自同年 12 月 26 日起施行。这是我国信用评级业最高权威的部门规章。该《办法》建立了统一的监管制度框架，明确人民银行为信用评级行业主管部门，发展改革委、财政部、证监会为业务管理部门，依法实施具体监管。同时提出建立部际协调机制，根据职责分工，协调配合，共同加强监管工作，进一步强化了联合监管思路。

**（二）评级产品监管：从强制评级到取消强制评级**

长期以来，我国的信用评级市场受到一定区分度低、评级虚高以及调级滞后等非议，部分原因来自金融监管对债券市场的部分限制带来了"强制评级"的效果。

债市发展初期国内信用体系不完善，对于债券发行缺乏信用判断基础，于是监管就将信用等级作为债券注册、发行、投资、交易、抵（质）押等方面的硬性条件。从债券发行来看，出于提高监管效率和保护投资者的角度出发，大多仅针对某些特殊发行方式或放宽审核条件的情形提出有限的信用等级要求。例如，证监会规定面向公众投资者的公开发行的公司债券债项评级必须达到 AAA；银行间市场将主体评级达到 AA 设置为中票、短融不互占发债额度的条件之一。从投资端来看，监管对保险、基金、券商自营、资管计划的投资标的均做出一定程度的信用等级要求。例如，银保监会规定保险资金投资的公司债券，其信用等级必须为 AA 及以上等。

具体来看，2006 年 5 月 14 日证监会发布的《关于证券投资基金投资资产支持证券有关事项的通知》（证监基金字〔2006〕93 号）规定，证券投资基金投资的资产支持证券最低应达到 BBB 级的评级标准。2012 年 7 月 16 日中国保监会关于印发《保险资金投资债券暂行办法》的通知中规定：保险资金投资的金融企业（公司）债券中，由商业银行发行的金融企业（公司）债券应当具有国内信用评级机构评定的 A 级或者相当于 A 级以上的长期信用级别，由证券公司公开发行的公司债券，应具有国内信用评级机构评定的 AA 级或者相当于 AA 级以上的长期信用级别，保险资金投资的非金融企业（公司）债券应具有国内信用评级机构评定的 A 级或者相当于 A 级以上的长期信用级别。2013 年 3 月 22 日人社部和银监会、证监会、保监会等部门联合发布的《关于扩大企业年金基金投资范围的通知》（人社部发〔2013〕23 号）规定，企业年金基金投资的信托产品，应取得不低于国内信用评级机构评定的 AA+ 级或者相当于 AA+ 级的信用级别。2015 年《深圳证券交易所公司债

券上市规则》规定，仅面向合格投资者公开发行的债券在深交所申请上市，可以采取竞价交易方式应符合的条件包括债券信用评级达到 AA 级及以上。2017 年 4 月中国证券登记结算有限责任公司发布《质押式回购资格准入标准及标准券折扣系数取值业务指引（2017 年修订版）》，提高了信用债券的回购入库标准，从满足债项和主体评级均为 AA 级（含）以上调整为满足债项评级为 AAA 级、主体评级为 AA 级（含）以上。2017 年 7 月 1 日沪深证券交易所实施的《债券市场投资者适当性管理办法》规定，债券信用评级在 AAA 级以下（不含 AAA 级）的公司债券、企业债券（不包括公开发行的可转换公司债券），或发行人最近一个会计年度出现亏损，或债券发生违约、违法违规等情况时，只有合格投资者中的机构投资者才能投资。

随着我国金融市场的发展以及信用风险释放的逐步常态化与市场化，特别是随着金融市场注册制改革特别是债券发行注册制改革实践的推动，我国金融监管机构也在降低评级依赖方面采取了相关举措。2020 年 8 月 7 日，中国证监会发布《关于就修订〈公司债券发行与交易管理办法〉公开征求意见的通知》。该征求意见稿中删除了原第十九条"公开发行公司债券，应当委托具有从事证券业务资格的资信评级机构进行信用评级"，即取消了公司债市场的强制评级制度。此外，还调整了普通投资者可参与认购交易的公募债券相关要求，在不降低门槛要求的前提下，删除了评级为 AAA 级的规定，减少评级依赖。2021 年 2 月，证监会发布修订后的《公司债券发行与交易管理办法》与《证券市场资信评级业务管理办法》，前者取消了公开发行公司债强制评级要求，后者则明确取消注册环节的强制评级要求。

2020 年，为进一步规范信用评级行业发展，银行间交易商协会在央行指导下组织市场成员研究弱化外部评级依赖工作，形成取消注册发行强制评级要求的分阶段方案，并发布《关于〈非金融企业债务融资工具公开发行注册文件表格体系（2020 年版）〉有关事项的补充通知》（以下简称《通知》）。《通知》明确债务融资工具注册环节取消信用评级报告的要件要求，即在超短期融资券、短期融资券、中期票据等产品注册环节，企业可不提供信用评级报告，从而将企业评级选择权交与市场决定。2021 年 1 月 29 日，银行间交易商协会发文称，为进一步规范信用评级行业发展，协会组织市场成员研究弱化外部评级依赖工作，形成取消注册发行强制评级要求的分阶段方案，并发布《关于有关事项的补充通知》，明确债务融资工具注册环节取消信用评级报告的要件要求，即在超短期融资券、短期融资券、中期票据等产品注册环

节，企业可不提供信用评级报告，从而将企业评级选择权交与市场决定。迈出阶段性第一步后仅两个月，3 月 27 日，银行间交易商协会再发文，在前期债务融资工具注册申报环节取消信用评级报告要件要求基础上，进一步在发行环节取消债项评级强制披露，仅保留企业主体评级披露要求。不过，对于企业发行债项本金和利息的清偿顺序劣后于一般债务和普通债券等，可能引起债项评级低于主体评级情形的，企业仍需披露债项评级报告。2021 年 8 月 11 日，人民银行发布公告称，为进一步提升市场主体使用外部评级的自主性，推动信用评级行业市场化改革，决定试点取消非金融企业债务融资工具（以下简称债务融资工具）发行环节信用评级的要求，并自发布之日起实施。

取消强制评级，降低评级的内容、强化评级行业监管等相关的举措，对短期内将对评级行业发展带来一定压力。但从长远来看，将有助于促进评级行业回归投资者服务本原，推动评级行业格局重塑，并迈向市场驱动以高标准、严监管的行业发展新阶段。

**（三）市场监管：竞争加剧下的市场监管趋严**

我国评级市场监管首先经历了从多头监管到统一监管的过程。如前所述，我国信用评级行业由于历史原因，根据发行场所、债券种类由不同监管机构进行监管，由此衍生出信用评级行业多头监管问题，对信用评级的监管规定相应也分散在各监管部门的部门规章中。从发行场所来看，银行间市场非金融企业债务融资工具等信用评级业务由人民银行管理；交易所市场公司债等信用评级业务由证监会管理；从债券种类来看，企业债券发行信用评级业务由发改委管理，地方政府债券发行信用评级业务则由财政部管理。公司债券评级业务由证监会监管，企业债券评级业务由国家发改委负责，各类银行间债券的评级业务归中国人民银行管理，除此之外，保险公司所购买的债券需经特定评级机构的评级认定，而这些评级机构的资格统一由保监会认可。

长期以来，我国评级行业监管法规仍在行业准入、业务监督等方面存在不统一的情况。行业准入方面，人民银行要求评级从业人员须具备与信用评级相适应的专业知识和经验，能够胜任所从事的业务；而证监会规定则相对较为具体，要求负责评级业务的高级管理人员取得证券从业资格，熟悉资信评级业务有关的专业知识、法律知识，具备履行职责所需要的经营管理能力和组织协调能力且通过证券评级业务高级管理人员资质测试。业务监督方面，人民银行要求评级小组构成、评级程序、评级结果发布、风险控制等需按照相关规定进行，并在规定时限内报主管部门；而证监会要求证券评级机构应当在每一会计年度结束之日起 4 个月内，向注册地中国证监会派出机构报送年度报告。监管法规不统一还体现在档案管理、评级质量检验、责任追究等方面。总而言之，统一的市场监管体系对促进评级行业又好又快发展起着至关重要的作用，而我国当前阶段的多头监管模式无疑会对信用评级行业的公信力和权威性带来一定影响，也容易引起无序竞争，阻碍行业的健康发展，同时，多头监管、多头认证也极容易导致监管套利，创造寻租空间。

多头监管的问题直至 2019 年《信用评级业管理暂行办法》的出台才得以纠正。该《办法》明确了国内信用评级行业的监管框架和职责，对信用评级机构及其从业人员、评级业务流程、独立性、信息披露等多方面提出了具体要求，同时也阐明了信用评级机构及其从业人员需承担的法律责任。此外，《办法》确立了"行业主管部门（人民银行）—各业务管理部门（国家发展改革委、财政部、证监会）"的评级行业监管框架，实现了国内信用评级行业从多方监管向统一监管的转换。

在具体业务操作上，中国证监会对评级机构采取的是业务许可标准，中国人民银行对评级机构的准入标准又分为两种不同形式，在规范信贷市场的信用评级机构时，采用业务许可标准，但是在《信用评级管理指导意见》第三条则规定为备案制度，即评级机构只要按要求向人民银行上交所需材料做好备案后，便可进入评级市场。关于信用评级机构的资质要求，应属《证券市场资信评级业务管理暂行办法》的内容最为全面。该《办法》第七条明确了信用评级机构的实收资本最低限额、高管人员与从业人员人数、机构内部管理制度、是否有不良诚信记录等各方面条件。就服务于信贷市场的信用评级行为而言，银监会明确要求金融机构应在做到尽职调查的前提下，与市场的信用评级机构进行合作。从另一个角度可以理解为，只有经过尽职调查后的信用评级机构方能被商业银行使用，说明信用评级机构的资质也是需要被考察的。

随着债券市场扩容、评级服务需求的增加，本土评级机构已经经历过多次扩容，从最初的 4 ~ 5 家扩容至目前的 13 家评级机构，如果考虑到新进入市场的 2 家外资评级机构，则当前市场上实际展业的信用评级机构已经达到 15 家。从机构数量来看，我国评级机构比美国国家认可的统计评级机构（NRSROs）多出三分之二，而与之对比，截至 2019 年末，国内债券市场的规模还不到美国的 36%。

2020 年 5 月 27 日，国务院金融委办公室发布将推出 11 条金融改革措施（以下简称"金 11 条"），其中第九条明确提出"推动信用评级行业进一步对

内对外开放，允许符合条件的国际评级机构和民营评级机构在我国开展债券信用评级业务，鼓励境内评级机构积极拓宽国际业务"。"金 11 条"发布后，包含蚂蚁信用、惠众信用、安融信用、惠誉博华等在内的多家中外资评级机构已经完成备案，评级市场或将进一步扩容。

但是，在相对有限的债券市场上，此前评级机构的每一次对内扩容均带来了更加激烈的市场竞争，在缺乏必要的监管及声誉约束机制下，行业内存在"级别竞争"现象，并带来市场对评级"虚高"的质疑。因此，当前我国的信用评级市场在扩容与开放的同时，应当注重避免评级市场出现过度竞争，并避免市场被三大国际评级机构所垄断，呵护本土评级机构的市场份额与适度竞争，充分借鉴日本模式，积极加快培育数家具有国际竞争能力的本土评级机构做大做强。

在业务监管层面，《信用评级业管理暂行办法》用大量篇幅对信用评级机构及其从业人员、评级业务流程、独立性、信息披露等方面做出了要求，相关规则与国际证监会组织（IOSCO）提出的信用评级监管四大支柱（独立性和利益冲突管理、透明度和信息披露、评级过程质量控制、信用评级机构的内部控制）保持了一致。《办法》适用于"在中华人民共和国境内从事信用评级业务"的评级机构，涵盖银行间市场和交易所市场中所有的信用评级机构，实现了对评级机构的全覆盖。同时也表明，在评级行业对外开放的环境下，外资信用评级机构进入中国评级市场后，需接受国内监管，与国内信用评级机构在监管要求上保持一致，以保证中资、外资评级机构在国内评级市场中的公平竞争。

2021 年 8 月 6 日，中国人民银行、国家发展改革委、财政部、银保监会、证监会为提升我国信用评级质量和竞争力，推动信用评级行业更好地服务于债券市场健康发展的大局，联合出台《关于促进债券市场信用评级行业健康发展的通知》（银发〔2021〕206 号），共十六条，自发布之日起施行。该《通知》遵循市场化、法治化、国际化改革方向，从加强评级方法体系建设、完善公司治理和内部控制机制、强化信息披露等方面对信用评级机构提出了明确要求，同时强调优化评级生态，严格对信用评级机构监督管理。该《通知》对于评级市场监管的具体要求实际上使评级行业的需求由"监管驱动"回归到"市场驱动"，因此评级行业将会更加重视"声誉机制"，更加重视评级质量和产品服务，形成良性的行业竞争，推动评级行业在评级方法、模型等方面的不断完善，更好地发挥风险揭示及定价功能，满足资本市场信用服

务新需求，从而推动信用评级行业健康发展。

# 第三节　信用增进与融资担保监管

在广义信用管理领域涉及较多的行业类别，其中信用增进与融资担保行业具有一定的专业性，且因风险分担具有一定的行业风险性，各国对信用增进以及融资担保也有针对性的监管举措，因此本节对信用增进及融资担保监管加以重点介绍。

## 一、信用增进行业监管

### （一）准入监管

在美国，信用增进（外部增信）的载体主要体现为债券保险机构，债券发行人（主要是市政债以及结构性融资债务）通过购买债券担保保险的方式，为所发行的债务工具进行信用增进。美国债券保险机构的市场准入首先适用于州政府对于当地保险机构的监管准则，其次还对债券保险机构的专业性质有一定要求。在准入层面，美国各州议会负责制定本州的保险法规，以规范保险公司、保险中介/经纪人等的经营活动。美国各州一般都对保险公司的注册和领取营业执照，业务范围，解散、清算和破产，以及提取和结转准备金，费率的制定标准，资金的运用等都有严格的规定。比较著名的，如《纽约州保险法》（*New York State Consolidated Laws*）对保险公司的开立及经营活动有详细的规定，对其他各州保险法的制定有很大的影响。

从市场准入层面来看，美国保险公司的许可经营牌照由各州政府颁发，各州都有自己的保险法律法规及保险公司设立方面的法规，保险公司必须经许可才能开展业务。美国保险公司根据是否获得政府监管部门的许可，分为"准入保险人"（Admitted Insurers）和"未准入保险人"（Non-Admitted Insurers）。获得许可并被授权在特定州开展业务的保险公司为准入保险人。因为保险的牌照是按州批准的，假设满足所有条件和要求，获得全部 50 个州的保险经纪牌照至少需要一年，而保险公司牌照的难度更是远远高于保险经纪执照。各州对于保险公司设立的规则和资本金要求并不一样，大部分州也对外州/外国申请人申请前的业务运营年限有要求。许多州要求申请人在所在州或者住所地国已经有 1~5 年的运营经验。有很多州采取对等原则立场，即

申请人需要符合它住所地对于目前它所申请州的保险人的业务经验要求。有些州，比如纽约州，是区分寿险、健康险和财产险来设置资本金要求的。而其他有些州，比如北达科他州，是根据公司架构（比如股份有限，相互保险）来区别最低资本要求。在纽约州，设立一家保险机构的最低资本是 200 万美元，初期盈余要求是 400 万美元，债券保险机构除满足一般保险机构的市场准入外，1989 年纽约州政府 69 号法案规定债券保险机构还必须以专业保险公司为业态，禁止多险种保险公司从事金融担保业务。

在信用衍生品方面，根据 2010 年 7 月 21 日由时任美国总统奥巴马签署生效的《多德—弗兰克华尔街改革和消费者保护法案》（以下简称《多德—弗兰克法案》），对金融机构实施"沃尔克法则"，将自营交易从商业银行业务中剥离出来。限制商业银行进行高风险的自营交易，分隔传统商业银行业务和其他业务。限制商业银行投资对冲基金或私募基金等高风险衍生品交易，规定银行投资的对冲基金和私募股权不能高于自身一级资本的 3%，以减少风险投资行为。此外，根据《多德—弗兰克法案》的规定，设立新的破产清算机制，对出现问题的"大而不倒"的金融机构允许分拆，责令大型金融机构提前做出风险拨备，并禁止使用纳税人资金救市。设立消费者金融保护局，对为消费者提供金融产品和服务的金融机构进行监管。对企业高管的薪酬进行监管，确保薪酬制度不会引发过度投资的风险。在进行衍生品交易时，对系统重要性金融机构的资本和保证金应提出具体要求。信用违约互换交易双方可以要求出具抵押，买方也可以要求卖方提供保证金，防止交易对手违约风险的发生。

在我国，信用增进机构尚无明确的准入标准及相关政策，在实际操作中以是否得到央行的指导和支持作为市场进入的实际门槛。如前所述，在中国银行间市场交易商协会登记有 7 家信用增进公司，主要为央企、券商作为出资人的国有企业。我国信用增进机构设立的背景与美国有所不同，部分原因在于支持重点项目或国有企业发债融资。同时，一直以来，信用增进公司因为经营的发行债券担保业务等与融资担保公司的经营范畴重合，但未向地方金融监督管理局申领融资担保业务经营许可证并接受相应监管，在业内存在一定争议。日常监管虽同属地方金融监管局，但顶层设计的不同，导致融资担保公司和信用增进公司适用不同的监管政策。

**（二）业务与市场监管**

美国债券保险机构在业务上接受当地保险监管机构的监管，在联邦层面，

全美保险监督管理协会（The National Association of Insurance Commission，NAIC）是对美国保险业执行监管职能的部门，NAIC 以保险机构的风险资本（Risk Based Capital）监管为核心建立保险机构监管体系（即通常所谓的"RBC"体系）。美国债券保险机构与其他机构一样，需要在经营中保持其能够持续经营并避免资本损失并最终导致破产。在具体业务中，NAIC 用 RBC 来评估保险机构风险，锁定具有风险的保险公司范围，并对这些保险公司的各种投融资行为进行具体评估，判断其偿付能力，并通过行为纠正使得 RBC 回到管制设定水平，或者调整 RBC 体系本身的风险资本设定水平。NAIC 监管体系可分为以下三个阶段：（1）州立法者和监管机构通过对活动的限制、事先批准机制和监管重点来消除或限制某些风险；（2）监管机构进行金融监管，在这一过程中，大多数监管活动都是在这一步骤中进行，寻找财务状况危险的公司并评估其破产的可能性；（3）立法者和监管机构建立监管支持或保障措施，尤其是担保基金和风险资本（RBC）要求，审查保险机构的风险是否得到控制。对于具有财务风险的重点监管金融机构，NAIC 会评估保险机构在财务处置、财产处置、投保人利益损害、人员配置不利等层面的不恰当行为，并予以一定干预。

即便有着较为完善的保险机构监管体系，美国的债券担保行业已经在 2008 年国际金融危机的冲击下走向低谷。2007 年美国次贷危机爆发前，美国债券保险机构承保的 2.3 万亿美元债券总额中结构化产品超过 1 万亿美元，包括大约 2000 亿美元的 MBS 产品以及 4250 亿美元的 CDO。而主要的债券担保机构的自有资金投资业务中，又有超过三分之一投向结构化金融衍生产品，代偿压力及投资失败使得债券保险机构成为投资银行之后损失最大的行业。巨额亏损下使得这些机构的资本充足率和代偿能力大幅下降，进而导致债券保险机构自身和承保证券信用评级的下降，承保债券收益率因此快速上升，资产价值迅速缩水，信用担保机构也因此丧失了信用增进的功能。金融危机之后，美国最大的四家债券担保机构仅剩一家，其余三家均已破产。

在信用衍生品方面，2007 年美国次贷危机之前信用违约互换等衍生品基本上处在市场无监管状态，一方面，不同于保险和期货，信用衍生品监管责任归属不明确；另一方面，信用衍生品市场规模较小，监管者普遍认为小规模信用衍生品交易以及投资者自身风险最小化的目标，不会造成系统性风险。

次贷危机之后，《2009 年场外衍生品市场法案》（*OTC Derivatives Markets Act* 2009）提出对场外衍生品交易进行"标准化"，加强信息披露等提议。

2010 年《多德—弗兰克华尔街改革和消费者保护法案》将场外信用衍生品交易纳入监管的范畴，并建立中央交易对手清算机制。中央交易对手是信用违约互换交易双方进行清算的媒介平台，一般由信用等级较高的大型金融机构担任。根据巴塞尔协议，场外衍生品交易需要满足广义错向风险、压力测试等定性要求，中央交易对手还需要披露模型验证标准以及发布稳健测试监管指引。在信用违约互换交易中采用中央交易对手清算机制，不仅可以提供多边净额结算功能、降低交易成本，还可以有效地减少交易成员违约的概率。

信用增进机构除了需要在担保与信用风险缓释业务领域中严格把控风险之外，还需要在投资类业务中把控风险。在实际中，除债券担保和增信衍生品业务之外，投资类业务也成为信用增进公司的创利利器，各家根据资源禀赋及团队背景的不同，业务侧重也有所不同，大致包括委托贷款、信托计划等理财投资、股权投资、产业基金、债转股、并购、资产证券化等。我国增信机构的各类非标债权的直接和间接投资，较多指向地产和城投等高收益资产。因此加强我国信用增进机构的风险监管已经是一件相对紧迫的事情。

## 二、融资担保行业监管

在信用管理领域，商账管理、资信调查、保理等服务类行业相较其他工商服务业并没有较为特殊的监管规范，但各国融资担保行业却往往负有一定支持小微企业发展的外部性与公共性，且具有一定的信用增进功能，因此，在融资担保监管中具有一定的金融中介监管属性。

### （一）海外融资担保监管模式

1. 美国的分业式监管

美国商业发达、中小企业众多，因此金融担保的市场体系也较为丰富，美国监管机构将金融担保机构分为政策性与商业性，并实施分业监管。政策性融资担保机构的主要职能是为中小企业及部分公共领域的融资提供担保；商业性融资担保机构主要业务是合同担保、证券担保等。

美国小企业管理局是政策性担保机构的监管部门，属于联邦机构的一部分，总部在华盛顿，在美国全国分布有就是多个区域性办公室，与各州当地银行建立联系并为中小企业的创立和发展提供信用担保服务。在法律层面，《小企业法》（*The Small Business Act*）是小企业管理局对政策性融资担保机构进行监管的依据，并对融资担保公司的设立、保费额度及风险状况进行监管，并有权查阅相关担保机构的财务报告、业务档案及审计资料等。

对于美国的商业性担保公司，主要是经营保险业务的公司具体负责，而商业保险机构已经受到保险业监管机构的监督，因此商业性担保业务主要被纳入保险监管的业务范围中来。因此，对商业性的担保机构的监管没有另设专门的监管主体。此外，政府建立严格的准入制度，并且整个经营过程受到州保险监管部门的严格监督。

2. 日本的行政主导模式

日本是世界范围内最早建立中小企业信用担保体系的国家。日本的融资担保公司主要是政策性担保公司，是由政府设立专门的融资机构，最主要的主体包括信用保证协会、日本金融公库。信用保证协会的性质属于公共事业法人，实施公共信用保证，与银行等金融机构相互协同，为中小企业提供融资贷款的保证。日本金融公库业务主要包括信用保险计划、贷款担保等。

在监管依据方面，日本通过颁布《担保协会法》对机构的设立条件、运作、解散和清算等方面的内容做出了规定，通过《中小企业信用保险法》《中小企业代偿法》等法律法规对信用担保机构市场准入与退出，资金管理运作与维持进行完善的规定，以及一系列配套的法律制度、社会信用制度为融资担保行业发展提供了全方位的监管依据。

在监管机构方面，大藏省和通商产业省为主管部门，由政府主管大臣对机构设立、章程的制定、变更和业务方法进行监管。信用保证协会每年向监管部门提交事业报告书，监管部门根据法律规定的监管内容、监管程序、监管方式等，享有责令担保机构停业以及取消许可等处分权。自律监管主要由行业协会负责。全国信用保证协会联合会负责开展业务调查和研究，提供完善的信息和意见指引，充分协调与政府、国际组织间的交流合作。

3. 德国的统一监管模式

与美国及日本不同，德国的融资担保业务主要由商业银行开展，因此德国对于融资担保的监管纳入银行监管的一部分，同时兼具政策扶持性与商业性。据粗略统计，在德国的小微企业贷款中，纯信用方式占15%，足额抵押方式占40%，而与担保相结合的方式占45%。德国担保银行是由商业银行、保险公司以及工商业协会等机构共同发起设立的股份制公司，也是一种公益性组织。尽管它是独立的银行机构，但政府是其运营的强大后盾，具体表现如下：一是担保银行与商业银行承担的贷款风险比例分别为80%和20%，在担保银行承担的贷款风险中，政府再承担80%；二是当担保银行的损失率超过3%，需要启动风险补偿机制时，政府会在一定程度上增加损失承担比率；

三是担保银行享受政府的税收优惠政策，只要担保银行的新增利润仍用于担保业务，担保银行便无须缴纳任何税费。

在监管主体方面，2002 年设立德国联邦金融管理局，其作为独立的监管机构，接受联邦财政部的指导，对银行、保险公司、有价证券交易商等实施监管。联邦金融监管局分别设有银行业、保险业和证券业三个监管局，各局分别下设若干部门对风险进行管理。此外，各级政府为担保银行提供反担保，实现政府、担保银行以及放贷银行三方风险共担的独特信用担保模式。与此同时，中央银行也发挥着重要的监管作用，包括协助金融监管局对担保银行的日常进行监管，以及同金融监管局协商共同向金融机构颁布行政法规。由联邦金融管理局和中央银行二者共同进行监管，形成"一主一辅"的监管体系。

### （二）我国的融资担保监管

我国的融资担保监管模式具有一定的中国特色。整体上融资担保行业由中央负责统一监管规则，地方实施具体业务监管。随着各省（区、市）地方金融监督管理局的相继成立，融资担保行业的监管部门得以明确，监管力量不断加强，并且主要以政府性融资担保监管为核心。

截至 2020 年末，融资担保行业共有法人机构 5139 家，实收资本 1.21 万亿元，融资担保在保余额 3.26 万亿元。国有控股机构实收资本及融资担保在保余额均占融资担保行业的 70% 以上，成为融资担保行业的中坚力量。"减量增质"持续推进，违法违规经营、"僵尸"机构加速出清。各地以设立融资担保公司、增设分支机构等形式扩大政府性融资担保覆盖面，建立起深入到市、县的政府性融资担保机构体系。

在制度建设上，以 2017 年国务院发布的《融资担保公司监督管理条例》为核心，《融资担保业务经营许可证管理办法》《融资担保责任余额计量办法》等六项配套制度为框架，各地监管细则为补充的监管规制体系逐步建立，政府性融资担保体系准公共定位得以明确，聚焦支小支农、保本微利经营、落实风险分担的经营原则不断清晰。此后，在国务院办公厅《关于有效发挥政府性融资担保基金作用　切实支持小微企业和"三农"发展的指导意见》（国办发〔2019〕6 号）及相关一系列政策引导下，各省级政府不断梳理区域内融资担保机构的业务定位，地方融资担保机构平台专业化运营的思路逐渐清晰。为满足国家融资担保基金（以下简称国担基金）合作条件，各地方政府通过在原有担保、再担保集团下设立多家子公司，或分别成立再担保公司和

信用增进公司（或专营债券担保业务的担保机构）的方式，以实现政府性融资担保机构（定位支小支农融资担保业务）和商业性融资担保机构（定位地方政府融资平台类企业、地方国有企业、上市公司或其他大中型客户）的独立运作。

融资担保业务风险分担体系持续完善。国家融资担保基金于 2018 年正式成立。截至 2021 年末，除内蒙古、西藏外，国家融资担保基金已经与 25 个省（区、市）、3 个计划单列市的再担保机构建立合作关系，2021 年全年完成再担保合作业务 7300 亿元，涉及 68 万户主体。国家融资担保基金成立后，监管部门开始推进"国担基金—省再担保公司—辖内融资担保机构"三级风险分担机制和银担"总对总"批量化担保业务的落地。随着政府性融资担保体系覆盖面不断扩大，市级融资担保机构获政策扶持力度有所加大，融资担保政策扶持体系逐步下沉，监管力度也有所加强。

# 第九章　信用科技

2020 年初，一场突如其来的新冠肺炎疫情席卷全球并延续至今，重构着经济社会的方方面面，无论是金融科技的发展还是数据被作为生产要素[①]的现实，都使得中国的资本市场和科技赋能之间的关系日益密切。无论是当前火热的大数据征信，还是在解决小微主体融资困难层面被寄予厚望的普惠金融，信用科技在信用产业中的应用日益广泛与深入。本节简单介绍信用科技发展背景、含义与技术手段，信用科技在信用产业领域的应用，以及信用科技市场主体与运行现状

① 2019 年 10 月，中共十九届四中全会审议通过了《中共中央关于坚持和完善中国特色社会主义制度、推进国家治理体系和治理能力现代化若干重大问题的决定》，提出"健全劳动、资本、土地、知识、技术、管理、数据等生产要素由市场评价贡献、按贡献决定报酬的机制。"

# 第一节　信用科技的发展背景、含义与技术手段

信用科技的发展离不开科技潮流本身的技术手段与发展方向，本节对信用科技的发展背景及主要技术手段加以简要介绍。

## 一、信用科技的发展背景及含义

### （一）信用科技的发展背景

信用科技的产生以现代技术与金融业的融合发展为背景，大数据、人工智能、区块链、云计算等技术被运用于金融交易的数据收集、信用分析、产品创新等环节。一方面，金融市场与现代科技的结合在一定程度上降低了金融服务的成本，推动了金融服务的场景化，降低了金融市场的进入门槛，拓展了金融资源的服务范围；另一方面，金融与科技的结合也会引入潜在的风险因素。

第一，金融与科技的融合使得金融服务下沉，但可能带来较高风险客户群体进入金融市场。由于新技术在风险评估与风险控制方面的应用，金融服务的对象更加广泛，信用风险的可分散性有所加强，也因此带来部分较高风险的客户进入金融市场。一方面，金融机构的风险存在一定的外部性与传导性，提高风险容忍度并增加客户范围的现实，可能因"合成谬误"等原因带来整个金融业系统性风险的上升；另一方面，高风险客户的行为模式可能具有一定的特殊性与分层性，而依靠机器学习、人工智能等技术手段往往是依托历史数据、既有客户的行为模式进行回溯与迭代，可能因技术手段自身带来高风险客户与低风险客户的混同。

第二，一些科技机构盲目向金融业务转型带来的低质金融供给可能有所增加。金融与科技的结合使得金融与非金融业务的边界变得更加模糊，一些科技类企业凭借非财务数据优势或者数据技术优势盲目介入金融服务，但数据技术本身并不等同于金融服务的质量，加之复杂系统下的操作风险加大、因果分析可能失真，可能会带来金融供给的增量部分质量不高，特别是P2P互联网金融领域出现了一定的市场乱象，对金融科技的发展在一定程度上形成了较为负面的影响。

第三，金融与科技的结合带来金融服务下沉的同时可能带来金融服务的

歧视性加深。科技手段的过分应用可能会使得金融机构服务出现对于客户的歧视性对待，比如所谓的"大数据杀熟"等现象表明技术本身的工具性并不必然导向好的效果，还需要一系列配套的治理结构。

因此，金融与科技的融合既带来金融服务进一步扩大的好处，也带来一定的金融风险问题与金融治理问题，信用科技的产生与发展正是在这一背景下展开的，信用科技为金融与科技的融合服务，遏制金融科技发展过程中的负面影响，促进信用风险更好地识别、定价与预警，为信用产业的发展提供技术支撑与新的应用场景。

### （二）信用科技的含义

现代金融市场的交易、投资与融资等环节越来越依赖现代技术，特别是数据技术。传统的金融分析，特别是信用分析往往需要大量的人工计算与判断投入，随着金融市场的主体越来越多元、广泛，数据量与信息量急剧增加，仅依赖传统模式难以做出快速和准确的判断。作为金融市场的核心，信用分析也需要与互联网、移动通信、人工智能、区块链、云计算和大数据等技术相融合，形成新一代的信用基础设施、信用服务和信用交易市场，构成信用科技的主要内容。

得益于互联网基础设施的完善，大数据及人工智能技术的广泛应用以及金融市场的快速发展，我国在金融科技领域发展迅速的同时，在信用科技领域也呈现出快速发展的态势。信用科技是科技与信用产业的结合之处，为信用产业的发展提供更为科技化的基础设施与基础服务，信用产业也逐渐借力信用科技产生了新的产品或服务形式，同时对金融与科技的融合所带来的缺点具有一定的纠偏作用。比如，越来越多的评级与征信机构将大数据分析与历史经验相整合，通过对其客户的行为、财务、业务等数据进行分析，进一步提升其评级与信用报告的准确性。信用科技改变了以往信用风险识别、评级及定价的方法，随着科技赋能信用风险管理，现有的信用业务模式将以更低的成本、更高的效率获得提升。

信用科技是以数据为基础、以新兴技术为驱动力的信用产业服务技术，旨在通过大数据、人工智能、区块链等手段，节约信用成本，降低信用风险，提升信用价值，推动信用产业科技化、数字化发展。

具体来看，信用科技主要有以下两个特点。第一个特点是将数据与信息的价值充分发掘。信用科技的价值体现之一，是通过技术手段对数据及信用信息进行全方位的价值发掘，特别是在信用评估领域（既包括银行等金融机

构的内部信用评估，也包括评级机构等外部评估），其价值更为明显。信用评估主要围绕企业的履约意愿和履约能力展开，过去对这两方面的评估基本上围绕公开可查的或主体主动出示的财务数据，比如企业经营数据、历史信贷数据等具有强金融属性的数据进行。信用科技的出现使社交行为数据、网络行为数据、个人消费数据等间接的非金融数据也能在技术催化下形成信用信息，从而实现信用的多维评估，更加全面有效地呈现个人及企业的信用状况。此外，在数据采集和数据处理方面，信用科技也正在实现信用评估的优化升级。

第二个特点是通过技术运用试图部分替代主观经验。无论是征信、评级，还是担保增信，抑或是信用管理，在传统业务模式下都要大量依靠相关从业人员的业务经验与主观判断。信用科技一方面致力于解决主体间信息不对称的问题，另一方面通过人工智能等算法自动执行程序，代替人工审核，从而降低人为干预，提高风控效率，降低风险管理成本，提升客户体验满意度。此外，信用科技可以利用技术手段获取多维外部数据，增加更多风险因子和变量因素，更深层地刻画客户特征，从而准确量化客户违约风险，实现对客户的合理授信。

## 二、信用科技的主要技术手段

### （一）大数据技术

大数据是指那些通过利用数据采集、数据存储、数据处理和数据挖掘等先进数据技术，对各类有价值的复杂数据进行筛选、归集、存储，从中提取有价值的信息并归纳出一般价值规律的技术活动。国际数据公司（Internationla Data Coporation，IDC）认为，大数据包含海量性、多样性、高速性和价值性四种特性。

2012 年 1 月，在瑞士达沃斯召开的世界经济论坛年会上，发布了题为《大数据，大影响》（*Big data, Big impact*）的年度报告，认为数据已经成为一种类似于货币和黄金的经济资产，并宣告了大数据时代的到来。此后各国政府纷纷将大数据纳入政府工作规划，各大科技巨头也开始加速布局大数据业务，大数据作为一种生产要素，被广泛应用在金融、农业、医疗等领域，大数据进入发展的成熟期，显现出十足的活力。

金融业是天然的数据密集型产业，在其日常运作过程中会产生大量的数据，其中包括客户信息、交易记录、市场信息等，因此与大数据产业有着非

常良好的契合性。通过大数据技术的改造，金融业可以提升行业的运营效率和风控能力，以及对于未来行业趋势走向的判断能力。

当前大数据在信用科技领域内最广泛的应用场景是助力解决小微金融领域的征信困难问题。目前几乎所有对企业的征信模型都是建立在财务数据基础上的，但在中国目前2000多万家中小微企业中，财务数据比较完善准确的比例较低，小企业也缺乏不动产抵押，但是却有大量与生产和设备运行有关的数据是客观真实的，比如开工时间、有效生产、满负荷时长、8小时外工作、故障信息等，而收集、处理这些大量的、分散的信息，就需要大数据技术能够低成本、广覆盖地应用，才能将金融服务更多地引向小微企业。

**（二）人工智能技术**

人工智能（Artificial Intelligence），英文缩写AI，是计算机科学的一个分支学科，也是一个包括数学、心理学、生物学等多种科学的综合性学科。美国麻省理工学院（MIT）的帕特里克·温斯顿（Patrick Winston）认为："AI是研究如何让计算机去做只有人才能完成的智能工作。"

人工智能的实现分为基础设施层、核心技术层和拓展应用层三个部分。基础设施层提供基础软硬件设施，包括计算硬件（AI芯片、传感器等）、计算系统技术（大数据、5G通信等）和大数据技术（数据采集、数据存储等）。其中芯片具有极高的技术门槛，目前该层级的主要贡献者是英伟达（Nvidia）、英特尔（Intel）等国际科技巨头。核心技术层包括算法理论、开发平台和应用技术，依托运算平台和数据资源进行海量识别训练和机器学习建模，包括自然语言处理、图形识别和深度学习，这也是人工智能行业里最重要的环节101。科技巨头谷歌（Google）、IBM、亚马逊（Amazon）、苹果、阿里巴巴、百度都在该层级深度布局。拓展应用层解决实践问题，是人工智能技术针对行业提供产品、服务和解决方案，其核心是商业化。在拓展应用层，企业可以将人工智能技术集成到自己的产品和服务，实现传统业务的转型升级，特别是金融、交通和医疗等数据密集型行业。

在信用领域，一些评级机构也开始尝试使用人工智能进行产品创新。世界上最早的评级公司已经成立超过100年，评级公司在中国发展也已经30年了，形成了一套相对成熟的信用风险评价体系。各类金融机构使用的评级理论、评级方法和指标体系大同小异，以定性分析为主，以定量分析为辅，可以说人的主观判断很大程度上决定了评级结果，但是主观判断本身有时会出现稳定性较差、前瞻性不足的缺点，因此可以利用人工智能技术进行辅助，

在客观性和稳定性方面提高评级质量。

### （三）区块链技术

区块链（Block Chain）是一个集点对点网络、分布式计算、数据存储、共识算法、密码学等核心底层技术于一体的技术体系，其中"区块"是指包含信息的数据区块，"链"是指数据区块排列的链式形状。

区块链的技术架构赋予了其四个显著特性。首先是难以篡改，依靠密码原理和分布式算法，只有控制超过51%的节点，才能篡改数据。其次是兼具了公开性和隐私性。区块链的加密技术使得交易过程中不会出现用户名字，取而代之的是一串识别码，保证了公开性的同时也保证了隐私性。再次是其独特的信任创造机制。区块链交易的确认是基于哈希算法，而非传统信任机制。最后是中心化特质，区块链系统中所有节点能在去信任的机制下自由交换数据，不存在中心化的服务器设备或管理机构，任意节点拥有同等的权限。

在信用信息的产生环节，区块链可以帮助生产者建立和确认自己的身份信息，并在产业链中的其他环节对生产者的身份进行核验。在信用信息的加工、包装、传播环节，区块链技术可以帮助征信机构等产业链参与者在去中心化的模式中共享数据，区块链以其不被篡改的可信性，使产业链上信用数据的真实性和评价结果的可靠性得到市场检验，进而提升产业链参与者的工作水平与服务质量。在信用交易环节，区块链技术可以帮助生产者的信用商品穿透产业链的各个环节，让信用消费者和生产者达成共识。比如可以将传统供应链金融中的上下游企业（信用的生产者）、银行（信用的消费者）、保险公司（信用的保障者）等参与方接入区块链网络中，实现核心企业信用的多级穿透。将应收账款等资产的确认、流转、融资等流程上链，推动资金流在链上移动，促进信用交易达成。

### （四）云计算技术

云计算（Cloud Computing），简单来说就是通过互联网提供信息技术资源的一种服务模式。美国国家标准与技术研究院（NIST）认为云计算通过互联网提供了一个可以便捷灵活使用IT资源的渠道，IT资源需求者可以在不用了解技术架构的条件下使用云计算服务商提供的服务器、存储设备等资源。

云计算具有三种特性：第一个特性是基于互联网，云计算需要通过互联网进行IT资源共享；第二个特性按需索取服务，"云"中的资源对于使用者来说可以像水、电、天然气等资源一样按时按需获取使用；第三个特点是操作简单，用户不用了解服务商内部复杂的基础设施和运作模式，只需了解自

已所要使用的 IT 资源和服务的使用流程和使用方法。云计算可以分为基础设施即服务（Instructure as a Service，IaaS）、软件即服务（Soft as a Service，SaaS）和平台即服务（Platform as a Service，PaaS）三种类型。2009 年，阿里巴巴和新浪相继开始提供云主机服务和云引擎服务，拉开了国内云服务市场的序幕，国内云计算市场从最初的炒作数据中心、房地产，到踏踏实实提供各种云计算服务，经历了"过热"到"沉淀"的过程。在大浪淘沙之下，云计算正逐步走向专业和成熟。

以金融领域的信息系统安全为例，比如银监会对商业银行的 RPO（Recovery Point Objective，即数据丢失时长）和 RTO（Recovery Time Objective，即系统恢复时长）的量化指标中，重要业务恢复时间目标不得大于 4 小时，重要业务恢复目标不得大于半小时。同时，商业银行应当至少每 3 年开展一次全面的业务影响分析，识别重要业务，以及重要业务的相互依赖关系，评估分析重要业务在中断时可能造成的经济和非经济损失等。云计算可以帮助低成本地实现金融领域的容灾系统搭建，并保障信息数据安全。此外利用云技术还可以实现所需数据的灵活与及时调取、管理等活动，在信用领域也具有一定的应用空间。

# 第二节　信用科技在信用产业领域的应用

信用科技当前在征信、评级及信用管理与服务领域皆有一定应用，本节在征信、评级及信用管理领域分别选取几个应用相对成熟的案例，用于体现信用科技的应用场景及发展现状。

## 一、征信信用科技应用

### （一）大数据征信

传统征信业务基于历史数据来判断借款人（或借款申请人）未来违约的概率，会出现两个不可避免的问题，一是历史数据是对信息主体过去信用状况的判断，可能信息主体已经提高了信用意识，变成守信人；二是对于部分之前未与金融机构发生信贷业务而没有信用记录的客户，无法对其信用状况进行判断。同时，传统征信业务数据采集过程中受到较多人为干扰，征信机构信息采集工作人员的主观看法可能导致采集信息不准确。通过大数据技术，

能够拓宽征信信息采集渠道，可以采集包括信息主体工作区域、消费习惯、生活方式、朋友圈等多领域多层级信息数据，而不单局限于负债信息。此外，大数据采集信息使人工干预越来越不重要，例如，网络搜索、微博互动，只需用户主动完成，通过大数据挖掘技术便可推算出客户心理状态、爱好等数据。丰富的数据来源及越来越少的人工干预，大幅提高了评估模型的准确性，大数据征信模型可以较好地判断借款人的经济状况乃至心理状态，这使得其信用评价更趋于对客户履约能力和履约意愿的评估，从而能更好地预测其违约概率。所以，相比于传统征信，大数据征信可以更精准地服务于客户风险识别。美国泽思金融公司（ZestFinance）和我国的芝麻信用都是大数据征信应用中的典型案例。泽思金融公司运用全面的大数据和科学的信用评价模型，提升了信用评估决策的正确率，降低了违约风险。芝麻信用依托其在淘宝平台上获取的大量交易信息以及商铺资质等行为信息，通过构建量化的个人信用评估方式，得到信用评估结果，并以此为依据为客户提供金融支持服务，有效解决了交易双方的信息不对称问题。

### （二）人工智能征信

人工智能是计算机科学的一个分支，它企图了解智能的实质，通过计算机视觉、机器人技术、人脸识别、指纹辨别等人工智能技术，使机器能够胜任一些需要人类智能才能完成的复杂工作。以人脸识别技术为例，人工智能中的人脸识别技术被广泛应用在征信客户身份识别中，电子签名技术在互联网征信授权中被普遍推广。以征信客户身份识别为例分析人工智能技术的应用。在传统征信业务中，信息主体身份识别主要是依托人工完成，比如在西安市农户信用评价体系建设中，被采集信息农户的身份识别是通过村干部与被采集农户逐一交流完成，耗时长、工作量大，人工劳动成本高。再比如人民银行基层行提供信用报告柜台查询服务时，是由工作人员将查询人与身份证上照片进行对比来进行查询人身份识别，曾出现过查询人因整容与身份证照片差距较大，被工作人员拒绝提供查询服务而引起矛盾纠纷的情况。人脸识别技术可替代工作人员重复劳动，减少情绪化、人情、主观判断等干扰因素，降低服务成本，提高工作效率。人脸识别技术可靠性较高，以中国人民银行征信中心推出的基于人脸识别技术的个人信用报告自助查询业务为例，中国人民银行西安分行营业管理部在西安市布设了58台自助查询机，累计为超过200万客户提供了自助查询服务，未接到过关于自助机查询非本人操作的投诉申请。

### （三）区块链征信

区块链是一个信息技术领域的术语。区块链本质是一个共享数据库，存储于其中的数据或信息，具有"不可伪造""全程留痕""可以追溯""公开透明""集体维护"等特征。区块链在信用证、国际贸易、支付等金融领域已有成功应用案例，在征信领域应用尚处于探索阶段。独占数据资源使各类信用信息成为"数据孤岛"，是影响传统征信行业发展的一个难题。将区块链技术应用于征信行业，搭建基于区块链技术的征信数据共享交易平台，促进参与方最小化成本和风险，加速信用数据的储存、转让和交易，能够较好地实现征信相关行业的数据共享。同时，区块链征信基于信用确权，将信用数据作为区块链中的数字资产，能够有效遏制数据共享交易中的造假问题，保障了信用数据的真实性。在被誉为区块链新大陆的新加坡，分点公司（Points）积极探索将区块链应用在征信与信用评级领域。Points 成立于 2017 年，是一个通用的数据交换平台，底层是基于区块链打造的一条联盟链，通过区块链开发安全可配置智能协议，鼓励无信任的实体，包括银行、互联网金融企业、征信机构、科技公司、保险和消费者共享数据。Points 将数据共享和人工智能捆绑在一起，通过 PTS 令牌（Protogonos 加密令牌）补偿各个机构，交换其共享敏感数据，使信用评分结果更加准确。Points 在其网站上表示，其信用评分协议已经处理至少 5 亿个信用档案，并支持每秒 1 万笔交易。

## 二、评级信用科技应用

### （一）大数据评级

从评级要素来看，传统信用评级要素分为定量数据和定性分析两类，定量数据包括宏观经济、行业数据、企业财务信息等，定性分析包括公司治理、竞争优势、政府支持力度等；市场隐含评级在涵盖传统信用评级结果的基础上引入市场价格因素；大数据评级是在传统信用评级的基础上纳入一些新型数据，如关联方信息、纳税数据、管理层异动、负面消息、财务造假等，此外财务指标波动因素也被纳入其中。

从评级思路来看，传统信用评级从经营环境、财务风险、定性调整三个层次，将企业经营的宏观环境、行业前景、自身财务状况、公司治理以及政府支持力度等多维度信息进行综合评价，得到企业信用风险的评价结果；市场隐含评级是在传统信用评级的基础上，引入市场价格信息，挖掘市场价格中能够反映信用风险大小的信用溢价，从而对传统评级进行修正，是一种综

合传统信用评级和市场价格的信用评级；大数据评级是在传统信用评级所考量的评级因素中，加入信用大数据的新型数据，并且更加关注财务指标的变动，综合得到一种动态的信用评级结果。

传统信用评级是所有评级类型的基础。它能够给出企业自身涉及的各项信息的一种综合评价结果。缺点是由于数据获取的难度和采集资料的发布周期，导致信用评级有一定的滞后性。市场隐含评级是在传统信用评级的基础上，加入了市场价格信息，其反映了市场参与者对于债务人的信用风险判断。相比传统信用评级，信息更加全面、及时性进一步提高。而难点是市场价格信号的可靠性判断，以及定量建模的难度较大。大数据评级更加注重数据的全面性以及动态监测性，但在大量数据的获取和处理上难度较大、成本较高。

综上所述，国际三大评级机构已经形成较为完善的信用评级方法体系，传统信用评级与市场隐含评级等多类型评级产品互为补充，以传统信用评级为基础，市场隐含评级通过引入市场价格要素来改善传统信用评级及时性不足的问题，大数据评级通过加入新型数据、指标波动监测两个维度增加了评级信息的全面性，并提高准确性和及时性。

随着数据时代的来临，数据的丰富、大数据技术的成熟使得信用评级得到进一步发展的机遇，也面临前所未有的挑战。信用评级研究是一个长期的理论与实践相结合的过程，未来要更多地借助大数据技术、人工智能、统计学、经济学等相关理论与技术。我国的信用评级行业发展时间不长，债券市场、信贷市场的违约数据积累有限，因而必然在评级方法和评级技术上受到影响。我们应该从中国自身特点出发，不断夯实信用评级理论基础、积极研发信用评级技术，使得信用评级研究中合理融入新的元素、充分发挥数据力量，为投资者信用识别、金融机构风险管理提供有力的技术支撑，保障经济金融稳定运行。

### （二）智能评级

在当前信用产业领域，风险管理已经使用一定程度的量化与智能技术应用于风险识别、预警与分析过程，甚至出现数字化建模过度的倾向。由于信用市场所涉及的发行主体与投资主体数量在不断增长，债务工具越来越复杂多元，对风险进行定量的模型化的计算和评估是风险管理中一个极其重要的环节，并往往需要量化结果作为界定风险偏好的重要参考，从而帮助选择确定最适合的风险管理手段，包括避免、转移、缓释、承担等。

从建模方法来看，传统信用评级采用定量与定性相结合的方式，评级机构多是利用打分卡模型；市场隐含评级多是采用规划求解的建模方式，确定等级之间的分界线，划分信用等级，而量化风险与智能评级侧重于利用网络数据爬取、文本信息挖掘等大数据技术挖掘数据，并利用非参数方法进行评级建模。评分预测模型只能基于过去的经验来评估未来事件发生的相对可能性，因此大多数评分模型基于历史数据，以计算机、大数据为基础的量化与智能评级技术可自动结合历史数据和当前信息进行决策，这大大降低了决策成本，这是人工智能的一种表现形式。

人工智能信用评级技术的优势大体概括为以下方面：可以高效率地爬取、清洗、处理海量数据；AI系统可帮助分析师处理重复性强的基础工作；人工信评和机器信评结果可相互校准；利用自然语言处理、知识图谱等技术对舆情动态进行有效率地监控预警；提高信用定价的可信度。依托人工智能的新型内评模型，从系统、数据、模型三个层面弥补了传统内评模型的不足。通过大数据、机器学习的系统框架，完善财务、融资、偿债、资信等多方面的基础数据，在企业经营的复杂系统中将信用评级与企业投资、新闻舆情等多层面、多角度的信息相关联，有助于准确而完善地展现企业的真实面目。

以国内市场份额最大的评级机构中诚信国际信用评级有限公司为例，其研究院智能风险量化研发团队依托大数据、机器学习等技术，开发中诚信CAIR市场风险指数模型，反映融资主体的市场综合信息，具体包括企业的信用资质变化、流动性风险和价格变化等。该模型是基于债券市场价格来测度风险，其本质是通过信用利差和剩余期限来度量债券的信用风险和流动性风险。模型原理：（1）通过无差异风险曲线原理，将债券的剩余期限、收益率利差映射成一个一维的风险值，对于一个时间区间，用上述方法将获得债券的风险值时间序列；（2）通过综合指数编制法原理将风险值时间序列转换成标准风险指数（以2018年第一个债券交易日的风险值为基准，将其基准化为100），并通过MA模型和事件研究法来优化指数的风险递减传播特征。指数越高提示市场风险越高（信用风险、流动性风险越高）；（3）通过上述方法自上而下（债券市场—行业区域—发债主体）系统性地构建了一套市场风险监控体系，旨在有效识别宏观（债券市场）整体风险趋势，中观（行业、区域、券种、期限、年份等）风险排序，以及微观（发行人、债项）个体的风险指数变化，全方位地实时跟踪监测我国债券市场不同层次的市场风险情况。

### 三、信用管理信用科技应用

#### （一）云计算与信用管理：应收账款交易所

在信用管理方面，信用科技主要在应收账款方面取得了一定应用，且以美国的应收账款交易平台化为代表。2011 年 9 月纽约泛欧交易所协会与英国 RecX 公司合作推出了"应交所"（The Receivables Exchange，TRE），为大中型企业提供线上应收账款交易服务。在 TRE 出现以前，企业想要依靠应收账款融资主要是依靠将其应收账款出售给银行，银行对此要求严苛、流程烦琐。TRE 借助云技术，建立了一个广阔的拍卖平台，将这些企业与合格的机构投资者连接起来，从而帮助企业直接、有效地通过应收账款交易实现营运资金融资，提高资产流动性。

应收账款电子交易平台之所以能开始风靡，是因为依托互联网技术与云技术，应收账款的买方和卖方在信用交易层面的成本大大降低了。对于卖方来讲，需要一个标准化的平台来实现信息的向外传递，同时卖方需要能自由设置定价参数和拍卖持续时间。应交所平台交易频率灵活，无会员费或者保障费，这大大降低了交易成本并增加了交易灵活性。此外，在流动性管理上，卖方可通过竞争拍卖过程降低资本成本，缩减"销售回款"至 2 天，提高了现金转换周期。在资产负债表层面，卖家可以由此货币化非生产性资产，消除信贷成本及持仓成本。而对于买方来讲，互联网应收账款交易平台的好处也是显而易见的。从短期收益率角度，买方可以获得有竞争力的收益率，这是因为应收账款通常在 90 天之内到期，风险低，而收益往往超过商业票据 50 个基点以上。从风险控制角度，买家可选择保证金金额，以抵御逾期付款的风险。买方还可以利用平台的灵活性来建立投资组合。比如通过购买不同项目的 1% ~ 100% 的应收账款包进行组合，其他组合方式包括应收账款到期时间不等，从 15 天到 360 天不等，此外信用和收益范围不同，也是组合的指标。这几个指标加起来就可以组合成无数可能性，从而最大限度降低风险。从交易门槛和灵活性角度来说，买家购买金额无须承诺，完全根据自身能力，交易只支付成功交易费用，在线上竞标只需几分钟，资产所有权第二天就可以转移。

中国的企业征信以及企业信用评级没有美国那么发达成熟，所覆盖的企业范围依然有限，且中小企业的信用资质也往往较低，当前暂时尚未建立美国应交所这样的平台。因此，在中国若想建立应收账款的交易平台，可以探

索首先选择优质的应收账款，打包拆分成普通理财产品给普通投资者进行线上借贷。在目前社会分工以及市场经济进程中，处于产业链末端的小企业普遍持有大量的应收账款，其中一部分是在贸易往来过程中形成的点对点的应收账款，另一部分是持有常年合作的大客户的应收账款。如果中国未来也要引入或建立应交所这样的应收账款管理平台，信用科技可能会在审查交易背景、审查借款人（卖方）的综合偿债能力等方面发挥重要支撑作用，比如需要大数据或智能技术实时收集分析银行账户流水、财务报表、纳税数据、水电费支出凭证等第三方信息，来验证借款人的短期偿债能力，并依靠人工智能、机器学习等技术结合企业法人和股东的经营实力进行综合判断。

**（二）综合技术：金融服务与信用管理普惠化**

融资担保是信用管理行业的分支行业，也是普惠金融体系的重要组成部分，对于发展普惠金融，促进资金融通，特别是解决小微企业和"三农"融资难、融资贵问题具有重要作用。截至 2020 年末，融资担保行业共有法人机构 5139 家，其中，国有控股担保机构 2710 家，占比 52.7%；融资担保在保余额 3.79 万亿元。其中，直接融资担保在保余额 3.26 万亿元，同比增长20.7%。融资担保行业整体处在持续减量增质的发展阶段，在此背景下，融资担保行业如何加快转型发展，提升服务能力，业内正积极进行实践探索，其中，数字化转型是方向之一。

在人员、资本有限的条件下，担保机构亟须通过新技术、数字工具等重塑服务和审批流程，提升运营效率，提高动态运营水平，进而做大担保规模，同时满足动态监管要求。从风险管控角度看，传统风控方式已难以完全支撑线上业务扩展的需求，大数据对多维度、大批量数据的智能化处理和标准化的执行流程，更能贴合信息时代的风控要求，弥补传统风控手段的劣势。数字化风控转型已成为担保机构的必然选择。

与征信或评级只负责信用产业链条中的某一节点或某一环节不同，融资担保业务流程覆盖客户识别、客户信用风险画像、反担保、台账管理、保后管理等一系列的全流程的信用管理流程，因此信用科技在融资担保领域主要体现为融资管理业务的平台化与网络化，通过大数据技术能够以较低的成本收集沉淀更多的企业非财务数据，并加以分析处理。在客户识别方面，需要通过科技管理平台进行自动反欺诈黑名单过滤、反欺诈分析等手段初步筛查客户，其次通过对税收、用电量、业务订单量、现金流量等经营数据与财务数据进行分析和信用等级区分，圈定目标客户并提供相应融资担保服务，之

后需要依靠信用科技进行逐级审核、签订合同、保后检查、逾期代偿追偿、智能日常事项提醒、数据挖掘及图表呈现、风险预警等过程化管理，以实现信用担保业务的科技化与数字化。

信用增进业务与融资担保业务类似，也需要在事前项目筛查准入、事中项目评审、事后跟踪监测的全流程中加强风险控制，以上各个环节都是信用科技的应用环节。在项目筛查阶段，可以积极运用大数据技术主动实施风控前置。在项目落地阶段，可以根据配置规则和风控引擎，运用人工智能技术筛选出符合风险偏好的合格资产，并对每笔业务进行全过程管理。在风险资产的分析方面，可以运用区块链技术，将业务过程中涉及的底层资产信息上链，降低与资产渠道、资金方之间的系统开发及业务对接的复杂度和时间成本，并基于区块链去中心化、不可篡改及可追溯等技术特征，进一步加强对小额、分散资产的风险管理能力。

# 第三节 信用科技市场主体与运行现状

我国具有发展信用科技的有利优势，从宏观金融环境来看，信用融资规模仍处于较快增长，以债券市场为例，全国债券余额从 2008 年的 15 万亿元左右上升至 2021 年的 130 万亿元，年均复合增长率接近 20%。随着我国宏观经济不断增长，各行业的融资需求也将不断提高，加之金融服务不断下沉，庞大的信用融资规模为信用科技的发展提供了足够的土壤。从技术基础看，移动互联、大数据、人工智能等现代技术方兴未艾，信用科技的技术支撑不断增强。本节从市场主体与市场格局两个角度对信用科技的中观行业状况加以简单介绍。

## 一、信用科技的市场参与主体

当前信用科技市场的参与主体主要分为三类[①]，第一类是金融产业链所覆盖的市场主体，主要包括银行、非银金融以及互联网金融机构。第二类是信用产业链所覆盖的市场主体，主要包括征信机构与评级机构等。第三类是独立的科技服务公司，主要为前两类主体提供技术服务及 IT 支撑。

---

① 本节分类标准参考奥纬咨询、中证信用，中国信用科技市场报告，2020，11~12。

## （一）综合信用资产服务机构

综合信用资产服务机构是信用科技的最大需求方，银行以及基金、券商、信托等非银金融机构在授信、投资以及进行信用资产交易时需要对信用工具及相关客户进行较大规模的信用评价，并需要据此做出相关的投融资安排，因此，对于信用科技在增加信息来源、降低内部信评成本、提高信评客观度等方面具有较高的诉求。综合信用资产服务机构对于信用科技的运用存在较大差别，以银行为例，部分银行机构仍然依赖营业网点人工服务，对于信用科技的运用并不充分，特别是部分农商行等底层银行机构对于信用科技的运用意识比较薄弱，信用科技的下沉幅度依然不大。同时，部分券商、基金等市场化非银机构出现一定过度依赖的倾向，凡事都要强调数据化与模型化，对于信评、投资决策过程中的主观能动性有所忽视。

除此之外，一些科技类企业也获得了金融服务牌照，从而拥有小贷、基金等金融资质，且因积累了大量的社交、交易、行为等非经营数据具有一定的信息优势，加之这些企业在互联网领域内积累了大量的信息技术基础，因此也成为信用科技的主要使用方与需求方。以腾讯旗下的微众银行为例，微众银行是中国首家民营银行和互联网银行，同样也是金融与科技融合的典型案例。微众银行在区块链、人工智能、大数据和云计算等关键核心技术的底层算法研究和应用方面开展技术攻关，在 2017 年成为国内首家获得国家高新技术企业资格认定的商业银行。微众银行已跻身中国银行业百强，国际评级机构穆迪和标普分别给予微众银行 A3、BBB+ 评级 。

## （二）独立信用服务商

独立信用服务商的覆盖范围主要是本书所涉及的信用产业链条上的市场主体，主要包括征信机构、评级机构、增信机构与担保机构等。这些机构为了向市场提供有用的信用信息服务，需要运用信用科技在数据沉淀、风险预警、模型分析等方面不断提高服务质量。

以中诚信集团旗下的中诚信征信为例，由其开发的"智象"智能风控系统为金融和类金融机构资产投资和投放提供专业高效的智能风险管理工具和解决方案，产品功能涵盖发债上市等大型公众公司，也包括信贷及非标融资等中小规模企业，并根据产业类、城投类、金融类企业及小微企业等不同风控逻辑分别建模，模块包括风险初筛、风险评价、财务排雷、风险预警、智象智库等，可有效解决金融机构风险审批环节所面临的内部评级风险量化过程黑匣子、信用数据来源单一且碎片化、财报数据难以智能化识别、专家

经验缺乏对标行业或区域数据辅助等难题，并在 2020 年获得《银行家》评选中的"十佳智能风控创新奖"。

在信用服务的平台类企业领域，以国内的宁波森浦信息技术有限公司旗下的 qeubee 终端为例，是首个人民币固收市场行情终端，将全国各个市场的实时行情、覆盖完全的基础数据和领先的综合分析工具整合在同一个平台中，并在此基础上通过互联网技术向信用资产交易领域扩张。其一级承分销管理系统（Primary Centre）是债券销售用于新债营销和招投标流程管理的电子化系统。全面支持利率债和信用债的发行业务，提升债券主承和分销人员的工作效率。智易通交易系统 (Smart Trading Connect，STC) 是为中国"固收交易台"量身定制的量化交易系统，包含以下产品线：债市做市系统、IRS 做市系统、全品种集中式交易平台、债券数据服务。

### （三）第三方科技服务公司

第三方科技服务公司所覆盖的机构主要是为上述两类机构提供 IT 等基础技术支持的机构与公司，前述宁波森浦信息技术有限公司实际上也有大量业务属于第三方科技服务。除此之外，还有彭博社旗下的彭博金融终端（Bloomberg Terminals），以及美国贝莱德集团旗下的阿拉丁投资风险控制系统（Aladdin by Blackrock）等系统，通过科技公司开发的综合性系统软件，为市场提供信用 IT 服务。随着新生金融机构的入市以及信息技术信用系统的普及，信用投资和金融决策亟须优化流程，进而推动信用 IT 市场的繁荣。

## 二、我国信用科技市场的运行现状

### （一）我国信用科技的发展阶段

我国信用科技市场的形成与建立大体经过以下三个阶段。

第一阶段是信用科技发展的奠基阶段，从时间划分上为 1996—2000 年。彼时中国经济正向市场经济体制全面转型，四大国有银行在计划经济体制下形成的不良贷款包袱被初步剥离，以市场为核心的信用市场刚刚起步建立。1996 年，人民银行在全国推行企业贷款证制度。经中国人民银行批准上海市进行个人征信试点，1999 年上海资信有限公司成立，开始从事个人征信与企业征信服务。1999 年末，银行信贷登记咨询系统上线运行。可以说，金融领域的市场化改革在该阶段取得了突破性进展，征信及评级市场初露萌芽，大型国有银行开始建立初步的信贷支持系统。

第二阶段是信用科技的萌芽阶段，从时间划分上为 2002—2008 年。从宏

观金融市场上看,该阶段我国金融市场建设进一步市场化,国有银行进行股改,债券市场也基本形成了全国统一、主体多元、品种丰富的市场架构,该阶段我国的征信、评级以及信用管理行业都随着债券及信用市场的发展取得了长足的进步。另外,2001 年美国互联网泡沫破裂,全球互联网技术红利在我国得到延续和释放,在该阶段已经出现一些 IT 科技型企业和新型业态在征信领域产生并发展。

第三阶段是 2012 年至今。建立在移动互联技术上的大数据、区块链、人工智能以及物联网等技术向纵深快速发展,互联网企业以及信息科技类企业积累了大量的社交类、行为类以及流通类信息,信息与数据逐渐成为重要的生产要素之一,信息科技呈现出加速发展的趋势。由于金融行业、信用产业的发展建立在信用信息基础上,因此信用科技首先与互联网金融、大数据征信等业态相互结合,形成了当前信用科技最常见的应用场景。

**(二)信用科技市场的运行特征**

信用科技的应用行业竞争加剧并呈现新的特点。以征信行业为例,当前我国征信机构之间的同质化竞争激烈,机构的体量整体还不大,持续的盈利模式刚刚起步,各家征信机构也都纷纷抢占信用科技的应用桥头堡,对于征信相关数据的挖掘和应用的竞争也相对激烈。再从评级市场来看,量化评级等产品在近年来也层出不穷,特别是随着惠誉等国际巨头评级企业向金融科技公司转型,国内评级机构也在金融科技领域不断加强投入,信用科技也成为重要的竞争领域与竞争手段之一。

信用科技的监管力度进一步加强,各项法律法规陆续出台。在信用科技的萌芽阶段,由于信用及信用信息立法的缺失与滞后,以及互联网金融等领域出现无序发展,信用科技遭遇了侵害隐私、扰乱金融秩序等指责,在相关部门加强监管以及部分省份出台信用立法的背景下,部分打着金融大数据、金融科技名义但在灰色地带游走的企业纷纷碰到行业监管的"铁墙"纷纷倒下。在对信用信息利用的监管加强态势之下,有行业资质、行业自律能力、行业风险控制能力的企业获得了一定有序发展的空间。

信用科技的应用场景逐渐多元,覆盖人群持续下沉。从最初只有央行、大型国有银行建立一定的信用信息数据库并加以模型化利用,到当前信用产业的各个产业链条都在加大信用科技布局,互联网企业及信息技术公司也在利用数据优势或模型优势弯道超车进入金融行业或信用行业,当前信用科技在信息沉淀、信息分析、模型开发以及征信领域应用已经相对广泛,金融与

科技融合发展的趋势已经不可逆转。

　　线上线下相互结合的商业模式已经建立。无论是在征信领域还是在资本市场信评领域，信用科技过去一直以线上作业为主，而近几年相关行业开始探索线下应用的开展，通过与具体的项目、企业或个人主体的实际对接完成信用科技的具体落地，比如征信供给已经陆续开始探索线下征信的布局，线上作业可以结合线下场景，将业务落地到具体的个人和企业身上，进而成为实体经济和金融整合的紧密衔接点。

# 第十章　信用产业发展趋势

信用产业的发展与现代金融市场发展、市场经济体制建设、社会治理创新以及诚信社会培育程度息息相关。"十四五"时期是我国经济社会高质量发展全面推动落实的重要阶段，信用产业的高质量发展也是重要的组成部分。2022 年 3 月 29 日《中共中央办公厅、国务院办公厅印发〈关于推进社会信用体系建设高质量发展　促进形成新发展格局的意见〉》（中办发〔2022〕25 号，以下简称《意见》）指出："完善的社会信用体系是供需有效衔接的重要保障，是资源优化配置的坚实基础，是良好营商环境的重要组成部分，对促进国民经济循环高效畅通、构建新发展格局具有重要意义"，并指明了征信、评级、增信、社会信用及信用管理等信用产业的未来发展方向。在党中央的高度重视下，我国信用产业发展取得了长足进步，同时又具有较大的发展空间。本章首先分析当前信用产业发展的主要任务，其次分析面临的问题与挑战，然后结合政策环境、市场需求、技术创新，探讨新时代下信用产业发展的新机遇。

# 第一节　当前信用产业发展的主要任务

作为创新社会治理、建设现代金融市场以及优化配置市场资源的重要抓手，信用产业的高质量发展任务重大而艰巨。在社会治理领域，社会信用体系还需加强各类主体信用建设，优化信用环境、创新信用监管，以对促进国民经济循环高效畅通，支撑国内国际双循环相互促进；在金融领域，信用产业的信用产品和服务还需提质增效，扩大覆盖面，充分发挥重要金融基础设施在风险识别、监测、管理、处置等环节的作用；在资源配置领域，还需充分发挥信用在要素市场化配置中的基础作用，加强信用要素的共享整合以及深度开发利用，以坚实的信用基础促进金融服务实体经济。

## 一、加强各类主体信用建设，优化信用环境

早在 2005 年 4 月，《国务院关于 2005 年深化经济体制改革的意见》（国发〔2005〕9 号，以下简称《意见》）中就提出各类主体信用建设的任务。该文件指出，要"加快推进社会信用体系建设。从构建金融信用体系入手，加快建设统一、高效、规范的企业、个人和其他组织的信用体系。加快信用体系保障化建设……加快信用征集和信息披露立法进程，建立信用监督和失信惩戒制度"。党和政府一直高度重视社会信用体系建设。深化社会信用体系四大领域建设（政务诚信、商务诚信、社会诚信和司法公信建设），对于增强社会成员诚信意识，营造优良信用环境，提升国家整体竞争力，促进社会发展与文明进步具有重要意义。该《意见》进一步指出，加强各领域信用建设、优化信用环境对构建国内大循环、国内国际双循环经济新格局具有重大意义。

政务诚信是社会信用体系建设的关键，各类政务行为主体的诚信水平，对其他社会主题诚信建设发挥着重要的表率和导向作用。全面提升政务诚信是提高政府行政效率和公信力的重要手段。党的十八大以来，特别是《法治政府建设实施纲要（2015—2020 年）》贯彻落实 5 年来，各地区各部门多措并举、改革创新，法治政府取得重大进展。在此基础上，2021 年 8 月，中共中央、国务院印发《法治政府建设实施纲要（2021—2025 年）》，其中就加快推进政务诚信建设做出了重要部署。一是提出要建立政务诚信监测治理机制，建立健全政务失信记录制度。一方面需要全方位构建监督机制，着力发展社

会监督和第三方机构评估机制，充分发挥社会舆论监督作用；另一方面要切实做好政府信息的采集归集、及时上报共享，实现政务失信信息在部门间及时全量归集、快捷互通共享。二是提出强化责任追究，"建立健全政府失信责任追究制度"，要求各地政府机构提高诚信意识，建立政务诚信落地和监督机制，确保失信责任落实追究到位，确保失信问题及时整治到位，对"新官不理旧账"等重点问题持续整治。2022 年 3 月，中共中央办公厅、国务院办公厅《意见》第六条则进一步指出要"建立健全政府失信责任追究制度，完善治理拖欠账款等行为长效机制。"

提高商务诚信水平是社会信用体系建设的重点，是商务关系有效维护、商务运行成本有效降低、营商环境有效改善的基本条件。商务诚信建设是完善市场制度、扩大市场体系的基本前提，也是整顿和规范市场秩序的治本之策，还是加强国际合作与交往，树立国际品牌和声誉，提升国家软实力和国际影响力的必要条件。《意见》强调要"推进质量和品牌建设"，并直接提出要"推动企业将守法诚信要求落实到生产经营各环节，培育一大批诚信经营、守信践诺的标杆企业。"此外，《意见》还将"引导外贸企业深耕国际市场，加强品牌、质量建设"作为建设良好信用环境，支撑国内国际双循环相互促进的重要方向。对于加强商务诚信的具体举措，李克强总理在 2021 年的政府工作报告中就提出，要"提升监管能力，加大失信惩处力度，以公正监管促进优胜劣汰"。当前，强化商务诚信建设，优化推进营商环境，要以加强信用监管为着力点，切实提高市场监管能力和质量。在事前监管方面需健全信用承诺制度；在事中推进"双随机、一公开"，实施市场主体信用风险分类智慧监管；在事后环节则需完善联合惩戒机制。2022 年 1 月，国家市场监管总局提出信用分类的任务时间表：2022 年末前争取完成通用型企业信用风险分类管理工作机制的建立健全，2023 年末前实现企业信用风险分类管理与专业领域监管的有效结合，力争用 3 年时间全面实现企业信用分类管理。

社会诚信是社会信用体系建设的基础。围绕重点领域和重点人群加快提升信用建设，有利于形成诚实守信的社会风气，激发全社会创造力和市场活力，推动经济高质量发展。加强社会诚信，需在完善联合惩戒机制的基础上持续深化重点领域和重点人群信用领域监管。针对重点领域，完善重点领域企业清单，强化重点领域企业信息归集公示，加大事后失信惩戒力度，提高重点领域违法成本。2021 年 7 月，国家市场监管总局发布《市场监督管理严重违法失信名单管理办法》（国家市场监督管理总局令第 44 号），聚焦食品、

药品、医疗器械等关系人民群众安全健康的行业和领域，强化其信用约束和失信惩戒。进一步地，《意见》重点强调强化科研、生态环境、社会保障、慈善、农民工用工等重点领域的信用制度建设，要求加大对相关领域违法失信行为的惩戒力度。

司法公信是社会信用体系建设的重要内容，是树立司法权威的前提，是社会公平正义的底线。尽管我国司法公信建设已取得一定成就，但未来仍需持续完善、细化信用制度建设、强化司法执法公信力。2022年2月，司法部会同全国律协开发建设了全国律师诚信信息公示平台开始开放查询，尝试对律师、律所信用状况的"整体画像"和"全景展现"，完善信用信息整合与公示，加强信用约束。中共中央办公厅、国务院办公厅《意见》第六条也再次强调"加强司法公信建设"，并提出加大推动被执行人积极履行义务力度，依法惩治虚假诉讼。

## 二、推动金融领域信用产业高质量发展，打造诚实守信的金融生态环境

我国宏观经济已由高速增长阶段转向高质量发展阶段，并处在转变发展方式、优化发展结构、转换增长动力的攻关期，建设现代化经济体系是跨越关口的迫切要求和我国发展的战略目标。《意见》指出，要充分发挥信用在金融风险识别、监测、管理、处置等环节的作用，建立健全"早发现、早预警、早处置"的风险防范化解机制，并大力"支持征信、评级、担保、保理、信用管理咨询等市场化信用服务机构发展"。信用产业发展，特别是征信和信用评级行业的健康发展，对于防控金融风险、优化金融资源配置、促进金融服务实体经济以及主动有序扩大金融对外开放具有重大意义。

### （一）充分发挥征信行业作用，增加有效金融服务供给

《意见》明确指出"要加快征信业市场化改革步伐，培育具有国际竞争力的信用评级机构"。在中国人民银行等业务监管部门扎实推进征信行业建设下，我国征信业已取得长足进步。未来，为建设与"十四五"规划和2035年远景目标相适应的征信体系，征信业仍需坚持征信市场化、法治化和科技化发展方向，以规范发展、创新提升为主线，以权益保护和信息安全为基本要求，着力构建适应数字时代经济高质量发展的现代化征信体系。

一是提高征信产品应用的深度和广度。2020年3月30日，《中共中央、国务院关于构建更加完善的要素市场化配置体制机制的意见》（中发〔2020〕

9 号）提出，"要推动信用信息深度开发利用，增加服务小微企业和民营企业的金融服务供给"，这需要征信业不断提高征信产品的供给水平，不断加大对有效融资人的产品覆盖程度以满足普惠金融需求。此外，《意见》指出"要加强各类主体信用建设"，这也要求征信行业提高产品覆盖面，完善全方位、多层次信用记录体系，引导市场将诚实守信作为价值导向。

二是提高征信业的信用信息容纳、处理能力。2021 年 12 月，《国务院办公厅关于印发要素市场化配置综合改革试点总体方案的通知》（国办发〔2021〕51 号）提出"要充分发挥征信平台与征信机构作用，建立公共信用信息和金融信息共享整合机制"。这个文件发出的第二天，《国务院办公厅关于印发加强信用信息共享应用 促进中小微企业融资实施方案的通知》（国办发〔2021〕52 号）提出"要在切实加强监管的基础上，稳妥引入企业征信机构依法依规参与平台①建设和运营"。同时，《意见》也要求"征信等机构运用大数据等技术加强跟踪监测预警，健全市场化的风险分担、缓释、补偿机制"。随着金融或类金融机构快速增加，其接入征信系统的意愿更加强烈，由此导致信用信息供给的种类和格式多样化，信用信息需求形式也不尽相同，既挑战现有征信系统的容纳能力，又挑战其处理能力。征信业需借助大数据、区块链等现代科技手段推动实现信用信息的互联互通和信息共享。

三是加强信用信息的安全性，保障征信市场主体的合法权益和信息安全。2020 年 12 月 25 日，中国人民银行副行长陈雨露在国务院政策例行吹风会上强调，"征信信息共享和征信信息保护是一对矛盾，但是我们必须找到它统一的一面。加强个人信息保护，确保征信信息安全，是征信工作的底线，它事关人民群众信息权益保护的问题"。2021 年 9 月 27 日，中国人民银行发布《征信业务管理办法》（中国人民银行令〔2021〕第 4 号），在保障信用信息安全方面，进一步强化完善征信内控制度建设、征信系统安全管理和征信机构人员管理等监管要求。未来，征信行业仍需要结合市场最新发展模式与科技应用，创新监管方式，强化对征信机构的合规要求，推动实现动态、可持续的征信监管，保障征信市场主体的各项合法权益，确保各类征信系统网络环境、技术构架安全可靠。

**（二）提高信用评级质量，推动评级行业高质量发展**

伴随我国债券市场发展和快速成长，资本市场信用评级行业取得了长足

---

① 指全国中小企业融资综合信用服务平台。

发展，已成为金融市场不可或缺的重要基础设施，为债券市场发展做出重要贡献。中共中央办公厅、国务院办公厅《意见》第十七条也对评级行业发展提出了较高要求，提出"加强资本市场诚信建设""培育具有国际竞争力的信用评级机构"等目标。

2021年8月6日，中国人民银行、国家发展改革委、财政部、银保监会和证监会五部门联合发布《关于促进债券市场信用评级行业健康发展的通知》（以下简称《通知》），从加强评级方法体系建设、完善公司治理和内部控制机制、强化信息披露等方面对评级机构提出了明确要求，同时强调优化评级生态，加强对评级机构的监督管理。其中，《通知》明确要求评级机构在2022年末前应建立并使用能够实现合理区分度的评级方法体系，为评级机构变革评级技术体系提供政策窗口期，给予市场各方一定的适应时间和行动调整空间，避免评级结果大幅波动对金融体系带来的严重冲击。此外，《通知》还要求监管机构在对信用评级机构评级质量和全流程作业合规情况的检查中，重点关注评级区分度明显低于行业平均水平等情形。一系列改革措施旨在将评级需求主导权交还市场，有助于评级行业更好地服务投资者，形成评级行业外部激励约束机制。促进评级行业逐步建立以违约率为核心的具有合理区分度的评级体系，也是评级机构发展服务我国金融市场特别是债券市场建设的当务之急。在行业变革趋势下，深化信用分析、完善评级理念与技术，切实提高评级质量以及投资者服务水平将成为信用评级机构的立身之本。长期来看，评级机构需要持续优化评级理念、技术与方法，加大数字化科技投入，完善公司治理和内控制度提高评级质量，推动评级行业回归本源，更好地为我国金融市场建设服务。

同时，评级机构还应在金融市场高水平对外开放发展大势下，积极"走出去"，提升国际话语权，服务实体经济的同时支撑国内国际双循环。对此，评级机构需要加强自身建设，提升评级质量和服务，培育具有国际影响力的本土评级机构。

**（三）增强信用增进与信用管理功能，促进实体融资与普惠金融发展**

《意见》重视支持信用管理咨询等市场化信用服务机构发展，信用增进及信用管理行业仍需进一步发挥分散信用风险、提高中小企业融资效率等重要作用。2021年8月17日，中国人民银行、国家发展改革委、财政部、银保监会、证监会、外汇局六部门联合发布的《关于推动公司信用类债券市场改革开放高质量发展的指导意见》（银发〔2021〕217号）提出，要"提升民

营企业发债融资的可得性和便利度，推动民营企业债券融资支持工具增量扩面"。这需要信用增进、信用担保等信用行业下沉服务重心，扩大覆盖广度。在信用保险业务方面，2021 年 4 月，中国银保监会办公厅发布《关于 2021 年进一步推动小微企业金融服务高质量发展的通知》（银保监办发〔2021〕49号）要求："丰富普惠保险产品业务，更好地为小微企业提供融资增信和保障服务"，这需要保险机构探索创新面向小微企业的信用保险产品，提升承保能力，提高服务效率，提高风险控制能力。2021 年 4 月，中国银行间市场交易商协会修订了《银行间市场信用风险缓释工具试点业务规则》，提出信用增进机构需要进一步创新增信产品，扩大服务的广度与深度，充分发挥信用风险缓释工具促进信用风险分散、支持实体经济融资的作用。

2022 年 2 月，商务部、中国出口信用保险公司发布的《关于加大出口信用保险　支持做好跨周期调节　进一步稳外贸的工作通知》（商财函〔2022〕54 号）提出，"要充分发挥出口信用保险风险保障和融资增信作用，为促进外贸平稳发展创造良好的政策环境"，这要求进出口保险各营业机构积极拓展产业链承保，加大对中小微外贸企业服务保障以及进出口新业态的支持力度。在此基础上，《意见》提出要"优化进出口信用管理"，未来，信用服务机构需要在高水平推进"经认证的经营者"（Authorized Economic Operator，AEO）国际互认合作、推进海关信用制度建设、建立进出口海关监管领域信用修复和严重失信主体名单制度下，积极参与进出口信用建设，辅助打造诚实守信的进出口营商环境。

### 三、发挥信用在要素市场化配置中的重要作用

信用作为金融市场重要的基础设施之一，在促进要素市场化配置中发挥了降低信息不对称、提高资本交易效率、健全要素市场治理等作用，对于推动资本要素服务实体经济发展具有基础性的作用。未来，发挥信用在要素市场化配置中的积极作用，也可从以下三个方面发力：

降低信息不对称方面，2021 年国务院办公厅印发《加强信用信息共享应用促进中小微企业融资实施方案》（国办发〔2021〕52 号）提出，要"充分发挥各类信用信息平台作用，多种方式归集共享各类涉企信用信息，破解银企信息不对称难题""完善信用评价体系，创新金融产品和服务，加大信贷资源向中小微企业倾斜力度"等目标。《意见》进一步强调"发展普惠金融，扩大信用贷款规模，解决中小微企业和个体工商户融资难题"，实际上是要求信

用产业应发挥资源配置引导作用，特别是加强对于中小实体经济的支持力度，同时对信用信息的传导与共享整合提出了更高要求。信用信息的有效流通能够缓解资金供给方、需求方以及监管部门、被监管对象之间的信息不对称，进而优化金融资源配置。

提高资本交易效率方面，信用不仅在资本交易中承担了信息披露职能，还能通过标准化的符号、报告等反映风险状况，从而影响资本交易价格，提高交易效率。《要素市场化配置综合改革试点总体方案》中提出，要"依托信用信息共享，推广'信易贷'模式"。《意见》也提出要"加强公共信用信息同金融信息共享整合，推广基于信息共享和大数据开发利用的'信易贷'模式，深化'银税互动''银商合作'机制建设"。未来贷款规模与价格和信用直接关联，有助于降低金融机构和投资者的信息收集和风险识别成本，促进市场在资源配置中发挥主导作用。此外，近年来监管部门不断加强对评级质量的监管，中国人民银行、国家发展改革委、财政部、银保监会、证监会2021年8月6日发布的《关于促进债券市场信用评级行业健康发展的通知》中着重强调"加强评级方法体系建设，提升评级质量和区分度"，旨在促进评级机构加强自身建设，提升评级质量，更好地发挥评级在债券定价中的作用，便于投资人衡量债券价值的同时，也有助于发行人获得公平定价。未来更好地发挥信用在金融产品定价中的作用将成为要素市场化配置的重要方向之一。

健全要素市场治理方面，2021年12月21日，《国务院办公厅关于印发要素市场化配置综合改革试点总体方案的通知》（国办发〔2021〕51号）提出，要"加强要素交易市场监管。健全要素交易信息披露制度。深化'放管服'改革，加强要素市场信用体系建设，打造市场化、法治化、国际化营商环境。规范交易行为，将交易主体违法违规行为纳入信用记录管理，对严重失信行为实行追责和惩戒"。这一目标也对社会信用体系建设过程中的信用监管提出更高要求，未来监管部门将强化失信联合惩戒机制，提升要素交易监管水平。此外，未来金融监管部门也需结合新发展格局的要求，不断创新资本市场信用监管体制，持续推动完善具有中国特色的证券民事诉讼机制，敦促证券服务机构尽职勤勉，引导融资主体诚实守信。

# 第二节　信用产业发展面临的主要问题与挑战

　　信用产业在我国经济社会发展中的作用日益凸显，应用场景愈加深入与广泛，但随着经济社会高质量发展所提出的新要求，信用产业产品和服务质量不足、覆盖面有限、信用信息的共享与整合不足、信用监管机制不完善等问题导致其在社会信用体系领域、金融市场领域以及生产要素市场化配置领域中的运行与发展依然面临一些问题与挑战。

## 一、信用产业发展尚不能充分支撑社会信用体系建设需求

　　随着社会信用体系建设工作的不断深化，各领域对信用产品及服务的需求也越来越高，但信用产业的发展程度尚无法充分满足社会体系的建设需求。

　　一是部分信用服务机构诚信经营水平和信用服务行业公信力不足。信用服务机构是社会信用体系建设的重要一环，信用服务机构依法诚信经营，践行诚实信用、公平竞争等原则，才能维护信用服务市场正常秩序。目前，第三方信用服务机构仍存在如非法收集个人信息、低价格高级别兜售信用评级证书、违规开展信用修复等一系列失信行为，不仅误导消费者，侵犯信用主体权益，也扰乱了信用服务市场秩序，不利于维护社会信用环境。

　　二是社会信用产品及服务功能缺失。我国社会信用服务业务规模和服务质量远未达到预期。当前我国社会信用服务机构多数机构规模较小，专职人员不足，业务量小，稳定性较差，大多数机构的服务对象主要集中在政府的招投标市场，其他方面的社会信用应用场景大都在初级阶段，特别是开发的市场急需的信用产品和项目不多，没有形成较大规模的行业生态。从区域看，社会信用服务机构的地理分布区域不均衡，经济落后地区信用建设尚未发展成熟，信用服务机构的数量和服务水平与经济发达地区相比存在较大差距。

　　三是信用信息的共享与整合不足。一方面，在社会信用平台建设领域，官方的国家发改委信用信息中心和各省对应机构，基本上只归集了公共信用信息，缺少市场信用信息，尚未形成公共信用服务机构与第三方信用服务机构间规范、有序的信息共享整合机制，导致信用信息资源分散，尤其是信用服务机构信息来源有限，信用数据的汇聚整合和关联分析难以实现；另一方面，国家尚未形成统一信用服务行业标准，区域信用报告互信难以实现，且

征信、评级、咨询、社会信用创新产品等相互关联紧密的产业体系相互脱节，信用信息流动不畅。

四是信用信息应用领域较窄，社会信用意识薄弱。信用信息的生命关键在应用。在城市惠民信用建设中，因共享经济、互联网经济等的迅速崛起，带动了互联网信用产品的繁衍，但受制于大数据、互联网等技术发展水平，目前信用应用领域有限，创新不足，应用不广，未能对市场主体积累信用资本形成足够激励，在一定程度上导致全社会信用意识依然相对薄弱。

## 二、信用产业发展尚不能完全满足现代金融市场建设诉求

伴随着我国资本市场的快速发展，征信、评级以及信用增进与信用管理等行业取得了长足发展，为资本市场的发展做出了重要贡献，已经日益成为不可或缺的金融体系重要基础设施。但部分领域的信用产品和服务质量依然不足，难以充分满足建设现代金融体系的战略目标。

以征信市场为例，整体行业发育尚不充分，其中部分征信业务方面与市场需求匹配不足，部分领域依然存在覆盖广度不足、信用信息有限、征信机构单一、产品和服务同质化等突出问题。此外，我国的征信市场也面临着传统征信模式的转型，传统模式难以对缺乏信贷记录，甚至没有信贷记录的"白户"进行信用信息征集与信用评价，导致征信对有融资需求的主体覆盖度不足，而这类主体恰恰是普惠金融的重点服务对象。针对此类问题，部分征信机构已开始尝试通过先进的数字化手段和替代数据等模式提高金融的可获得性，但目前尚未形成全行业的标准做法。总体上看，征信市场还需进一步的规范与鼓励，加强征信产品与服务创新，提高信用信息的深度利用，不断满足金融、经济与社会对于信用信息的需求。

从评级市场发展看，随着我国债券市场打破刚性兑付，信用风险事件加速暴露，信用评级中枢上移、区分度不足、事前预警能力弱等问题日益凸显，导致信用评级功能存在一定程度的扭曲。在监管机构力促评级市场由"监管驱动"向"市场驱动"转型的过程中，我国的评级市场还需要在各个方面不断提高评级质量，包括且不限于优化评级方法、加强评级区分度、增强违约预警、强化合规体系、加大研究力度等。只有更加强大有效的评级体系才能支撑我国债券市场进一步扩容，实现资本市场信用风险的有效识别、定价与信用风险防控。

在信用增进与信用管理层面也存在一定市场发育不完善、不充分的问题。

我国信用增进公司的业务规模不能匹配我国庞大的债券市场规模，难以完全满足债券市场发行人的增信需求。一些地方虽然设立了信用增进公司，但由于公司规模较小、信用水平不足，以及尚未取得信用风险缓释工具和信用保护工具交易商等各类资质的原因，导致其难以充分开展信用增信业务。此外，信用增进相关法律法规、制度文件制定也相对落后，监管体系尚不健全，制约着信用增进机构的规范发展。在信用管理方面，信用担保行业普遍存在对于中小微企业服务供给不足，难以满足多元化主体的融资需求的问题；我国信用衍生品市场发展较为滞后，目前产品设计较为保守，创新性不足，限制其风险缓释功能；信用保险与金融机构合作不足，信保融资产品种类和创新性有限，服务普惠性不足，其中进出口信保对跨境电商、海外仓等外贸新业态形式承保支持力度有限，对产业链细分领域保险服务仍不够精准。

总体上看，我国信用产业的发展略滞后于迅速发展的金融市场，一定程度上制约金融市场进一步繁荣发展。

### 三、信用产业发展尚不能充分满足生产要素市场优化配置要求

信用是获得信任的资本，也是评价土地劳动、资本与科技等生产要素质量与水平的重要方面，只有将资源配置给诚实守信的经济与社会主体，才能实现社会财富的安全与创造，提高资源配置效率。从这个角度看，目前我国信用产业发展水平尚不能完全满足要素市场化配置的需求。

一是信用产业对市场主体的信用区分度不足，信用评价的准确性有限导致资源配置效率和定价效率不高。以征信、信用评级为主的业态形式是社会、市场参与者以及监管部门了解信用主体信用水平的重要抓手。相关信用活动通过降低交易双方信息不对称、揭示信用风险、进行风险定价等功能有效降低交易成本，提高资本要素的定价效率与配置效率。但由于目前我国信用产业在风险评估技术、信用人才、信用市场规模等领域仍存在一定不足，对市场主体和信用工具进行全面、完整、准确的信用评估水平依然亟待提高。

二是信用产业服务对中小微主体覆盖度不足，导致金融资源配置普惠性不足。受限于当下信用信息挖掘技术和风险管理水平，我国信用产业的资本市场信用评价对象和增信、担保服务对象主要集中在大中型企业和国有企业，而对小微企业和民营企业信用服务供给相对有限，导致金融资源配置更多倾向于规模较大的市场主体，而不一定是效率最高、信用水平最高的主体。中小微企业作为市场活力和创造力的主要载体，仍然面临融资难、融资贵的困

境，部分信用资质较高的中小企业也较难获取金融等经济社会资源。

三是信用监管机制不完善。早在 2019 年 7 月 9 日，《国务院办公厅关于加快推进社会信用体系建设　构建以信用为基础的新型监管机制的指导意见》（国办发〔2019〕35 号）就已出台，收文单位是"各省、自治区、直辖市人民政府，国务院各部委、各直属机构"，对 22 项重要工作做了分工，两年多过去了，总体来看，推进力度不是很大，效果不是十分明显。当然，这是一项长期的工作，需要持之以恒，久久为功。但是，从当前看，市场主体诚信缺失有时导致要素获取与配置缺乏公平性，失信联合惩戒的常态化机制还不够健全，信用信息未能有效整合与共享问题尚未有效解决，导致信用监管水平不足，对失信行为的震慑程度有限。在要素获取与交易过程中，市场主体违约、失信、造假等诚信缺失行为均在不同程度上影响市场经济秩序，导致要素的市场化配置缺乏公平性，社会创造性和积极性下降等诸多问题。

# 第三节　新时代下信用产业发展的新机遇

政策的高度重视，市场需求的不断扩大以及新技术的不断革新为信用产业发展提供了良好的发展机遇。

## 一、中央高度重视信用体系建设和信用产业发展，政策迎来利好

信用产业和信用体系兼具金融功能、经济功能和社会功能，是建设现代化金融体系、提高经济效率和营造公平诚信的社会环境的基石。立足高质量发展新阶段，国家高度重视信用产业发展和信用体系建设。

社会信用体系建设是发展现代化市场经济和推动社会治理创新的关键，国家领导人曾多次在重要讲话中提及"完善社会信用体系""加强失信惩戒"以及"建立健全以信用为基础的新型监管机制"。在李克强总理政府工作报告安排 2022 年政府工作任务第九项"切实保障和改善民生，加强和创新社会治理"部分，强调"健全社会信用体系"。市场建设层面，2021 年 1 月中共中央办公厅、国务院办公厅印发《建设高标准市场体系行动方案》提出，要"加大'信易贷'模式推广力度，支持开展信用融资，拓展贷款抵押质押物范围"，以及要"完善市场主体信用承诺制度""大力推进信用分级分类监管"，旨在深化信用体系建设，进而发挥信用体系在要素配置和市场管理中的重要

作用。中共中央办公厅、国务院办公厅《意见》对社会信用体系建设进行全面系统安排的一部重要政策性文件，为社会信用体系建设工作定义了全新的高度，给予了更高的期望，也提出了更高的要求，并指明了从健全信用机制、优化信用环境、坚实信用基础、强化信用监管和信用服务等优化信用体系建设的清晰方向。上述政策对强化社会信用体系建设产生强大助推力，并为如何发挥信用在市场经济和社会治理中的重要作用提供了依据。

在征信行业和信用评级行业方面，2020年5月11日发布的《中共中央　国务院关于新时代加快完善社会主义市场经济体制的意见》（中发〔2020〕10号）这份最高级别文件首次要求"健全覆盖全社会的征信体系，培育具有全球话语权的征信机构和信用评级机构"。2020年10月党的十九届五中全会通过的"十四五"规划进一步强调"加强征信监管，推动信用服务市场健康发展"。信用评级是重要的金融基础设施，中国人民银行等六部门发布《关于推动公司信用类债券市场改革开放高质量发展的指导意见》中将"强化信用评级机构监管，提升信用评级质量"作为债券市场高质量发展和推动资本市场对外开放的重要任务之一。中共中央办公厅、国务院办公厅《意见》同样强调征信、信用评级等信用服务产业对提升社会诚信水平的重要作用，并强调加强信用服务市场监管和行业自律，促进有序竞争，提升行业诚信水平。上述指导意见阐明了征信和信用评级在新发展格局中的重要作用，并为征信与评级市场的高质量发展指明了方向。

在信用增进与信用管理领域，国家政策积极推动信用保险、融资增信等行业助力增强微观主体活力。"十四五"规划也明确要"健全融资增信支持体系"，以激发各类市场主体活力。信用衍生品方面，2021年12月，中国人民银行、银保监会、证监会、外汇局四部门发布《关于促进衍生品业务规范发展的指导意见（征求意见稿）》，在对现有监管规则进行集中整合的同时，要求进一步补齐监管短板、强化机构内控管理要求、加强投资者保护，为"规范衍生品业务，促进境内衍生品市场健康发展"奠定基础。2022年《意见》第十七条则明确提出"各级有关部门以及公共信用服务机构依法开放数据，支持征信、评级、担保、保理、信用管理咨询等市场化信用服务机构发展。"

### 二、市场需求不断扩大，信用产品愈加丰富

#### （一）消费金融发展需求推动征信行业发展

在构建以国内大循环为主体、国内国际双循环相互促进的新发展格局过

程中，我国的宏观调控政策将更加倾向促进国内消费，消费对于宏观经济增长的贡献将逐步提升。消费金融作为一种为满足居民对最终商品和服务的消费需求而提供信贷的现代金融服务方式，在我国得到了快速发展。消费金融范围和人群的不断扩大，使其成为促进消费、拉动内需的主要动力引擎，也为征信行业发展提供广阔空间。

消费金融属于消费信贷，尽管单笔消费信贷金额小，还款期限较短，但由于资产担保或保险制度不够完善，信用风险较高。在信用审核环节，由于客户与机构信息对称性问题严重，导致贷款机构无法精准判断客户信用风险，贷款机构需要借助征信体系对客户进行信用刻画。目前商业银行和持牌消费金融公司主要依赖央行的征信系统，而互联网金融巨头企业依靠自身的大数据优势拥有独立的个人信用体系。这两种征信系统覆盖范围有限，收集信息相对片面，部分潜在客户无法实现充分开发。随着消费金融规模的逐渐扩大、应用场景不断丰富，市场对征信服务和产品的需求也不断扩大，同时也对征信产品和服务的质量与覆盖度提出了更高的要求。

### （二）债券市场扩容需求为信用评级创造发展新契机

我国债券市场规模依然在不断扩大，结构不断在完善，扩大直接融资占比也是我国金融领域改革的重点任务之一。随着更多民营企业参与到资本市场，难免会有更多信用资质相对较低的企业参与到债券融资中来，信用风险识别和定价的需求将进一步凸显，同时也为信用评级提供了新的发展空间。随着民营企业债券融资支持机制的不断完善，市场对信用评级的需求也将增加。此外，随着债券市场结构完善，评级机构对中小企业、民营企业评级业务增多，有利于积累评级经验，进而提高评级质量。

### （三）信用应用的创新需求推动社会信用体系建设不断升级

社会信用行业目前主要形成了政府创新用信和信用便民惠及两大类创新信用应用场景。政府用信主要集中于信用监管机制以及"信用＋政务服务"模式创新。便民惠企应用主要以"信易＋"形式为主，充分发挥信用资本的作用，让守信主体在融资借贷及医疗、旅行等日常生活中享受到更多信用红利。信用应用场景的不断增加不仅有利于社会形成良好诚信氛围，更有利于提高对信用产品和服务的需求与质量要求，能够推动社会信用服务行业的供给侧改革。政府用信需要第三方信用服务机构在信用监管中充分发挥事前风险预警、事中信用评价、事后信用管理咨询与信用修复等作用。加强信用便民惠企服务、打造信用城市则需要信用服务机构发展大数据征信技术，加大对信

用信息应用融合模式的探索，强化信用数据的深度利用。

**（四）企业融资渠道多样化催生对信用增进和信用管理服务需求**

中小企业需求相匹配的信用产品日益增多，拉动了信用增进和信用管理服务的需求。信用增进与信用担保是企业外部增信、分担信用风险的有效手段，随着供应链金融等新型融资方式的发展与推广，市场对其需求也将扩大。信用保险不仅能对冲企业信用交易中的风险，还能通过发挥风险保障功能解决融资需要，随着信保融资产品种类丰富，信用保险的融资功能愈发凸显，将推动信用保险需求增加。信用衍生品是债券市场重要的防风险工具，民企债券融资支持机制的进一步完善将推动信用衍生品市场的不断发展，品种更加多元，覆盖领域也将日益广泛。

### 三、技术创新夯实产业发展基础，信用数据扩容增效

科技与信息技术的创新与进步带来信用产业技术变革，催生了信用科技的发展，让信用产业不再局限于传统信用服务模式，提高了信用产品与服务的多样化水平。《意见》更是明确了"要支持金融机构和征信、评级等机构运用大数据等技术加强跟踪监测预警"。信用数据的广泛收集、深度分析和安全保证是支撑信用产业运行与发展的基础，大数据等现代技术在信用数据领域的应用则为信用科技的发展提供了坚实的基础。

**（一）数据收集效率不断提高**

随着大数据等技术的不断发展以及移动平台等数据收集终端的更新换代，信用产业对数据的需求越来越大，对数据规模的要求也越来越高。同时，互联网金融的发展也让信用数据愈加丰富、多元化，但数据清理与分析的难度加大。基于新技术发展的数据收集方法极大地提高了数据收集效率，为海量数据分析与挖掘奠定基础。

基于移动平台的信用数据收集。随着移动互联网时代的兴起和数据量的大规模爆发，从移动端收集用户信用数据的需求越来越多。移动端的个人信用行为发生频率、次数都会造成数据报送和查询的"密度"有很大不同，同时实时性要求提高，获取数据难度相对较高。移动平台的信用数据收集主要通过手机 App 实现，基于一定的算法和内置程序，用户在 App 上的操作会被记录转换为行为信息，通过这些数据信息，可以对用户进行身份识别和数据刻画，从而进行信用分析。基于移动平台的信用数据收集方法突破了地域限制，数据的时效性更强，能够实现个性化数据收集，提升了数据多样化程度。

　　基于"互联网+"的信用数据收集。"互联网+"是互联网思维的实践，运用到信用产业意味着利用信息通信技术以及互联网平台，让互联网与信用行业深度融合，创造新的发展生态。目前，人们日常生活对互联网的依赖逐渐增强，部分线下活动转移到线上进行，从而在互联网上留下众多个人征信信息和信用记录，如电子商务购物数据、社交网站数据、第三方支付数据等，构成互联网信用数据来源。基于"互联网+"的信用数据收集方法以开放式互联网为载体，抓取、采集和整理个人及企业在使用互联网时留下的数据信息，信用数据收集的边际成本相对较低，显著提高了数据收集效率。

　　基于区块链的信用数据收集。互联网时代信用数据的产生不再局限于数据源，也从数据维度层面大幅增加，因此数据的多中心特征日益明显。而区块链本质就是一种处理增量数据记录与存储的"分布式账簿"技术，可以通过去中心化、去信任中介的方式利用计算机网络中的所有节点集体维护信息的安全性和可靠性。基于区块链技术收集信用数据具有数据来源丰富、可拓展性强等特点，能够根据场景需要随时拓展数据来源，保证数据的全面性、真实性、安全性，较好地解决了当前信用行业存在的信息平台独立性不强、信息孤岛等问题。尽管区块链技术具有去中心化、信息不可篡改等优点，但复杂的设计结构大幅降低了运行效率，广泛应用还有很多需要突破的难点和障碍。

### （二）数据处理与分析不断深化

　　大数据时代下，信用数据来源非常丰富且数据类型多样，存储、分析和挖掘的数据量庞大，对数据呈现的要求较高，也更加看重数据处理的高效性和可用性。数据处理与分析技术的发展为海量信用数据处理提供了技术支持，大幅提升数据处理速度与数据挖掘深度，丰富数据分析结果呈现与应用。

　　基于云计算技术，收集到的信用数据可存放至云端，随时取用，便于实时进行信用分析；通过把云计算与数据挖掘技术结合，还可以快速从海量信用数据中提取有价值信息，强大的计算能力增强了信用机构的数据处理能力；云计算存储数据对设备要求较低，保障了不同设备之间的信息也能同时共享，降低计算机设备购置费用，提高运营效率。将云计算技术应用到信用行业能有效解决信息孤岛问题，通过浏览器就可快速获取不同数据库以及不同部门的信用数据，同时云计算快速的计算能力和更大的存储空间也能更快速地更新数据，更加全面记录信用信息，同时避免数据存储过程中可能存在的丢失风险，提高数据稳定性。

人工智能有助于提高信用信息处理能力较弱的现状，主动发现信息中的问题并加以解决，在确保安全的前提下提高处理速度。人工智能技术运用到信用行业中，具有两点优势：一是在模式识别方面，人工智能借助机器学习和神经网络深度学习可以有效解决交易场景中的身份识别问题，让行为主体与信用数据实时匹配，保证数据处理的安全性和有效性；二是在信用分析及预测方面，人工智能可以通过降低人工干扰对风险评估结果的影响来提高评估公平性，并借助复杂算法实时调整评估结果。人工智能的信用模型学习过程非常复杂，虽然能提高信用预测的准确性，但受算法限制，存在不能从理论上解释结果的现象，也限制了人工智能在信用评估中的应用。

大数据技术可以更广泛、全面地收集和处理信用数据。从流程上看，大数据的基本处理流程与传统数据处理流程并无太大差异，主要区别在于：大数据可以基于 MapReduce[①] 等方式进行并行处理，同时处理大量非结构化的数据。MapReduce 能够有效提高数据的处理速度，对数据一致性要求不高，特别适用于结构化、半结构化及非结构化信用数据的混合处理。此外，大数据技术中的分布式挖掘和深度学习技术可深度挖掘不同信用数据的关联性，形成对个体信用状况的描述模式或属性规则，然后通过构建机器学习模型和海量训练数据提升信用分析与预测的准确性。

### （三）数据安全机制不断完善

互联网技术的发展加速了信用经济的发展，为生活带来便利的同时，也存在通过各类软件应用或者网站泄露个人信息的安全隐患，急需新技术加强信用信息保护，推动信用经济健康发展。

区块链是提升信用数据安全机制的重要技术手段，可以通过加密技术并利用数字算法保护用户隐私，具有不可篡改、可追溯、隐私保护等特性。一方面，区块链的去中心化保障每个节点具有自行修复的功能，部分节点出现故障，其他节点仍可正常运行，信息交互可以不被中断。链上各节点共同参与记账，且账本唯一，可有效防止对信用数据的篡改。同时，数据上传都带有时间记录，各区块只能按照顺序追加的方式相互连接，使得数据可追溯。在该体系中，交易参与双方是基于点对点模式，信息也是点对点传输，所以

---

① MapReduce 是一种编程模型，用于大规模数据集（大于 1TB）的并行运算。概念"Map"（映射）和"Reduce"（归约），当前的软件实现是指定一个 Map（映射）函数，用来把一组键值对映射成一组新的键值对，指定并发的 Reduce（归约）函数，用来保证所有映射的键值对中的每一个共享相同的键组。

信用主体在互联网上留下个人信用信息时，即使没有第三方参与，也不会出现信息泄露的风险。另一方面，区块链同时具有对称加密、非对称加密、授权技术等，可以实现对数据所属方的隐私保护，并在保护隐私的前提下，实现数据的匿踪共享。区块链上各节点上传数据时，区块链技术可以对用户信用数据进行加密处理，链上的数据皆以密文形式存储。各机构拥有不相同的私钥，私钥可允许机构对自己的数据进行修改，但在没有得到其他用户或机构授权的情况下，数据访问方无法直接查看或获取对方信息，保证数据隐私不被侵犯。同时，利用加密算法还可以实现精准、灵活地进行信息共享。

### 四、不同细分行业将进入各自发展新阶段

在前述政策重视、需求引领、技术支撑的共同作用下，以及信用产业链条上各行业间的相互补充与促进下，不同细分行业将各自迎来新的发展机会，并最终形成更加多元、丰富、繁荣的信用产业生态。

征信行业将在政策引领下以市场化、法治化和科技化为发展方向，以规范发展、创新提升为主线，以权益保护和信息安全为基本要求，逐渐构建起适应数字时代经济高质量发展的现代化征信体系。一是在覆盖度方面，将按照"建立覆盖全社会的征信系统"的目标，继续推进征信市场基础设施建设，扩展信用信息共享覆盖范围，构建形成多层次、全方位、宽领域的征信体系。二是在参与度方面，征信行业将进一步市场化发展，在人民银行的引导下国有资本、民营资本和社会力量积极参与，征信产品和服务更加丰富。三是在科技水平方面，将强化大数据、互联网等科技手段在数据归集、数据分析以及信息安全中的应用。四是在征信监管方面，有望实现动态、可持续的征信监管，征信业务将在完善的法律法规框架下应用新技术创新，监管在致力于提升征信服务能力的同时，将更加注重信息安全和个人隐私保护。

随着评级行业改革进程加快，评级行业发展将由监管驱动向市场驱动转变，市场机制在评级选择和评级结果认可中的作用越来越重要，进而更好地发挥声誉机制对评级机构的约束作用。随着相关改革举措的落地，有望逐步形成评级行业外部激励机制，促进评级机构深化信用分析、完善评级理念与技术，切实提高评级质量以及投资者服务水平，推动评级行业更好地服务于债券市场发展大局。随着我国评级行业对外开放进程加快，国内评级机构将进一步熟悉国际市场规则，通过竞争对话提升自身评级技术和评级质量。同时，国际评级机构进入国内市场，也将加速国内评级市场的资源整合。此外，

在评级行业由监管驱动向市场驱动发展模式转变过程中，我国评级行业也将进一步与国际市场接轨，促进评级行业的规范化和国际化发展。

我国社会信用体系建设将迈向高质量发展的新阶段，社会信用体系建设将提质升级，顶层设计不断完善，社会信用体系建设法治化、规范化、制度化水平不断提升，各地各部门社会信用体系更加健康有序发展。一是信用立法加速推进。法律的规范性和引领性将更密切地结合，通过设定相应的权利义务，使其转化为具有权威性、引导性、激励性、约束性的刚性规定。近年来社会各界高度关注信用立法，尤其是近年来全国人代会、政协会有关信用立法的建议和提案在不断增加。据新华信用网站 2022 年 3 月 9 日 16 时 51 分报道，制定社会信用法连续三年被列入立法规划或立法工作计划。该报道称，全国人大常委会委员长 3 月 8 日《全国人民代表大会常务委员会工作报告》，"制定信用社会立法项目"名列其中。近年来，国家发展改革委为推动社会信用立法做了大量的、卓有成效的工作。最有权威的立法要求见 2022 年 3 月 25 日《中共中央、国务院关于加快建设全国统一大市场的意见》（中发〔2022〕14 号），该文第七条明确提出："加快推进社会信用立法"。二是区域信用体系建设不断深化。地方政府通过探索区域合作，促进"信用"治理模式转变和创新，大力推进先试先行经验的交流和推广，社会信用产品和服务应用在各地能有效应用和落地。三是信用监管制度进一步完善。联合奖惩监管体系对重点领域和重点人群信用领域监管将持续深化。以第三方评价为重要抓手完善诚信监督体系，信用监管将着力发展社会监督和第三方机构评估机制，畅通民意诉求渠道，充分发挥社会舆论监督作用。四是"信易贷"规模将显著提高，促进金融服务实体经济。随着社会信用体系建设工作深入推进，信用支撑金融服务实体经济将在更大范围内发挥作用。五是建设与新技术和数字经济时代相适应的社会信用体系。依托人工智能、云计算、区块链等技术，发挥和创新平台经济和数字经济的商业模式，与智慧城市建设发展深度融合，社会信用产品和服务朝着更智能、更普惠的方向高质量发展，推进社会信用体系建设从制度设计、平台建设到业务流程都更为成熟和完善。

在国家增强微观主体活力的市场布局下，信用增进行业将持续发挥经济杠杆作用，引导社会资源和生产要素投向中小微、民营企业及绿色环保产业。信用增进行业将持续完善风控体系和风控技术，使其信用增进服务一方面可以合理降低、分散、转移投资人面临的信用风险，保障投资人的权益，另一方面可以通过风险识别、风险控制、风险分散、风险组合等先进的管理方式

对企业进行全程监管，减少其出现信用风险的概率，促进资金的融通。此外，在"碳达峰、碳中和"战略目标下，信用管理业将进一步在绿色金融领域积极尝试，丰富业务模式，推动绿色环保产业发展。

信用管理细分行业将持续建立健全法律法规，为规范化发展奠定基础。信用担保行业将聚焦支农支小担保主业，切实缓解中小企业融资难、融资贵等问题。同时进一步优化担保体系层级以增强担保机构的资本实力、专业能力和风险分担能力；信用衍生品将创新发展更多的衍生品品种，推动和促进整个信用衍生品市场的流动性，提升信用交易市场有效性，助力市场参与者管理信用风险；信用保险行业将加大对中小微企业的服务力度，加大对跨境电商等新业态的承保力度，并深化对产业链细分领域的精准服务。

# 参考文献

［1］毕家新.美国征信体系模式及其启示［J］.征信，2010，28（2）：3.

［2］蔡浩，吴雪梅.债券信用评级市场将迎来新变革［J］.金融博览，2021（9）：2.

［3］鄂志寰，周景彤.美国信用评级市场与监管变迁及其借鉴［J］.国际金融研究，2012（2）：9.

［4］郭仌，成睿，王桂君.信用增进机制在银行间债券市场的重要作用与面临的挑战［J］.金融市场研究，2013（7）：10.

［5］何德旭，张斌彬.全球四次债务浪潮的演进、特征及启示［J］.高等学校文科学术文摘，2021，38（4）：2.

［6］何杰.地方政府融资平台信用增进和转型发展方案［J］.中国财政，2018（15）：3.

［7］何亚斌.产权经济学理论在中国的市场实践［M］.北京：中国金融出版社，2020.

［8］华泰证券课题组，王翀.场外衍生品业务风险管理难点及对策［J］.金融纵横，2020（5）：9.

［9］黄余送.全球视野下征信行业发展模式比较及启示［J］.经济社会体制比较，2013（3）：8.

［10］李丹，伦杭，聂逆，等.国际三大评级机构信用评级定义及方法研究［J］.2022（8）.

［11］李蕾，王雪.论我国互联网征信业务发展［J］.征信，2016（8）：5.

［12］李晓东，朱莲美.债券信用评级抑制债券违约风险的信息机制研究——基于债券违约视角的分析［J］.产业经济评论，2022（1）：14.

［13］李雨桐.债券保险业务助力宽信用"最后一公里"［J］.债券，2018（12）：5.

［14］李芸，许晓青，梁元.美国信用衍生市场发展的经验借鉴［J］.金融经济，2008.

［15］刘怡莹.我国融资性担保公司的法律问题研究［J］.经济与社会发

展，2014，12（1）：3.

［16］罗平．外部信用评级与内部信用评级体系［M］．北京：中国金融出版社，2004.

［17］吕进中．征信市场管理实践的国际经验及启示［J］．福建金融，2014（A02）：6.

［18］毛振华，闫衍．信用评级前沿理论与实践［M］．北京：中国金融出版社，2007.

［19］毛振华．打造有公信力的中国评级业推动信用体系建设迈入新纪元［J］．福建金融，2014（A02）：4.

［20］毛振华．双底线思维——中国宏观经济政策的实践和探索［M］．北京：中国人民大学出版社，2020.

［21］聂飞舟．美国信用评级机构法律监管演变与发展动向——多德法案前后［J］．比较法研究，2011（4）：10.

［22］屈宇飞，叶子晟，周超．双轮驱动框架下我国个人征信行业发展对策研究——基于百行征信的观察［J］．征信，2019.

［23］沈凤武，郭海川，席宁．信用评级理论方法综述［J］.2021（2011-12）：86-89.

［24］宋湘燕，巴晶铝．美国个人征信市场发展［J］．中国金融，2017（4）：2.

［25］佟连洪，金兵兵．信用增进纾解民营企业融资难［J］．征信，2019（4）：4.

［26］王焕舟，洪銮，颜欢，等．以金融衍生品助力实体经济——通过利率和信用衍生品业务进行风险管理［J］．金融市场研究，2018（2）：8.

［27］王宗鹏．我国信用风险缓释工具发展研究［J］．时代金融，2019，000（007）：67-68，71.

［28］吴晓冀．国家融资担保体系建设研究［J］．新金融，2020，000（005）：60-64.

［29］吴祖光，万迪昉，吴卫华．国际信用评级监管改革对我国信用评级行业的启示［J］.2021（2013-4）：58-77.

［30］夏凡，姚志勇．评级高估与低估：论国际信用评级机构"顺周期"行为［J］．金融研究，2013（2）：10.

［31］徐德顺．商务信用体系创新发展建议［J］．宏观经济管理，2017

（2）：5.

［32］徐启昌.中美征信市场比较［J］.中国金融，2015（21）：2.

［33］薛文平.开放背景下的中国信用评级机构发展研究［J］.现代商业，2021（15）：3.

［34］闫妍，李博.付费主体差异对信用评级结果的影响机制研究［J］.中国管理科学，2022，30（1）：11.

［35］闫衍.推动信用评级业高质量发展［J］.中国金融，2020（18）：3.

［36］闫衍.新形势下债市信用评级健康发展［J］.中国金融，2021（22）：3.

［37］于建新，章承涛，李广正，等.信用评级质量检验机制探讨——基于评级结果与债券定价一致性的视角［J］.征信，2022，40（2）：6.

［38］俞勇.回望危机：信用衍生品的功能，风险与启示［J］.金融博览，2019（5）：4.

［39］战友.信用增进公司发展研究［J］.西部金融，2020（11）：5.

［40］张宝云.基于"互联网＋政务服务"的社会信用体系建设［J］.中国新通信，2020（1）：1.

［41］张凯旋.我国社会信用体系建设的现状，问题及对策分析［J］.视界观，2020.

［42］张陆伟.信用增进在金融市场规范发展中扮演何种角色？［J］.金融市场研究，2014（7）：6.

［43］张明.透视CDO：类型、构造、评级与市场［J］.国际金融研究，2008（6）：9.

［44］张迎，应明.债券信用增进国际经验研究［J］.河北金融，2021（5）：4.

［45］赵巍华.国内信用衍生品市场发展的制约因素及思考［J］.债券，2012（4）：5.

［46］郑振龙，孙清泉.欧美CDS市场改革与中国信用风险缓释工具的市场制度设计［J］.金融论坛，2012（1）：8.

［47］中国人民银行征信管理局.现代征信学［M］.北京：中国金融出版社，2015.

［48］周诚君.构建多层次征信市场思考［J］.中国金融，2021（11）：4.

［49］朱民.全球金融市场：结构性变化和波动［J］.国际金融研究，

2017（1）：8.

［50］左莉娜.政府性融资担保机构发展的思考［J］.经济师，2022（1）：2.

［51］Albers J. The 1999 Basel Protocol on Liability and Compensation［M］. Springer Berlin Heidelberg, 2015.

［52］Allen F. Understanding Financial Crisis［J］. Journal of Shandong University (Philosophy and Social Sciences), 2009, 229:1.

［53］Ayadi R, Behr P. On the necessity to regulate credit derivatives markets［J］. Journal of Banking Regulation, 2009, 10(3):179-201.

［54］Bush C. The Chinese credit rating industry: Internationalisation, challenges and reforms［J］. Journal of Economics and Business, 2022, 118.

［55］Cash D. The Credit Rating Agencies［J］. Palgrave Studies in Impact Finance, 2021.

［56］Cosgel, M. M., & Langlois, R. N. Frank knight on risk, uncertainty, and the firm: a new interpretation［J］. Economic Inquiry, 2010, 31(3): 456-465.

［57］Hu X. Discussion on the Development Path for Enterprise Credit Reporting Agencies in China——Experience of American Dun & Bradstreet Company and Enlightenment［J］. Credit Reference, 2018.

［58］Hull J, Predescu M, White A. The relationship between credit default swap spreads, bond yields, and credit rating announcements［J］. Journal of Banking & Finance, 2004, 28(11):2789-2811.

［59］IMF. Global Financial Stability Report, October 2017: Is Growth at Risk？ 2017.

［60］Jewell J, Livingston M. A Comparison of Bond Ratings from Moody's S&P and Fitch IBCA［J］. Financial Markets Institutions & Instruments, 2010, 8(4):1-45.

［61］Miller M J. Credit reporting systems around the globe: The state of the art in public credit registries and private credit reporting firms, 2003.

［62］Potjagailo G, Wolters M H. Global financial cycles since 1880［J］. IMFS Working Paper Series, 2019.

［63］Scalet S, Kelly T F. The Ethics of Credit Rating Agencies: What Happened and the Way Forward［J］. Journal of Business Ethics, 2012, 111(4):477-

490.

[64] Skreta V, Veldkamp L. Ratings Shopping and Asset Complexity: A Theory of Ratings Inflation[J]. Working Papers, 2008, 56(5):678-695.

[65] Tarbert H P. The Enduring Legacy of the Dodd-Frank Act's Derivatives Reforms[J]. Journal of Financial Regulation, 2020(2):2.

[66] Worldbank. Global Waves of Debt: What Goes Up Must Come Down? [M]. 2021.

[67] Cantor R, F Packer.The Credit Rating Industry[J]. Quarterly Review, 1994, 19.

[68] IMF. Global Financial Stability Report, April 2014: Moving from Liquidity- to Growth-Driven Markets, 2014.

[69] Sangiorgi F, Sokobin J S, Spatt C S. Credit-Rating Shopping Selection and the Equilibrium Structure of Ratings[J]. Social Science Electronic Publishing, 2009.

[70] White L J.The Credit Rating Industry: An Industrial Organization Analysis[J]. Working Papers, 2001, 9:41-63.

# 后　记

　　2022 年是中诚信集团（以下简称"中诚信"）成立的第三十年，这三十年既是中国评级行业发展的三十年，也是中国信用产业发展的三十年，还是中国市场经济三十年发展的一个缩影，时至今日，信用产业已然成为中国市场经济发展中不可或缺的一部分。这本即将与读者见面的《信用产业概论》是中诚信三十周年司庆的献礼之一，也是笔者作为中诚信集团创始人多年从业的一个工作小结。

　　中诚信集团创始于 1992 年 10 月，前身是经中国人民银行总行批准设立的中国诚信证券评估有限公司——中国首家全国性从事信用评级、金融证券咨询和信息服务等业务的非银行金融机构。自 1992 年邓小平南方谈话以来，中国市场经济飞速发展，中诚信正是在此大潮下应运而生。

　　经过三十年的发展，中诚信集团目前拥有信用评级、征信和社会信用体系建设等多个信用产业板块，是一家拥有丰富信用产业链条和信用产品的综合性信用产业集团。

　　集团旗下中诚信国际信用评级有限责任公司（以下简称"中诚信国际"），拥有中国人民银行、中国证监会、国家发改委、中国银保监会、国家经贸委等部委颁发的业务资质，业务范围涵盖银行间市场和证券市场评级，是一家历史悠久、资质完备、规模及市场份额占有率占据头部地位的全国性信用评级机构，在评级业务及技术研发、金融与债券市场研究以及地方政府债务与宏观经济分析等领域具有广泛影响力。此外，中诚信国际旗下还有绿色金融服务业务以及信用分析业务。

　　集团旗下中诚信征信有限公司（以下简称"中诚信征信"），作为国内第一梯队的信用科技服务商，在信用管理、大数据征信、智能风控服务、管理咨询等领域拥有丰富经验，致力于打造全方位的大数据风控和资产管理解决方案。2014 年，成为第一家获得企业征信业务经营备案资质的征信机构；2017 年，在业内首次提出了"信用科技"理念；2018 年，成为首张中国个人征信牌照获得机构——百行征信的初始发起股东之一。

　　集团旗下中国诚信信用管理股份有限公司（以下简称"中国诚信"），是

一家兼具全国性、社会化、市场化和独立性的综合性信用服务机构，在全国拥有多家分支机构。业务范围涵盖社会信用大数据服务、信用风险管理与金融服务、信用评价服务、大健康信用管理及第三方评价服务，开展除资本市场评级与征信之外的各类信用管理咨询服务并服务于我国的信用体系建设。

可以说，中诚信集团涉足了我国信用产业的多个主要行业，在多个领域取得了一些开创性的成果，并且正在努力在日益复杂的经济与外部环境下，为我国的信用产业发展做出更多新的贡献。2022 年，我国已经进入抗击疫情的第三年，面对百年变局和世纪疫情的冲击，以及构建新发展格局目标下的经济转型，各个领域的信用形势以及债券金融市场的发展正在发生或短期或长期的变化，信用相关的理论研究与实践工作也将面临新的挑战。除了庆祝中诚信集团的"而立之年"到来，更希望本书的出版能够帮助相关研究人员和从业人员更好地理解信用产业、发展信用产业，使我国金融市场高质量发展的基础设施更加牢靠稳固。

在本书的成稿出版过程中，笔者在中诚信国际、中诚信征信与中国诚信的同事给予了大量支持。感谢中诚信国际的董事长闫衍博士以及中诚信国际研究院副院长袁海霞博士，他们在书稿结构与框架成型过程中参与多次讨论与修订；感谢中诚信国际研究院的张林、张堃、李路易和梁蕴兮，他们提供了很多基础材料和相关数据；感谢中诚信征信的岳志岗董事长、张英杰副总裁、张婷、张雨荷，以及中国诚信的矫利洋，他们对征信、社会信用等章节的内容进行了补充与完善。特别要感谢中国诚信原高级顾问何亚斌研究员，他对本书全文进行了仔细审阅并提出诸多宝贵意见，特别是加深了本书对于我国信用建设相关政策文件的理解与把握。此外，还要感谢中国金融出版社的吕楠等编辑，他们为本书的出版亦付出了汗水与辛劳。

由于本书覆盖的研究范围较广、成书仓促以及能力有限，不足之处在所难免，恳请广大读者批评指正。

毛振华
2022 年 8 月